Christiane Höfmann

Dass unser Hoffen dem Wissen standhält

Pinneberger Friedensgebete

Jost W. Kramer (Hg.)

Höfmann, Christiane; Kramer, Jost W. (Hg.)

Dass unser Hoffen dem Wissen standhält

Pinneberger Friedensgebete

ISBN: 978-3-86741-619-1

Auflage: 1
Erscheinungsjahr: 2010
Erscheinungsort: Bremen, Deutschland

© Europäischer Hochschulverlag GmbH & Co KG, Fahrenheitstr. 1, 28359 Bremen (www.ehv-online.com). Alle Rechte beim Verlag und bei den jeweiligen Lizenzgebern.

Cover: Foto © Christoph Aron/Pixelio

Christiane Höfmann

Dass unser Hoffen dem Wissen standhält

Jost W. Kramer (Hg.)

Vorwort

Die Friedensgebete auf den nachfolgenden Seiten stammen aus dem Nachlass von Christiane Höfmann (1935-2007), Lehrerin für Englisch und Religion in Pinneberg. Sie wurden von ihr in einem Zeitraum von rund 17 Jahren in ihrer überwiegenden Mehrheit für den regelmäßig stattfindenden Friedensgebetskreis der Christuskirchengemeinde in Pinneberg verfasst. Die Gebete waren von ihr nicht für eine gedruckte Veröffentlichung vorgesehen, sondern von vornherein „für den Tag" und den relativ kleinen Kreis der Friedensgebetsteilnehmer.

Und doch war es bereits anlässlich der Trauerfeier in der Pinneberger Christuskirche im Juli 2007, dass die Frage aufgeworfen wurde, ob nicht Christianes Friedensgebete – an die sich die meisten Teilnehmer der Trauerfeier gut erinnern konnten – auch für einen größeren Personenkreis interessant seien.

Eva Popp, Christianes Schwester, übergab mir dann die Friedensgebete mit der Bitte, sie auf ihre Veröffentlichungsfähigkeit hin zu prüfen und ggf. das Buch zusammen zu stellen – was ich gerne übernommen habe, verbinden mich doch mit Christiane Höfmann nicht nur die Zeit als ihr Schüler im Religions- wie im Englisch-Unterricht, sondern auch zahlreiche private wie politische Aktivitäten.

Nach intensivem Studium der Texte und ihrer technischen Aufbereitung ist nun eine Publikation in Buchform daraus geworden. Für all jene, die Christiane Höfmann kennen gelernt haben, ist sie mit all ihren Stärken und Schwächen in diesen Texten erkennbar.

Wichtiger – und lesenswert für alle, die sie nicht gekannt haben – aber ist, dass die Friedensgebete von Christiane Höfmann den Leser und die Leserin nicht nur in ihre eigene Gedanken- und Erlebniswelt einführen, sondern eben dadurch auch zum Nach- und Weiterdenken veranlassen. Denn Christiane Höfmann zeichnete sich in ihrem Leben und Handeln dadurch aus, dass sie mit Hilfe von Fragen und Überlegungen die Menschen in ihrem Umfeld zum Selbst-Fragen und -Denken angeleitet und ermutigt hat.

Diese Neigung, eher durch Fragen zum Denken zu verleiten, als selbst die Antworten zu liefern – diese Neigung wird auch in den Friedensgebeten offenbar und macht ihre Lektüre auch Jahre nach ihrem Entstehen und dem Tod ihrer Verfasserin zu einer anregenden Lektüre für alle, die sich mit Religion (weniger mit Theologie!), sozialen Fragen und Bewegungen, aber eben auch dem Verhältnis zwischen öffentlicher und privater Moral und Ethik beschäftigen.

Für die Veröffentlichung wurden die Gebete im Wesentlichen unverändert von Christianes Aufzeichnungen übernommen, lediglich vorsichtig an die neue Rechtschreibung angepasst und einzelne Schreibfehler behoben. Mein Dank gilt in diesem Zusammenhang meiner Mitarbeiterin Monique Siemon, die den Text mit Eifer und Engagement Korrektur gelesen hat.

Mein besonderer Dank gilt an dieser Stelle Eva Popp und ihrem Mann Dr. Hansjürgen Popp, die die Friedensgebete zur Verfügung gestellt, der Veröffentlichung zugestimmt und das Manuskript auf Fehler überprüft haben. Ich hoffe, dass ihnen das fertige Buch Freude macht.

Bedanken darf ich mich auch bei Jochen Hilbert, der freundlicherweise einige Fotos von Christiane Höfmann aus seinem Privatarchiv zur Verfügung gestellt hat.

Ich freue mich, dass ich mit Hilfe dieses Buches die Gedanken und Überlegungen von Christiane Höfmann einer breiteren Öffentlichkeit zugänglich machen kann. Auf diese Weise, so meine Hoffnung, kann sie auch noch über ihren Tod hinaus als die Lehrerin und Erzieherin wirken, die sie Zeit ihres Lebens war: die Lehrerin des kritischen Fragens und die Erzieherin zum selbstständigen Leben.

Bandholm und Wismar, Juli 2010

Jost W. Kramer

Karfreitag 1991

Gebet im Vormittagsgottesdienst; wir schlossen damit unsere täglichen Friedensgebete ab, die wir als Reaktion auf den ersten Golf-Krieg aufgenommen hatten. Wenig später entschlossen wir uns zum wöchentlichen Friedensgebet, freitags um 18.00 Uhr.

Herr der Welt,

mit großen Wünschen und manchmal unter Tränen sind wir angesichts des drohenden Krieges, und während der Krieg tobte, zu dir als zum Herrn der Welt gekommen.

Nukleare Waffen sind nicht zum Einsatz gekommen. Dafür sagen wir dir Dank.

Angst, Brutalität, Zerstörung, Brände, Tod, Verstümmelung, Verwundung, Hunger, Durst und Schmerzen sind den Menschen im Nahen Osten nicht erspart geblieben. Noch in der Vorstellung scheinen mir diese Leiden kaum erträglich. Ich möchte sie vergessen, wie das Fernsehen sie vergisst.

Haben wir insgeheim darum um Frieden gebetet, weil uns das Mitleiden zu schwer wurde? Haben wir um deine Hilfe gebeten, wo wir, deine Menschen, zuständig gewesen wären? Mussten diese Opfer gebracht werden, damit wir erkennen, was unser Anteil an Schuld ist?

Vater, vergib um deiner Liebe und um des Kreuzes Jesu willen! Wieder neu verstehen wir die Sorge um deine Welt als einen Auftrag, den du uns anvertraut hast. Aber wir können ihn nicht übernehmen, ohne dich zu bitten: gib uns Treue und Geduld, gib uns Klarheit und Mut, gib uns Liebe und Kraft zum Mitleiden mit allen Menschen, deren Lage wir uns irgend vorstellen können, hier und anderswo. ...

(fortgesetzt und abgeschlossen von unserm Pfarrer)

8. 10. 1993 Eingang:

Wir suchen den Frieden, den Christus den Jüngern gibt.

Um diesen Frieden zu erfahren und bevor wir unsere Gedanken zu anderen Menschen schicken, wollen wir zu uns selber kommen. Denn, sagt Meister Eckehart, soll Gott sein Wort in die Seele sprechen, so muss sie in Frieden und Ruhe sein.

Sitzt ruhig und gelöst; löst euch eure Füße, eure Knie, Hüften, Rücken, Schultern, Arme, Hals und Kopf. Atmet ruhig und leicht. Vielleicht spürt ihr, wie ihr beim Ausatmen größer werdet. Oder ihr gelangt zu dem einen Punkt, der nichts ist als ihr selber.

Gebet:

Gott, du einer, du alles. Vor dir denken und sprechen wir.

Wir haben versucht, uns unseres Selbst inne zu werden, und spüren uns in diesem Selbst mit allem Lebenden verbunden, mit dir und allen deinen Geschöpfen. Wie sollte uns da nicht freuen oder schmerzen, was ein anderes Wesen freut oder schmerzt?

Also danken und bitten wir vor dir.

Wie oft wünschen wir, du möchtest die Herzen der Mächtigen bewegen. Hast du die Herzen der IOC-Mitglieder bewegt? Ich danke dir und ich bin froh, dass die Olympiade 2000 nicht in Berlin stattfinden wird. Damit bewahrst du uns vor destruktiven Auswüchsen von Nationalismus.

Ich danke dir für den Hamburger Kongress über Kinder, die unter Krieg und Gewalt gelitten haben. Ich danke dir für die Ernsthaftigkeit, mit der gesprochen und zugehört, diskutiert und gelernt wurde. Ich bitte dich, stärke Herzen und Geist der Menschen, die sich diesen traumatisierten Kindern zuwenden und sich von ihrem Leid anrühren lassen. Besonders denken wir an Barbara aus Südafrika und an Linda aus Minnesota.

Warum musste es Tote in Moskau geben? Wir wünschen dem russischen Volk Mut zu neuen Wegen. Und denen, die das Sagen haben und das Sagen haben möchten, denen gib Wörter in den Mund statt Waffen in die Hand.

Wir bedenken vor dir, was in Somalia geschieht. Warum muss, was als

Hilfe gedacht war, als ein Versuch der Kolonialisierung verstanden werden und in Krieg ausarten? Was ist größer, das anscheinende Missverständnis auf somalischer Seite oder die Arroganz auf der Seite der westlichen Mächte? Um den Preis von Menschenleben befriedigen einzelne Menschen ihren Stolz, so scheint es mir, und das klage ich dir.

Täglich, du weißt es, Gott, täglich – und nicht nur, weil die Medien uns daran erinnern – täglich denken wir an das ehemalige Jugoslawien. Wann werden diese Schäden an den Städten und Straßen, an Menschen, Familien, Schäden an Leib und Seele und Vertrauen – wann werden sie geheilt sein?

Wir bitten um Frieden. Um **deinen** Frieden, nicht den der Welt. Wohl freuen wir uns über den Frieden der Welt, über Kompromisse, die das Töten beenden und sich um Gerechtigkeit bemühen. Wir aber glauben an dein Reich. Wir danken dir aus vollem Herzen, dass du uns ahnen lässt, was dein Friede ist. Du gibst ihn – nicht, wie die Welt gibt, die nicht schenkt, sondern eine Gegenleistung erwartet. Du gibst, um uns wohlzutun.

Bewahre uns vor der Auffassung, wir brauchten nur da zu helfen, wo Menschen, möglichst engelgleiche Märtyrer, Hilfe verdienen. Erwärme unsere Herzen, damit wir geben, wie du gibst, damit an uns sichtbar wird, dass Vertrauen und Frieden möglich sind.

AMEN

Ausgang:

Gott, der uns liebhat, verwandle Fluch in Segen
bei uns und in der Welt.
Er lasse seine Liebe durch uns hindurchströmen.
- Shalom, Shalom, wo die Liebe wohnt,
da wohnt auch Gott.

21. 6. 1996 Eingang:

Im Winter scheinen uns die Dunkelheit dieses Raums und unser Schweigen gut zueinander zu passen, dieser Verzicht auf Worte mit dem Verzicht auf Sichtbares.

Aber ich mag die Feier des Lichts nicht allein den Neo-Nazis überlassen. Die alte Kirche hat, als sie die Länder südlich des Äquators noch nicht in ihr Denken einbezog, den längsten Tag des Jahres Johannes dem Täufer zugeschrieben, den kürzesten Christus. Denn so stellt die Wandlung des Lichts den Vergleich dar, den Johannes zwischen Jesus und sich zog: Jener muss wachsen, ich aber abnehmen.

Ich möchte euch erzählen, dass mir an hellen Sommertagen, wenn selbst die Luft und nach Sonnenuntergang noch der Himmel zu leuchten scheinen, oft ein Psalmwort in den Sinn kommt: Licht ist das Kleid, das du anhast.

Lasst uns zur Ruhe kommen, nur hier und nur in diesem Augenblick sein. Möge euch euer Atmen Wohlbefinden schaffen oder Wohlbefinden verstärken – bis ihr euch leicht fühlt wie das Licht, in das Gott sich hüllt wie in ein Kleid.

In seinem Jesus-Buch, Der Schatten des Galiläers, sagt der Theologe Gerd Theißen etwas zu dem Wunsch und Versuch, „mit der Bergpredigt in der Hand politische Entscheidungen" zu begründen. Er spielt auf die Enttäuschung jener an, die Hoffnungen auf eine Politik der Bergpredigt haben begraben müssen. Er schreibt:

„Kein Verteidigungsminister kann einem Angreifer zusichern, er werde nicht zurückschlagen. Der Finanzminister darf nicht nur Schätze im Himmel sammeln. Der Wirtschaftsminister sollte sich Lilien und Vögel nicht zum Vorbild nehmen. Kein Justizminister kann die Gerichte abschaffen. Sind die Forderungen der Bergpredigt also nur für den persönlichen Bereich? Sollen wir im Spiegel ihrer radikalen Forderungen gar nur unsere Unvollkommenheit erkennen?

Ich bin zu dem Ergebnis gekommen, dass sie indirekt unser politisches Handeln bestimmen sollen: Eine Gesellschaft soll so eingerichtet werden, daß in ihr das Experiment radikaler Nachfolge möglich ist. Eine Gesellschaft ist erst dann human, wenn auch der, der auf Anklage und Prozesse verzichtet, nicht verloren ist. Sie ist erst human, wenn sie demonstrative Liebe zu Feinden erlaubt. Sie ist human, wenn sie sorglos existierende Außenseiter erhält. Politisches Handeln kann sich die

Bergpredigt nicht direkt zur Richtschnur nehmen, aber sie kann für Verhältnisse sorgen, in denen sich einzelne und Gruppen nach dieser Richtschnur orientieren können. (...) Ich meine nicht, daß irgendwo in der Gesellschaft auch eine entlegene Nische für die Bergpredigt reserviert werden sollte als 'ethischer Naturschutzpark'. Vielmehr sollte die Struktur der ganzen Gesellschaft so beschaffen sein, daß das Experiment radikaler Nachfolge möglich wird. Dann können Nachfolgegruppen Auswirkungen auf die Gesellschaft haben und 'Licht der Welt', 'Salz der Erde' sein."

Es ist natürlich die Formulierung „Sie ist erst human, wenn sie demonstrative Liebe zu Feinden erlaubt", die mich bei diesem Absatz hat anhalten lassen. Ich weiß nicht, ob euch die Gedanken dieses Theologen zu kompromisslerisch sind – ich finde, Theißen liefert hier hilfreiche Formulierungen für das, was ich von meinem Staat fordern will, ja, auch für das, was andere von ihren Staaten fordern sollten – oder für das, was wir für andere von deren Staat fordern sollten. Denkt ihr jetzt auch an China? Und unseren Außenminister? Menschenrechte in China oder Arbeitsplätze in Deutschland? Ich weiß nicht, ob der Außenminister die Alternativen richtig konstruiert hat. Das muss ich jetzt auch nicht beantworten. Vielmehr frage ich mich und euch, ob ich die Möglichkeit zu radikaler Nachfolge, die ich von meinem Staat fordern will, denn auch zu leben bereit bin.

So fragen wir uns vor dir, Ewiger. Wir danken dir für einen Staat, der uns Raum gibt, unserm Herrn nachzufolgen. Wir wissen auch, wie schnell die Ordnungshüter zu irritieren sind, in wie panische Angst sie geraten, wenn der Castor naht, wenn ein Schwarzer auf dem Flughafen ankommt. Vater Gott, Bruder Jesus Christus, Schwester Heilig Geist, gib uns Mut und Klarheit, lass uns Salz der Erde sein.

AMEN

Ausgang:

Erhebe über uns das Licht deines Angesichtes, o Herr. Du hast mir größere Freude ins Herz gegeben, als sie haben bei der Fülle von Korn und Wein.

Im Frieden will ich mich niederlegen und einschlafen zumal; denn du allein, Herr, hilfst mir, dass ich sicher wohne.

SHALOM

6. 12. 1996 Eingang:

Auch ich hatte vorgehabt, wie Gerhard in der letzten Woche, vom Warten zu sprechen. Und ich werde es auch tun; ich bitte also um eure Bereitschaft mitzudenken.

Warten und Erfüllung. Dunkelheit und Licht. Wer nicht warten kann, wird keine Erfüllung erfahren, glaube ich.

Schweigen ist so ein Warten, ist manchmal eine Übung in Geduld, wenn uns zu vielerlei den Weg nach innen verstellt.

Immer ist das Schweigen eine Übung in der Vorbereitung auf Erfüllung.

Gedanken:

Zu unseren Kindern ist heute der Nikolaus gekommen. Die jüdischen Kinder entzünden heute das erste Licht am Chanukka-Leuchter. Und Olga, unsere jüdische Schülerin aus Russland, hat zwei kleine Geschenke bekommen: eines vom Nikolaus, eines zu Chanukka.

Ich mag gern selbst den Nikolaus spielen: kleine Vorzeichen des großen Festes geben.

Aber die Vorzeichen, die in Kaufhäusern, in der Straßenbeleuchtung und beim Grünkohlessen gegeben werden, sind nicht klein. Ich will jetzt nicht in die Klagen einstimmen, Weihnachten sei so kommerziell geworden. Unser gesamter Alltag ist ja nicht minder kommerziell. Mir scheint aber, der Höhepunkt des Festes ist schon überschritten, bevor der Heilige Abend kommt; und viele wissen gar nicht, dass Weihnachten am 25. Dezember liegt. Die Erfüllung unserer Wünsche haben wir selbst in die Hand genommen. Und an den Weihnachtstagen sind die Schaufenster schon mit Sektgläsern, Konfetti und Luftschlangen dekoriert.

Es macht mich traurig, so früh, so viel, so penetrant Weihnachtliches angeboten zu bekommen. Viele Kinder wissen, was sie geschenkt bekommen und wissen, was die Dinge gekostet haben. Kann Weihnachten dann die Adventszeit überhaupt noch übertreffen? Lassen wir Geschenken dann noch die Möglichkeit, als Mittel der Kommunikation zu dienen, mit dem wir etwas über unsere Beziehung zum Beschenkten aussagen?

Es ist ja nicht nur Ungeduld, die uns Wesentliches vorwegnehmen lässt, sondern auch die Tüchtigkeit, mit der wir planen und selbst tun und machen, was wir können. Wir mögen uns die Dinge nicht widerfahren lassen. Ein Engel mit einer guten Botschaft ist nicht vorgesehen. Das Licht, das das Volk sieht, zünden wir selbst an.

Ich möchte euch von einem anderen Warten erzählen, aus dem Tagebuch des Mosche Flinker. 15/16jährig hat er dieses Tagebuch in Brüssel geschrieben. Die Familie war aus den Niederlanden gekommen, weil sie meinten, sich in Belgien besser verbergen zu können. Der Vater erkaufte sich die Aufenthaltsgenehmigung, dennoch fürchtete die Familie ständig die Deportation. Der Junge verfolgt die Nachrichten von der Front und wartet und hofft. Er hofft auf einen baldigen Sieg der alliierten Streitkräfte und auf einen eigenen Staat der Juden. Dann wieder wünscht er sich, dass Gott selbst, nicht die Alliierten, die Deutschen besiegen möge, damit alle Welt sieht, dass Gott ein Wunder an seinem Volk tut. Er deutet das Leiden der Juden als die Geburtswehen des neuen Zeitalters des Messias. „Oh Herr", schreibt er. „Bitte, erbarme dich über uns, sonst werden wir bald vergehen. Und wenn wir selbst deiner Erlösung nicht würdig sind, so tu es um deines Namens willen, der von den Heiden besudelt wird."

Mosche Flinker erwartet die Erfüllung seiner Hoffnung von Gott. Er versucht das, was der Mensch selbst tun kann und soll, zu unterscheiden von dem, was von Gott zu erwarten ist. Dann merkt er an sich selbst, wie das vergebliche Hoffen auf ein Wunder seine Energie und Willenskraft lähmt. Wieder und wieder bittet er um das Erbarmen Gottes für sein Volk. Von Nutzen allerdings, sagt er, ist allein die Tat. Und er arbeitet: er lernt Arabisch, um in einem zukünftigen jüdischen Staat mit den Arabern – die damals noch nicht Palästinenser heißen – reden und verhandeln zu können.

Schließlich wird er sich bewusst, wie wichtig die Hoffnung selbst ist: „denn in dem Augenblick, in dem meine Hoffnung endet, werde ich zu existieren aufhören. Alles, was ich habe, ist die Hoffnung; mein ganzes Sein hängt von ihr ab."

Mosche Flinker hat die Erfüllung seiner Hoffnung nicht erlebt. Sein Vater und er haben ein Grab in den Lüften gefunden. Seine Schwestern konnten nach Israel auswandern.

So wie Mosche Flinker haben die ersten Christen gelebt, voller Hoffnung und Dynamik; mit solcher Hoffnung haben sie das Martyrium auf sich genommen.

Liebe Freunde, die Adventszeit ist ursprünglich eine Buß- und Fastenzeit. Die Dunkelheit aushalten. Und das Licht aufgehen lassen.

Gebet:

Ewiger, du bist das Licht vor uns, du bist das Licht in uns. Nach dir ausgerichtet möchten wir leben, leben in spannungsreicher Hoffnung.

AMEN

Ausgang:

Mache dich auf, werde Licht. Denn dein Licht kommt und die Herrlichkeit des Herrn geht auf über dir.

Shabbat Shalom

2. 5. 1997 Eingang:

Guten Abend und willkommen. Nicht wahr – wir heißen uns alle gegenseitig willkommen.

Was haben wir mitgebracht? Gedanken an diesen Tag, an diese Woche, was geschafft ist, was noch nicht geschafft ist, an unsere Berührungen oder Verflechtungen mit dem Leben anderer Menschen, manchmal zu viel, manchmal zu wenig. Gedanken an unsere Rollen, die wir manchmal gut, manchmal schlecht spielen. Ihr lasst es euch gefallen, hier und jetzt hier zu sein.

Lasst es euch gefallen, ihr selbst zu sein, und lasst euch das Schweigen dazu dienen, euch der Versöhnung und Vertöchterung mit Gott inne zu werden.

Gedanken:

Sagt eine junge Frau über den Konflikt mit ihrer Mutter:

„Sie denkt wahrscheinlich, ich bin sauer oder böse auf sie. Das bin ich ja gar nicht. Aber sie muss es sagen, sie muss sagen, dass sie weiß, was sie mir angetan hat. Aber sie tut sich nur selbst leid."

Und ich höre zu und denke an all die theologischen Klugheiten über Schuld und Vergebung, die ich in Predigt und Vorlesung gehört und in Kommentaren gelesen habe. „Deine Gnad und Jesu Blut / machen allen Schaden gut", haben wir schon als Kinder gelernt.

Jesus, auf dessen Blut sich dieses Lied beruft, hat aber gelehrt: „Wenn du nun deine Opfergabe zum Altar bringst und dort eingedenk wirst, dass dein Bruder etwas wider dich hat, so lass deine Gabe dort vor dem Altar und geh zuerst hin und versöhne dich mit deinem Bruder, und dann komm und bring deine Gabe dar." Dass uns der Bruder oder die Schwester dann auch tatsächlich vergeben wird, konnte Jesus nicht garantieren. Darum verlassen wir uns gern auf Gottes Gnad und Jesu Blut und vergessen hinzugehen zu dem Menschen, an dem wir schuldig geworden sind, und zu sagen: ich weiß – es tut mir leid; vergessen uns zu fragen, ob es uns wirklich leid-tut, uns ein Leid antut, weil es dem Mitmenschen ein Leid angetan hat.

Jetzt lernen wir, dass es in den Beziehungen der Völker zueinander nicht anders geht: Schuld muss ausgesprochen werden. Deutschland und die Tschechische Republik, Deutschland und Israel, die Völker Jugoslawiens, die Völker Südafrikas. Eine lebendige Beziehung ist nur möglich, wenn Schuld benannt wird, wenn der Schuldige den Mut aufbringt, sich anzuhören, was der Verletzte ihm zu sagen hat. Wenn der Schuldige sich nicht selbst die Schuld abnehmen muss, sich nicht selbst entschuldigen muss, und dann keinen andern Platz für seine Schuld findet als sie dem ohnehin Verletzten vor die Füße zu schleudern: Selber schuld, warum hast du mich provoziert?

Erklären, ja. Wenn der Verletzte seinerseits die Geduld und den Großmut aufbringt, eine Erklärung anzuhören, so können beide an Selbsterkenntnis gewinnen. Sich selbst erkennen und sich zu erkennen geben und einen Partner gewinnen, der sich seinerseits zu erkennen gibt, das wäre der Beginn des Vertrauens, das Streit und Gewalt überflüssig macht.

Mir scheint, Vergebung zu erbitten, Verständnis herzustellen und Vergebung zu gewähren, ist eines der Phänomene, bei denen wir im privaten Bereich sehr genau einüben können, was auch politisch relevant werden kann oder tatsächlich relevant ist.

Ich habe angefangen mit einem Beispiel aus dem ganz privaten Bereich: Mutter wird an Tochter schuldig und tut sich selbst dafür leid. Die Beziehung stockt.

Angeregt zu diesen Überlegungen haben mich aber Gedanken aus dem Bereich der Ökumene. Das sind Aufsätze von Müller-Fahrenholz, die auf die 2. Europäische Ökumenische Versammlung in Graz vorbereiten, und das ist eine Schrift, die Christen aus sieben Staaten Ostasiens, Südafrikas und Mittelamerikas verfasst haben. In dieser Schrift werden Christen zur Umkehr aufgerufen; sie werden gefragt, ob sie auf der Seite der Armen, und das heißt auf der Seite Jesu stehen. Besonders „rechtsgerichtete" Christen werden angesprochen, zu denen wir uns wahrscheinlich gar nicht rechnen. Als rechtsgerichtet erleben die Christen aus den erwähnten Ländern aber das Christentum katholischer, reformierter, lutherischer, anglikanischer, evangelikaler und pfingstlerischer Tradition. Ach so, mögen wir nun denken, sehen wir so starr konservativ aus für jene Christen? Sind wir es etwa sogar? Sind wir, wie das Dokument uns fragt, Götzenanbeter, Irrlehrer, Abtrünnige, Heuchler, Gotteslästerer – weil wir uns nicht entschieden auf die Seite der Armen stellen? Weil wir Gelegenheiten zur Entscheidung verpassen?

Diese Schrift von Christen aus sieben Ländern heißt „Der Weg nach Damaskus" und fordert uns auf, uns wie Saulus auf dem Weg nach

Damaskus verwandeln zu lassen. Aus dem Mann mit dem stolzen Namen des ersten Königs Israels, Saulus, wurde der Christ und Apostel Paulus, der Kleine. Für Christen der Ersten Welt ist das Damaskus-Dokument so provozierend, dass eine Verbreitung des Papiers kaum stattgefunden hat.

Gebet:

Ewiger – klein vor dir, so fühlen wir uns immer. Uns als klein vor den Geschwistern der Zweiten und Dritten Welt zu erkennen, das fällt uns schwer. Denn wir sind eingebunden in unsere Zivilisation, sind stolz, haben Angst davor, in Frage gestellt zu werden, und sind Meister darin, Gründe zu finden, warum wir uns doch nicht auf die Seite der Armen zu stellen brauchen. Wir bitten um den Geist, der uns größere Zusammenhänge sehen lehrt als Landeskirche und EKD, um den Geist, der uns zuhören, wahrnehmen, verstehen, gestehen und glaubwürdig um Vergebung bitten lässt. Welche Befreiung hast du doch für uns vorgesehen! Wenn wir uns doch bald befreien ließen, solange Vergebung und gegenseitiges Verständnis noch möglich sind, so wären wir ja schon auf dem Weg, auf dem dein Reich zu uns kommen will. Wir bitten dich um deinen Segen für die Delegierten der Grazer Versammlung, Geiko Müller-Fahrenholz, Adelheid Wiedenmann, Ingo Lembke und alle, die wir nicht wissen und kennen. Lass ihre Auseinandersetzungen fruchtbar werden und ihre Erkenntnisse bis in unsere Gemeinden hineinwirken!

Lass uns Gnade finden bei denen, die durch die Politik unseres Staates und das Gerede unserer Kirche verletzt worden sind.

Und nimm uns die Angst vor der Veränderung, die du, Ewiger, an uns vornehmen willst.

AMEN

Ausgang:

Paulus in Römer 2, 9.10 habe ich so verstanden:

Wer Gott nicht in sich wirken lassen will, wird Angst und Trübsal erfahren; wer sich durch die Güte Gottes zur Umkehr leiten lässt, wird Ehre und Frieden erfahren.
Dass die Kraft, die Gott uns gibt, mit unserem eigenen Wissen und Können zusammenwirke zu Frieden und Heil - das ist heute mein Segenswunsch für uns.

SHALOM

26. 9. 1997 Eingang:

In der Umgebung meines Ferienortes in Kärnten sah ich AdIer über den Almen kreisen. Selten war ein kurzes Ruckeln in ihrem Flug zu beobachten, dann hatten sie wieder ihr Gleichgewicht gefunden, in dem sie – leicht nach innen geneigt – in traumhafter Ruhe wie auf einer unsichtbaren Spirale höher und höher getragen wurden. Und wie ein Kind – oder wie Ikarus – wünschte ich mir, ein Adler zu sein.

Breiten wir die Flügel unserer Seele aus, finden wir diese tragende Säule der Gnade Gottes und lassen wir uns tragen!

Gebet:

Herr der Welt, so nennt dich Israel; Vater und Mutter nennen wir dich manchmal. Wir fragen uns, wie Menschen das Leid, das andere Menschen ihnen zumuten, ertragen können. Wenn geteiltes Leid halbes Leid ist, so möchte ich dennoch auch nicht die Hälfte des Leids eines Flüchtlingskindes in Bosnien, eines Verhungernden, Verdurstenden, eines Erstickenden, eines an AIDS Sterbenden, eines von Islamisten Bedrohten, einer kindlichen Prostituierten auf mich nehmen. Ich bringe meine Gedanken und mein unvollkommenes Wissen hierher, zu dir – wer immer du bist. Dass Leiden einen Sinn habe, dass wir den Punkt erreichen könnten, von dem aus sinnvolle Zusammenhänge erkennbar und Zustände veränderbar wären, das ist unser Wunsch und unsere Sehnsucht. Gott, du einer Punkt, auf dich richten wir unsere Gedanken, aus dir mögen unsere Gedanken hervorgehen.

AMEN

Bitte, lasst mich noch einige Überlegungen anfügen. Ich möchte ja nicht, wie Kinkel, nur mein fabelhaftes Problembewusstsein vorführen und hoffen, die UNO werde es schon richten. Ich habe über Heimatlosigkeit nachgedacht. Widersprüchliches ist mir eingefallen, aber viel, so dass ich auswählen musste.

In den Sockel zwischen der alten Kunsthalle und der Galerie der Moderne sind große Buchstaben eingelassen, die folgende Sätze ergeben:

La patria no es la tierra -/- it is the community of feelings – Heimat ist nicht der Boden -/- es la comunidad de los afectos -la patrie niest pas le sol -/- sie ist die Gemeinschaft der Gefühle – one's mother country is not the soil -/- elle est la communauté des affections.

Ähnlich hat es Max Frisch gesagt: Heimat ist unerlässlich, aber sie ist nicht an Ländereien gebunden. Heimat ist der Mensch, dessen Wesen wir vernehmen und erreichen. Insofern ist sie vielleicht an die Sprache gebunden. So weit Max Frisch. Meine armenische Freundin andererseits betrachtet wehmütig Häuser, in denen nacheinander wohl fünf Generationen gelebt haben, während ein Armenier in seinem einen Leben fünfmal ein Zuhause gründen muss.

Dass Heimat von einem Land unabhängig sei, kann wohl nur sagen, wer nie gewaltsam vertrieben wurde, nur jemand, dem das Vertraute zu eng wurde und der sich neue Bereiche gesucht und geschaffen hat, wer Gelegenheit hatte, Fremdsprachen zu lernen. Dass Heimat an Sprache gebunden sei, sagt ja auch Max Frisch – und nicht nur an die Sprache, denke ich, sondern auch an die jeweilige Mundart des Menschen. Gerade die Unabsichtlichkeit, mit der eine Mundart in der Familie, in der Straße, im Wohnviertel auf- und angenommen wird, zeigt, wie stark das Vertraute Menschen prägt: die Mundart, die Gerüche aus Mutters Küche, die Gebärdensprache meiner Umgebung, auch Landschaft und Baustil – ich würde einen Teil meines Menschseins verleugnen, wenn ich ihnen nicht das Attribut 'Heimat' zuerkennen würde.

Ob und unter welchen Umständen ich mich von diesen Vertrautheiten unabhängig machen kann, oder soll, oder will oder muss, ist eine andere Frage.

So sprechen Emigranten von der Kunst, sich auf einem Bahnsteig zuhause zu fühlen. 'Fremd im eigenen Land' fühlen wir uns manchmal, wenn wir die Bonner Politik so himmelschreiend finden, dass wir uns hier zum Friedensgebet treffen müssen. 'Fremd im eigenen Land' heißt eine Sammlung von Beiträgen deutscher Juden zu diesem Thema. Bei der Vorstellung dieses Buches sprach Peggy Parnass von ihrer Heimatlosigkeit: weder in Israel, wo sie ihren Bruder besucht, noch in Deutschland, wo sie Kind war und wo sie heute lebt und arbeitet, noch in Schweden, wo sie das Dritte Reich überlebte, noch in Spanien, wo die Leute zwar sehr schön tanzen, aber auch sehr phantasievoll foltern können, kann sie sich zuhause fühlen. Als sie das gesagt hatte, griff ein Mitautor nach jenem Buch und las: „Eigentlich ist es gehupft wie gesprungen, wo ich lebe. Nur einzelne Leute zählen. überall. Einzelne Leute, die gut sind, finde ich auch überall. Freunde habe ich auch überall." Und Peggy antwortete: „Ach Gott, ja...das habe ich geschrieben. Danke, dass du mich daran erinnerst." Ich mag diese Bemerkungen von Peggy sehr gerne: sie ist frei davon, auf einer bestimmten

Heimat zu bestehen, kann sich auf die Vertrautheit mit Menschen verlassen – und dennoch ist sie sich dieser Einstellung nicht immer sicher, muss sie sich immer wieder neu glauben.

Ganz gewiss wollen wir morgen zu den Flüchtlingen, mit denen wir feiern werden, nicht sagen 'Heimat ist von Ländereien unabhängig' - aber ich will mich fragen lassen, ob ich ein Mensch sein kann, dessen Wesen ein Flüchtling vernehmen und erreichen kann.

Ausgang:

Nun sich der Tag geendet,
mein Herz sich zu dir wendet
und danket inniglich;
dein holdes Angesichte
zum Segen auf mich richte,
erleuchte und entzünde mich.

SHALOM

12. 12. 1997 Eingang:

Heute möchte ich euch von zwei Tagungen erzählen. Ich hoffe, mein Wunsch, davon zu erzählen, wird dann auch eurem Wunsch entsprechen, davon zu hören.

Ich möchte zum Beispiel weitergeben, wie Pastor Parge in Lübeck das große Wunder Gottes in Worte fasst:

„daß seine Nähe noch geahnt,
seine Hand noch erfahren
und sein Reich noch gesucht wird;
daß noch zum Aufbruch gedrängt,
noch gegen Unterdrückung gekämpft
und die Freiheit noch immer geliebt wird;
daß die Erde brennt im Feuerofen des Fortschritts
und unsere Zuversicht die Flammen löscht.
Das ist das große Wunder Gottes."
Möge das Schweigen uns für das Geschenk solcher Zuversicht öffnen.

Gedanken:

Ich berichte zuerst von einer Tagung Anfang Dezember. Eine Freundin von unserer Südafrika-Arbeit bat mich, sie zu begleiten. Und so saß ich in der Missionsakademie unter Pfarrern, kirchlichen Mitarbeitern und Oberkirchenräten und tagte zum Thema 'Pilgerwege'.

Der Ausgangspunkt ist die Beunruhigung, die der Jahrtausendwechsel in vielen Menschen auslöst. In der Kirche fragt man sich deshalb, welche Aufgabe man für solcherart verängstigte Menschen wahrnehmen könnte. Dabei ist man sich des Mangels an Spiritualität in den Gemeinden bewusst geworden. Als eine Weise, neue lebendige Frömmigkeit anzuregen, möchte man nun an die Tradition der Pilgerwege anknüpfen.

Der Sinn oder Inhalt von Pilgerwegen kann unterschiedlich sein: Pilger können aus ihrem Weg eine geistliche Übung machen, eine Befreiung und Reinigung; oder Pilger können mit einer Botschaft von Ort zu Ort gehen und gezielt Kontakt mit Gemeinden am Weg suchen; ein Pilgerweg kann aber auch ein Bußweg sein, indem er zu Stätten führt, an denen das politische Versagen unserer Nation oder unseres Wirtschaftssystems sichtbar wird.

Fragen, die sich mir als Protestantin stellten, fanden in den Erfahrungsberichten der Konferenzteilnehmer einige Antworten: Ja, wer einen Pilgerweg gemacht hat, bleibt ein Pilger, auch wenn er in seinen / sie in ihren Alltag zurückgekehrt ist; ja, die äußere Geste des Fußweges macht ein inneres Fortschreiten möglich, das ohne die äußere Geste nicht oder kaum möglich gewesen wäre. 'Der Weg ist der Gebende, der Pilger ist der Nehmende.'

Dennoch sind nicht alle Fragen stimmig beantwortet worden und man wird zu weiteren Tagungen zusammenkommen.

Die andere Tagung, schon im November, betrifft uns viel direkter. In Lübeck, liebevoll aufgenommen von der St. Jürgengemeinde, trafen sich Vertreter von Gruppen, die Friedensgebete halten. Etwa 35 Personen vertraten etwa 12 Gruppen aus dem Norden, Süden, Osten und Westen der Republik. Auch hier gab es zunächst einen Erfahrungsaustausch. Dann erzählte Christian Führer, der manchen von euch als Pfarrer der Nicolaikirche in Leipzig ein Begriff sein wird, und erklärte die Wirkung der Montagsgebete. Das Geheimnis: Kirche ist offen für alle. Kirche hat nach dem Wohl derer zu fragen, die zu ihr kommen, hat nicht nach dem Nutzen für ihr Ansehen und ihre Mitgliederzahl zu fragen.

Auch von dieser Tagung nahmen wir eine Anregung mit: möglichst gleichzeitig wollen wir in der Woche vor der Bundestagswahl ein Friedensgebet zum Thema Arbeitslosigkeit halten.

Aber lasst mich noch ein bisschen mehr erzählen, weil ihr daraus verstehen werdet, warum die Leipziger so glaubwürdig waren. Christian Führer wurde gefragt, ob er und seine Mitarbeiter in den Wochen vor der Öffnung der Mauer keine Angst gehabt hätten. Ja, sie hätten Angst gehabt, aber ihr Glaube sei immer 'So' ein Stückchen größer gewesen. Es sei wie das nächtliche Ringen des Erzvaters Jakob mit Gott am Jabbok gewesen: Jakob geht in den neuen Morgen, unbesiegt und hinkend.

In der Realität nahmen die SED und Stasileute den Besuchern des Friedensgebets viele Plätze weg. So erfuhren doch diese Genossen einmal etwas von diesem Jesus, der sagte: „Liebe deine Feinde!" Und nicht: Nieder mit dem Gegner.

Der sagte: „Erste werden Letzte sein!" Und nicht: Es bleibt alles beim Alten.

Der sagte: „Wer sein Leben einsetzt und verliert, der wird es gewinnen!" Und nicht: Seid schön vorsichtig.

Der sagte: „Ihr seid das Salz!" Und nicht: Ihr seid die Creme.

Als am 9. Oktober 2000 Besucher die Nicolaikirche verließen, warteten draußen 10000, Kerzen in den Händen. Wer eine brennende Kerze hält, braucht beide Hände: die Kerze zu halten und die Flamme zu schützen, der kann nicht gleichzeitig noch einen Stein oder einen Knüppel halten. Das Wunder der Gewaltlosigkeit geschah. Sindermann vom Zentralkomitee der SED sagte später: „Wir hatten alles geplant. Wir waren auf alles vorbereitet. Nur nicht auf Kerzen und Gebete."

Ich ende mit einem Gebet, das ich in Teilen auch als Fürbitte unserer Gruppe im Gemeindegottesdienst in Lübeck gesprochen habe.

Du, der du es bist, du, der du es sein wirst,

vor der Erfüllung unserer Wünsche suchen wir dich. Wir legen vor dir auch die nie ausgesprochene Bedingung nieder, du mögest uns glatt und unverletzt davonkommen lassen. Wir vertrauen darauf, aus der Berührung mit dir Kraft zu gewinnen. Wir danken dir für die Freiheit und die Möglichkeit zusammenzukommen und zusammen zu arbeiten. Wir danken dir für die Liebe, die wir zueinander haben.

AMEN

Ausgang:

Ein Wort für den Heimweg:

Gott über mir, Gott unter mir, Gott vor mir, Gott hinter mir , ich auf deinem Weg, o Gott, du, o Gott, in meinen Schritten.

So gehen wir in seinem Frieden.

Ohne Datum; Anfang 1998 Eingang:

Ein paar Sätze aus einem Buch von Nikos Kazantzakis. Hier sind römische Katholiken zu Besuch in einem Moslemkloster:

Der Derwisch begann, über den Tanz zu sprechen: „Wenn ich nicht tanzen kann, kann ich nicht beten. Die Engel haben zwar einen Mund, aber sie reden nicht; sie sprechen durch den Tanz zu Gott."

„Was für einen Namen gebt ihr Gott, Ehrwürden?" fragte der Abbé. „Er hat keinen Namen", antwortete der Derwisch. „Gott kann man nicht in einen Namen pressen. Der Name ist ein Gefängnis, Gott ist frei."

„Wenn ihr ihn aber rufen wollt", beharrte der Abbé, „wenn es notwendig ist, wie ruft ihr ihn?"

„Ach", antwortete er, „nicht Allah. Ach! werde ich ihn rufen."

Ich fordere euch jetzt nicht auf zu tanzen. Aber ich wünsche euch Empfindungen des Ganzseins, wenn wir jetzt schweigen.

Gedanken:

An der Haustür eines Hochhauses melden sich Leute am Haustelefon oft mit: „Ich bin's."

So melden sich auch Handybenutzer oft bei den Angerufenen: „Ich bin's."

So melden sich Ehemänner bei ihren Ehefrauen, Liebende bei dem oder der Geliebten. Und das heißt: Ich weiß, dass du auf meinen Besuch wartest. Oder: Ich weiß ja, dass du mit meinem Anruf rechnest. Oder: Ich weiß, dass du meine Stimme gleich erkennst.

„Ich bin es." In der Antike war dies der Satz, mit dem sich die Götter bei den Menschen gemeldet haben. Einem etwas zu anspruchsvollen Freund habe ich einmal auf sein 'Ich bin's' geantwortet: 'Wer ist ich?' Seither nennt er seinen Namen.

Aber wenn ein Gott sagt, „Ich bin es", so ist damit Einzigkeit und Unverwechselbarkeit ausgedrückt, ist auch die Möglichkeit eingeschlossen, die Angesprochenen könnten auf das Wort der Gottheit gewartet haben.

'Ich bin, der ich bin, und ich werde sein, der ich sein werde' – ihr wisst, dies ist der Name, mit dem sich Gott Mose gegenüber bezeichnet. Und tatsächlich habe ich einen jüdischen Theologen übersetzen hören: 'Ich bin es, der ich es bin.' Im Hebräischen ist dieser Satz zu *Jahwe* geworden, in vier Buchstaben zu schreiben. Und schon seit vor der Zeit Jesu gilt der Name als so heilig, dass die Frommen ihn nicht im Munde führen.

Braucht es einen Namen? 'Der Name ist ein Gefängnis', sagt der Derwisch, 'Gott ist frei'. Und Faust sagt zu Gretchen: 'Nenn's Glück! Herz! Liebe! Gott! / Ich habe keinen Namen / Dafür! Gefühl ist alles; Name ist Schall und Rauch'. Gefängnis oder Rauch?

Wenn ich allein bin, brauche ich keinen Namen. Mein Gebet kann sich teilweise ohne Worte vollziehen. Ist Sehnsucht, ist Ausrichtung nach dem schlechthin Wesentlichen, ist Vertrauen. Wenn wir zusammen beten, betreten wir eine Ebene des Bewusstseins, auf der wir die Sprache brauchen, um Gemeinsamkeit herzustellen, um uns zu vergewissern, dass wir auf demselben Weg sind und dasselbe wünschen: Frieden in uns, unter uns und unter den Menschen und Nationen. So sprechen wir Gott also an.

Aber wir haben eigentlich keinen Namen, den alle gern benutzen. Vater? – dann fehlt vielen die Mutter. Herr? – dann fehlt vielen die Freundin. Und Jesu „unser Papa im Himmel" hat die Christenheit nicht zu übernehmen gewagt.

Und doch – warum sollten wir Gott nicht bei Namen nennen dürfen? Die Tora stellt die Verkündung des Jahwe-Namens als eine Gnade dar. Da spielen, zugegeben, uralte Vorstellungen von Sprachmagie hinein: wer den Namen weiß, kann über den Namensträger verfügen. Ja, sagt Israel, Gott macht sich anrufbar. Viele Juden nennen ihn den *Ewigen,* weil sie damit dem unaussprechlichen heiligen Namen nahe kommen: der, der ist, und der, der sein wird, ist ewig. Wie ihr wisst, habe ich diesen Gottesnamen übernommen.

Bei Jesaja heißt es: „Israel: Fürchte dich nicht, denn ich erlöse dich; ich rufe dich bei deinem Namen, mein bist du!" Dürfen wir dieses Wort umkehren?

Gebet:

Ewiger, du, der du es bist. Sei nicht betrübt! Wenigstens für kurze Augenblicke erlösen wir dich aus deiner Menschenferne. Wir rufen dich bei deinem Namen, denn du bist unser. Immer wieder versuchen wir, dir Raum in unsern Gedanken zu geben, um Ordnung und Richtung zu finden in dem Vielerlei unseres Lebens, Ordnung und Richtung für unser Erkennen und Urteilen. Du bist es, bist unser Gegenüber, eine Herausforderung an unser Sein und Tun, bist Anreiz und Erfüllung. Heil sind wir, wenn wir unser ganzes Leben auf dich beziehen, Reichtum und Gelungenes, aber auch Versäumtes und Leid. Ja, manchmal scheinst du fern und undeutlich – aber wir selbst sind es, die sich von dir entfernen und dein Bild für uns selbst und für andere verdunkeln.

Dennoch vertrauen wir darauf, dass du es bist, bei dem wir Frieden mit uns selbst und Frieden untereinander und endlich Frieden für die Welt finden. Sei nicht fern unserm Rufen – wenn nicht um unseretwillen, so um derentwillen, die durch uns eine Ahnung von deinem Frieden bekommen sollen.

Wir umarmen dich in unserer menschlichen, unvollkommenen Liebe und bitten dich, uns auch zu umarmen mit deiner vollkommenen Liebe.
AMEN

Segen:

Öffnet euch
und lasst euch erfüllen von dem Geist,
der uns miteinander verbindet,
und lasst euch von ihm begleiten!
SHALOM

6. 2. 1998 Eingang:

Friede sei mit uns.

Euer Schweigen mutet mich manchmal an wie tiefes ruhiges Wasser, das mein Boot trägt. Danke, dass ihr da seid.

In den folgenden Bildern spricht Gerhard Tersteegen von Gott:

Luft die alles füllet,
drin wir immer schweben,
aller Dinge Grund und Leben,
Meer ohn Grund und Ende,
Wunder aller Wunder:
ich senk mich in dich hinunter.
Ich in dir,
du in mir,
laß mich ganz verschwinden,
dich nur sehn und finden.
Ja, Gott ist in der Mitten,
alles in uns schweige.

Ja, ich wollte euch heute an Gerhard Tersteegen erinnern. Die Briefmarke mit dem Baum und den Worten „Ich bete an die Macht der Liebe" hat auf seinen 300. Geburtstag hingewiesen. Gerhard Tersteegen, ein reformierter Mystiker. Eine Zeitlang lebte er in Mülheim an der Ruhr, der Heimatstadt meines Vaters. Dort ist auch noch sein Haus zu finden, ein winkliges Fachwerkhaus neben einer alten Kirche mit spitzem Turm.

Dieser Mann muss wirklich eine Ahnung von der mystischen Vereinigung der Seele mit Gott gehabt haben und solche Erfahrung gemacht haben. Allerdings scheint er durch seine Gotteserfahrung hindurch immer in die andere, die jenseitige Welt zu streben. Sicher hätte er auf dem Berg der Verklärung gern Hütten gebaut. Während wir uns doch fragen, welchen Ort unser Schweigen und Beten in dieser friedlosen Welt hat!

Wie habe ich mich denn auf dieses Friedensgebet vorbereitet? Ich habe Texte von Mystikern gelesen und ich haben Nachrichten gehört. Ein eitler Präsident lenkt von seinen Frauengeschichten ab, indem er dem Irak mit Krieg droht. Die Vorbereitung des Golfkriegs hat uns im Herbst 1990 zusammengeführt, hat uns veranlasst, nach Bonn zur Demonstration zu fahren, wo wir unsere Frankfurter Freundin unter dem schönsten Transparent trafen: O Herr, schmeiß Hirn vom Himmel! Damals auch lehrte uns Inge Bünz, unsere Sprachlosigkeit in Schweigen zu verwandeln. Der Westen ist seither nicht weiser geworden. Ob wir weiser geworden sind, weiß ich nicht. Aber besser als 1990 weiß ich, dass nicht nur Iraker um ihr Leben zittern, sondern alle, die in der Reichweite und dem Auswirkungsbereich der Raketen leben, Raketen von amerikanischen Flugzeugträgern, solchen aus dem Irak und solchen aus dem Negev. Wir wissen auch, dass nach der Erfahrung kluger Leute das erste Opfer eines Krieges die Wahrheit ist. Immer wieder frage ich mich, wie sich denn nun unsere stille Andacht zu der Politik der Welt verhält. Unsere Gebete sind keine Zaubersprüche, die Vertrauen unter Politikern, Wahrheitsliebe, Gerechtigkeitssinn – eben Frieden – hervorrufen. Und doch, wenn ich nicht an die Wirkung meiner Gebete glaubte, wäre ich nicht hier. Aber ich brauche diese Wirkung nicht zu messen. Und oft bleibt sie mir wohl verborgen. Oder ist das frommer Selbstbetrug und die Demut so falsch wie der Glaube an unsere Wirkung irrig? Ich weiß natürlich, was jetzt zu sagen ist:

Die einzige uns mögliche Veränderung ist die am eigenen Selbst. Ja, stimmt, gewiss. Aber dass solche Veränderung ausstrahle – das dürfen wir doch wünschen, nicht wahr? Das, denke ich, sollen wir wünschen. Das eine, das wir nicht dürfen, wäre, die Kräfte unserer Seele zu unterschätzen. Wie dem auch sei, ich will nicht aufhören, Gott in den Ohren zu liegen.

Gebet:

Gott, du Geist in uns, Gott, unser Gegenüber, mächtiger Schöpfer der Welt, ohnmächtiger Gottessohn am Kreuz, Herr der Geschichte, Beweger der Herzen – wie sollen wir dich verstehen? wie dich nennen? Ist die himmelschreiende Politik Bagdads und Washingtons schon in deinem Himmel zu hören? O Herr, schmeiß Hirn vom Himmel! Lass dich vernehmen in dem Bewusstsein derer, die etwas in der Politik bewegen können. Tröste uns wieder mit deiner Hilfe, und mit einem neuen aufmerksamen geduldigen liebenden Geist rüste uns aus!

AMEN

Ich möchte euch noch zwei Beispiele geben für den Zusammenhang zwischen Stille und Tätigkeit, zwischen der Konzentration auf Gott und der Konzentration auf unsere Umgebung.

„Eines Tages kam der Rabbi von Krakau in das Zimmer, wo sein Sohn im tiefen Gebet versunken war. In der Ecke stand eine Wiege mit einem weinenden Kind. Der Rabbi sagte zu seinem Sohn: 'Hörst du nicht, dass das Kind weint?' Der Sohn sagte: 'Vater, ich war in Gott versunken.' Da sagte der Rabbi: 'Wer in Gott versunken ist, sieht sogar die Fliege, die an der Wand kriecht.'"

Das zweite Beispiel habe ich einem Bericht über die Kinderfreizeiten entnommen, die das Komitee für Grundrechte und Demokratie letzten Sommer für kriegsgeschädigte Kinder des ehemaligen Jugoslawien an der Adria durchgeführt hat. Kinder und Betreuerinnen waren Serben, Muslime, Kroaten. Eine der wenigen deutschen Betreuerinnen erzählt: „Ich habe mich mit einer Lehrerin aus Osijek besonders angefreundet, weil ihre sonnige und lustige Art mir sehr gefallen hat. Als ich sie auf ihre Heiterkeit ansprach, sagte sie, sie ginge jeden Abend ans Meer, um ungestört weinen zu können."

Versteht ihr?

Ausgang:

Noch einmal Tersteegen:
Nun sich der Tag geendet,
mein Herz sich zu dir wendet
und danket inniglich;
dein holdes Angesichte
zum Segen auf mich richte,
erleuchte und entzünde mich.

SHALOM

Ohne Datum, Frühjahr 1998 Eingang:

Der Wochenspruch dieser Woche, von Paulus an die Gemeinde in Rom geschrieben, oder vielleicht doch speziell für uns?:

Lass dich vom Bösen nicht überwinden, sondern überwinde das Böse durch das Gute.

Eben! Und wo ist so viel Gutes, um so viel Böses zu überwinden?

Wo, wenn nicht bei der Quelle des Lebens und des Geistes, zu der wir Zugang suchen in unserem Schweigen.

Gedanken:

Da ich nicht ganz regelmäßig an unseren Friedensgebeten teilgenommen habe, weiß ich nicht, ob das, was ich euch heute zu bedenken geben will, schon einmal zur Sprache gekommen ist und womöglich viel kompetenter abgehandelt worden ist, als ich es kann. Aber ich muss euch ja nicht belehren; wir wollen ja einander die Bereitschaft stärken, Leiden und Unfrieden wahrzunehmen und darauf zu reagieren.

Längst dachte ich, es sei an der Zeit, die Massaker in Algerien in unsere Gedanken einzubeziehen. Jetzt wird – aus Anlass von Kommunalwahlen – der Streit zwischen dem wenig demokratischen Regime und den Islamisten in den Medien erwähnt. Waffen, so habe ich gelesen, seien den von Massakern Bedrohten jedoch wichtiger als Wahlen. So wird Böses mit Bösem bekämpft, aber nicht überwunden.

Mir ist wichtig, Wiederholungen zu erkennen. Zunächst bei mir selbst. Ich bin bei meiner Vorbereitung kaum über ein Selbstgespräch hinausgekommen. Wollt ihr euch das anhören?

Ich spüre bei mir folgende Tendenz: ich lese, höre über solche Ereignisse wie die Massaker in Algerien, erwähne sie vielleicht auch, und meine, sie damit schon zur Kenntnis genommen zu haben. Auf diese Weise bin ich leicht fertig, leichtfertig, im Umgang mit den Problemen, die um der betroffenen Menschen willen doch fleißiges Lernen verdienen. Die erwähnte Tendenz, die ich bei mir spüre, veranlasst mich, die Lage, etwa die in Algerien zu beurteilen. Und ich beurteile sie natürlich als schwierig, komplex, als durch den französischen Kolonialismus bedingt, als von hier aus eben **nicht** zu beurteilen. Außerdem verbietet sich mir ja jede intolerante Verurteilung des Islam. Meine fatale Tendenz schlägt mir darüber hinaus noch die Überlegung vor, was unverstehbar sei, müsse schwach, krank, verrückt sein; da sei denen nicht zu helfen, das Problem müsse sich eben totlaufen. – Damit bin ich fein heraus, oder? zurückhaltend, vorurteilsfrei, bis algerische Asylbewerber aus Deutschland abgeschoben werden und ich verstehe, dass alle Überlegungen nur dazu dienen, mir das Problem vom Leibe zu halten. Denn – es macht mir Angst. Da ist Fremdes in dieser Form des Islam, deren Anhänger man Islamisten nennt; da kann ich's nur schwer vertragen, mir vorzustellen, wie ausgeliefert sich die von Massakern Bedrohten fühlen.

Und während ich meine Ängstlichkeit verberge und vorgebe, mich um ein gerechtes Urteil zu bemühen, sterben Menschen einen grausamen Tod. So, liebe Freunde, werden Völkermorde möglich. Hier verlasse ich den persönlichen Bereich und frage nach Mustern im politischen Bereich. Die Ungeheuerlichkeit des sogenannten Holocausts mag sehr wohl mit dem Mord an den türkischen Armeniern 1916 zu tun haben. Die Großmächte, absorbiert vom Großen Krieg, ließen es geschehen, dass Armenier in langen Fußmärschen nach Osten getrieben wurden, verdursteten, zusammenbrachen, erschossen wurden, eingeschlossen in Kirchen verbrannt wurden. Es kommt mir nicht abwegig vor, wenn die Armenier sagen, Hitler habe aus dem Beispiel des Osmanischen Reichs 1916 gelernt, dass nämlich die Verbrechen nur ungeheuer und unvorstellbar genug sein müssen, um ungestört begangen werden zu können.

Darum bin ich dankbar für die klaren Worte, die Günter Grass in der Paulskirche zum Schicksal der Kurden gesagt hat.

Böses mit Gutem überwinden? In Algerien, in der Osttürkei, wo es schon keine Armenier, schon keine syrisch-orthodoxe Christen mehr gibt, und bald keine Kurden mehr? Nicht Stellung zu beziehen, ist noch nicht das Gute, das Böses überwindet – eine einfache Überlegung, zum Achselzucken selbstverständlich. So bleiben Fragen offen, und ich habe euch Gelegenheit gegeben, hundertfach 'ja, aber' zu sagen. Es bleibt das Problem der Islamisten, es bleibt die Tatsache, dass kein Kurde am Leben bleibt, weil ich hier für Entschlossenheit plädiere. Ich weiß auch, dass einige von euch schon viel weiter sind in ihren Kenntnissen, ihren Analysen und ihrer Entschlossenheit. Nehmt mich mit! Ich hoffe, eines Tages werde ich JA sagen ohne ein Aber.

Gebet:

Vater, Mutter, unser Gott, wir wenden uns dir zu, nicht damit du uns Ängstlichkeit und Unentschlossenheit abnimmst, sondern damit wir sie vor dir ablegen, nicht um unser Vertrauen zu dir gegen Kraft einzutauschen, sondern damit wir in der Beziehung zu dir in Gewinn und in Verlusten Sinn erfahren.

AMEN

(Es fehlt der Gedanke aus Röm 12,20, Zitat aus den Sprüchen(?): wenn dein Feind hungert, so speise ihn etc, so wirst du feurige Kohlen auf sein Haupt sammeln. Entwaffnend sein. Paulus für den Privatbereich. Warum nicht im Politikbereich? Dem Zitat über die feurigen Kohlen folgt der Wochenspruch.)

Ausgang:

Heute feiert Israel Simchat Tora, das Fest der Torafreude, denn die Tora sagt, nach der Ernte sollst du bei einem Festessen fröhlich sein vor dem Herrn, deinem Gott.

Ich wünsche euch, ich wünsche mir, dass alle Menschen, denen wir begegnen, Gutes erfahren.

Shabbat Shalom

24. 4. 1998 Eingang:

Neulich tat mir mein Rücken weh, eine Verspannung, kaum hinderlich, aber unangenehm. Im Laufe des Morgens dachte ich an meine gerade operierte Schwester in einer fernen Stadt, saß da und stellte mir vor, ich könnte ihr die Schmerzen wegstreicheln. Als ich mich wieder praktischen Tätigkeiten zuwandte, ging es meinem Rücken wesentlich besser. Auch meiner Schwester geht es wesentlich besser; davon will ich aber nicht reden, sondern ich erwähne es, weil ich mir manchmal Gedanken über das Beten mache. Es ist ja nicht nur die Erfüllung von Wünschen, die uns veranlasst zu beten. Mit der Erfüllung fest verbunden soll auch die Gewissheit sein, dass das Gewünschte gut ist, gut für uns, ein Segen für andere. Das klingt euch vielleicht zu selbstverständlich. Aber ich frage mich, ob zu beten nicht heißt, sich eine Befindlichkeit von Wesentlichkeit zu wünschen. In dieser Befindlichkeit suchen wir uns selbst oder versuchen, über uns hinauszugehen, und manchmal ist das gar kein Unterschied, weil wir Gott suchen. Ich will nachher nicht in diesem Stil fortfahren, sondern euch von einem Buch über das Gebet erzählen. Ein Satz aus diesem Buch ist, was wir ja auch schon wissen: „Das Stillesein ist des Gebetes Mutter."

Gedanken:

Ich erzähle von einem Buch, das als ein Klassiker unter der religiösen Literatur gilt, dessen ich aber erst vor wenigen Monaten habhaft geworden bin. Es sind „Aufrichtige Erzählungen eines russischen Pilgers". Das Buch, das heißt sein erster Teil, ist in der 2. Hälfte des 19. Jahrhunderts entstanden, vermutlich auf dem Berg Athos. Aufgeschrieben hat es ein Laie für seinen Seelenberater, seinen geistlichen Vater. Der Name des Pilgers ist unbekannt. In seltsam verschachtelter Form erfährt der Leser von Begegnungen und Gesprächen, den Pilgerwegen und der Lektüre dieses Mannes. Und bei allem geht es nicht um seine Biographie, die nebenbei auch skizziert wird, sondern um das Gebet, d. h. um das Herzensgebet:

Herr Jesus Christus, erbarme dich meiner.

Unser Pilger wandert zu berühmten Klöstern, wohnt wochenlang in einer Hütte, von der aus er ein Feld bewacht, begleitet einen anderen Pilger, begleitet einen Blinden, sehnt sich – ohne Erfolg – nach Jerusalem zu gelangen, wohnt in einer Erdhütte und betet und liest im Evangelium und vor allem in der Philokalie, zu Deutsch Tugendliebe, einer

Sammlung theologischer Schriften aus zwölf Jahrhunderten über das Herzensgebet.

Ausgangspunkt ist ein Wort aus 1. Thessalonicher 5, 16-18: „Freuet euch allezeit, betet ohne Unterlass, danket bei allem." Unser Pilger hört die Aufforderung, ohne Unterlass zu beten, in einer Predigt und fragt sich, wie dies zu verwirklichen sei. Wie kann ein Mensch, wenn er arbeitet, isst, mit andern redet, schläft, beten? Er findet einen Lehrer und beginnt, das Gebet zu sprechen, zunächst halblaut, soundso oft in der Stunde, soundso oft am Tag. Er übt dies Wochen und Monate, bis ihm das Gebet in Fleisch und Blut, in den Atem und in seinen Herzschlag übergegangen ist:

Herr Jesus Christus, erbarme dich meiner.

Das Gebet begleitet ihn bei seinen Wanderungen, begleitet ihn in den Schlaf und weckt ihn am Morgen auf. Es ist verbunden mit dem Bedürfnis nach Einsamkeit – was Meister Eckehart 'Abgeschiedenheit' nennt – fördert aber auch große Liebe zu den Menschen, die ihm begegnen, denen er hilft, bis er die Gefahr des Stolzes spürt und sich wieder zurückzieht. Nicht nur liebt er die Menschen, sondern, sagt er: „alle Menschen waren gütiger zu mir; es war so, als hätten mich alle liebgewonnen." Betend erfährt er Leichtigkeit und Freude, fühlt sich mit der Schöpfung im Lobpreis Gottes verbunden.

Ihr seht, wir treffen hier auf einen Mystiker.

Ich stelle die Frömmigkeit des Pilgers hier nicht als ein Modell für uns hin. Die ständige Wiederholung derselben Gebetsworte befremdet mich. Jesus sagt, wir sollen nicht plappern wie die Heiden. Andererseits fasziniert mich der Gedanke, der Mensch könne mit Atem und Herzschlag beten. Orthodoxe Theologen finden es heidnisch, mit Hilfe des Geistes alles Körperliche zu überwinden, als ob unsere Physis nicht gottgegeben sei. Mit dem Geist das Herz suchen und dort Gott finden, das sei durch die Praxis des Herzensgebets möglich.

Ich gebe euch diese Erfahrungen zu bedenken, auch wenn ich keine Antwort weiß auf die Fragen, die offen bleiben.

Gebet:

Ewiger, wie sollen wir dich suchen? Wir glauben, dass du dich finden lassen willst. Weil wir aber nicht allein sind auf der Welt, wollen wir es nicht lassen, den Gedanken an dich mit Gedanken an Israel und Palästina, an Nordirland, an Hunger in Nordkorea und Somalia, an Arbeitslosigkeit und Verbitterung in Deutschland zu verbinden.

Herr Jesus Christus, erbarme dich meiner.

Herr Jesus Christus, erbarme dich unser.

AMEN

Ausgang:

Ich leihe mir Worte von dem geistlichen Vater unseres Pilgers:

Von ganzem Herzen wünsche ich, in dem Herrn geliebte Geschwister, dass die liebeströmende Gnade Gottes euren Weg beschatte und euch begleite, wie dereinst der Engel Raphael Tobias geleitete.

SHALOM

3. 7. 1998 Eingang:

Aus der jüdischen Mystik

Sei alle Zeit voll Freude.
Wisse, dass Gottes Gegenwart mit dir ist,
dass du unmittelbar auf den Schöpfer blickst
und der Schöpfer auf dich.
In ihm wurzeln alle Kräfte, beide, heilsame und schädliche; sein strömendes Leben ist überall.
Nur IHM traue ich!
Nur IHN fürchte ich!
Sei allezeit voll Freude.
Wisse, dass Gottes Gegenwart mit dir ist,
dass du unmittelbar auf den Schöpfer blickst
und der Schöpfer auf dich.

Gedanken:

Wenn's nicht so traurig wäre, könnte ich ihn absurd oder auch umständlich oder komisch finden, den Weg, den das Anfangszitat genommen hat: von Polen oder Litauen, vom Hebräischen oder Jiddischen aus nach Amerika, dort, vermutlich in Brooklyn, ins Englische übersetzt, dort jedenfalls verlegt, in Jerusalem von mir gekauft und nun übersetzt, um es euch hier nahe zu bringen.

Ich habe euch eine Botschaft auszurichten aus einem der Ursprungsländer jüdischer Mystik, aus Polen, aus der Synagoge in Warschau; der einen, die es noch und wieder gibt. Sie ist ein unauffälliger Bau, aber nicht unauffällig genug, um nicht vor einem Jahr Ziel eines kleinen Brandanschlages geworden zu sein.

Der Herr, der unsere Reisegruppe in der Synagoge empfing und uns die Situation der Juden in Polen kurz beschrieb, bat uns, allen zu widersprechen, die meinen, Juden gäbe es doch wohl kaum noch in Polen und das polnische Judentum sterbe doch wohl aus. Das sei nicht der Fall. Der polnische Antisemitismus, der besonders 1968 Juden ins Ausland oder in die Verleugnung ihres Judentums trieb, hat so weit nachgelassen, dass allmählich mehr Menschen es wagen zu sagen: es gibt eine jüdische Wurzel in meiner Familie; jetzt möchte ich etwas über das Wesen dieser Wurzel erfahren. Es gibt auch jüdische Frauen, die als kleine Kinder zur Zeit der Shoah von polnischen Familien aufgenommen wurden. Erwachsen geworden, erfahren sie von ihrer Herkunft und finden sich in einer schweren Identitätskrise: sind katholisch erzogen, von kirchlicher Seite aus vielleicht nicht besonders judentumsfreundlich, verdanken aber katholischer Frömmigkeit und Barmherzigkeit ihr Leben. Sie bilden eine Gruppe in der Warschauer Gemeinde, reden über Gott und die Welt; es wundert nicht, dass sie die Dienste von Psychologinnen in Anspruch nehmen müssen.

Die jüdischen Gemeinden blühen vielleicht nicht, aber sie leben und zeigen sich.

Warum unternimmt ein Mensch eine Reise zu den Stätten jüdischen Lebens und jüdischen Todes in Polen, Auschwitz, Birkenau, Lublin, Maidanek, Warschau? Verändert sich dabei etwas in uns? Nützt es irgendwelchen Lebenden?

Verschiedene Menschen erleben den Besuch an jenen Orten sehr unterschiedlich, und auch innerhalb von ein paar Stunden unterschiedlich. Mal genervt von den andern Besuchergruppen, mal weinend, mal neben sich stehend oder nur wie Teil eines Photos, mal bedroht. Immer wieder fielen die Kenntnisse von den Geschehen in Auschwitz und die harmlose Erfahrung eines hellen, angstfreien Sommertages auseinander. Den Ort konnten wir aufsuchen, die Zeit nicht. Der Ort allein löste in mir nichts aus, sondern meine Bereitschaft, mir das, was ich schon über den Ort wusste und dort noch lernte, vorzustellen, d.h. vor mich hinzustellen und zu betrachten und darauf zu reagieren. Wenn ich dabei Schmerzliches befürchte, werde ich den Akt des Vorstellens vermeiden, stehe dann neben den Ereignissen, auch neben mir, will mir scheinen. So haben es damals die SS-Wachen gemacht; ja sogar Häftlinge haben überlebt, weil sie sich nicht in die Lage ihrer Kameraden versetzten.

Auch Überlebende erfahren Unterschiedliches, wenn sie an die Orte zurückkehren. Für manche ist es wie eine Erlösung; die Veränderung in den Lagern sagt ihnen: es ist vorbei, es ist wirklich vorbei. Für andere verschwindet die Zeit zwischen damals und heute, erst gestern scheint man ihn von der Mutter getrennt zu haben.

Wenn ich mir nun das Leiden an jenem Ort zu jener Zeit vorstelle, stellt sich Trauer ein. (Sich vorstellen. Sich einstellen). Blumensträuße, Kerzen, Gedenkminuten – hilflose, in ihren Dimensionen lächerliche Zeichen der Trauer. Du kannst nicht um Millionen trauern, hieß es in unserer Reisegruppe, du kannst nur um einzelne Menschen trauern. Ich weiß nicht. Als ich die Haufen von Schuhen in Majdanek sah, wünschte ich, die Toten könnten wieder in ihren Schuhen stehen und mich mit ihnen gehen lassen zu Arbeit und politischem Handeln, zu Liebe und Spiel und auf einen gelassen erwarteten Tod zu. Aber es ist wahr: nie habe ich so geweint wie um das Sterben unserer **einen** emigrierten Freundin. Sie hatte fast so lang in London wie in Wien gelebt, aber vor ihrem Tod kehrte sie ganz in ihre Muttersprache, das Deutsche, zurück. Niemand verstand sie in dem großen Londoner Krankenhaus. So starb sie einsam, erschreckt, verwirrt.

Ich weinte eine Nacht lang und verschlief dann den Ostermorgen, für den ich mich mit Claudia zum Frühgottesdienst verabredet hatte. Ja, es ist wahr, mein Leben hat nicht genügend Nächte, um die Toten von Birkenau zu beweinen.

Was bleibt, ist der Wunsch, selbst keine Mörderin zu sein oder zu bleiben, keinem Menschen Ermutigung zu versagen, in jedem Freude und Lebendigkeit zu verstärken und niemanden, gar niemanden, überflüssig zu finden – so wie Jesus es in der Bergpredigt gesagt hat, so einfach und so schwer:

Ihr habt gehört, dass zu den Alten gesagt ist: „Du sollst nicht töten"; wer aber tötet, soll dem Gericht verfallen sein. Ich aber sage euch: Jeder, der seinem Bruder zürnt, soll dem Gericht verfallen sein. Wer aber zu seinem Bruder sagt: du Nichtsnutz, du Idiot! soll dem Hohen Rat verfallen sein. Wer aber sagt: du gottloser Narr! soll der Hölle mit ihrem Feuer verfallen sein.

Gebet:

Wem kann ich sagen: es ist mir leid um die Toten der Shoah, um die Toten der Kriege, von denen wir wissen - wenn nicht dir, EWIGER? Bin ich dir glaubwürdig, wenn ich das sage? Wir sind ja nicht allmächtig und unser Wissen und unsere Vorstellung sind begrenzt. Darum sprechen wir vor dir von dem Leiden in den Lagern und anderswo. Vielen bist du verloren gegangen, manche haben dich noch in der Gaskammer angerufen. Lass dir gefallen, dass wir dich an das Leiden deiner Menschen erinnern.

Du kennst meinen Zorn und die tödlichen Worte, in denen ich ihn manchmal ausdrücke. Du kennst unsere Sehnsucht, gut zu sein und Heilsames zu bewirken. Kritisch müssen wir sein und, wenn wir denn einen Auftrag auszurichten haben in dieser Welt, müssen wir uns auch kritisch hören lassen. So bitte ich:

Verwandle unsern Zorn in Mut und heilsame Tatkraft. Lass es uns gelingen, freundlich, aber mit Salz gewürzt zu reden. Und verwandle unsere Trauer um Gestern in Liebe zu Heute und Morgen.

Und lass dir danken für unser leichtes Leben und den Reichtum unserer Möglichkeiten.

AMEN

Ausgang:

Noch einmal aus der jüdischen Mystik.

Ein Mensch ist beim Gebet wie ein Bett glühender Kohle,
solange ein einziger Funke bleibt,
kann wieder ein großes Feuer entfacht werden.
Aber ohne diesen Funken kann es kein Feuer geben.
Bleibt immer mit Gott verbunden,
auch in solchen Stunden,
in denen es euch nicht möglich ist,
euch zu ihm zu erheben.
Ihr müsst diesen einzigen Funken bewahren -
damit das Feuer eurer Seelen nicht verlischt.

SHALOM

14. 8. 1998 Eingang:

Ein Dialog über Gott und den Weg zu ihm:

„Was für einen Namen gebt ihr Gott?"

„Er hat keinen Namen, Gott kann man nicht in einen Namen pressen. Der Name ist ein Gefängnis, Gott ist frei."

„Wenn ihr ihn aber rufen wollt, wenn es notwendig ist, wie ruft ihr ihn?"

„Ach, nicht bei einem Namen. Ach! werde ich ihn rufen."

„Welche Regeln habt ihr?"

„Armut, Armut; nichts besitzen, auf dass uns nichts belaste, auf dass wir uns Gott nähern auf blühendem Pfad; Lachen, Tanz und Freude sind die drei Erzengel, die uns dabei geleiten."

„Und auf welche Weise lobt ihr Gott?"

„Tanzend."

„Tanzend? Warum?"

„Weil Tanzen das Ich auslöscht. Wenn das Ich gestorben ist, gibt es kein Hindernis, sich mit Gott zu vereinen."

Gedanken:

Ich habe mich zum Friedensgebet gemeldet, ohne zuvor einen bestimmtem Gedanken im Kopf zu haben. Schon wiederholt habe ich mich allerdings gefragt, ob nicht die Ereignisse einer Woche genügend Anlässe für uns liefern würden, um den Thron Gottes mit Bitten zu bestürmen.

So haben wir ja angefangen, so tun wir es oft, indem wir Aktuelles in unsere Gebete aufnehmen, uns mit leichten Fingern über den Globus bewegen, auf die Hochwasser in China weisen, auf Afghanistan und den Kosovo – und auf Nairobi und Dar es Salaam. Kenya und Tansania. Erschreckend. Eine neue Bewegung zur Bewahrung heiliger islamischer Stätten. Dass Kenyas Nordosten muslimisch ist, war mir ja bekannt – aber was für heilige Stätten wären denn in Kenya oder Tanzania zu bewahren? Es ist wohl klar: angegriffen werden die USA wegen ihres Engagements in Israel, wo es ja wahrhaftig heilige Stätten des Islam gibt. So ist es weder Zufall noch rein humanitäre Motivation, wenn sich Israel an Geheimdienstaktionen und Aufräumarbeiten beteiligt.

Mir macht dieser Islam Angst, diese Verquickung von Politik und Religion im Irak, in Afghanistan, im Libanon, in Algerien. Auch in Deutschland?

Ich bin in Gefahr, den Islam mit nichts anderem zu verbinden als mit Unterdrückung von Frauen und Minderheiten, mit brutaler Rechtsprechung und religiös gerechtfertigtem Terrorismus. Dabei ist der Islam eine uns verwandte Religion, bietet den Gläubigen eine Deutung des Sinns ihres Lebens, regelt das Zusammenleben, bietet eine moralische, emotionale, kulturelle Heimat. Der Dialog, den ich anfangs vorgelesen habe, stammt aus einem Buch des Griechen Kazantzakis, und wer da miteinander redet, sind ein französischer Abt und Mönche eines muslimischen Klosters, sogenannter Derwische. Auch das ist Islam.

Und was ist und war Christentum? Wer in Israel und Syrien reist, sieht die Spuren der Kreuzritter, romantische Burgen auf klug gewählten Anhöhen, der pure Militarismus. Habt ihr in der Schule gelernt, dass die Kreuzritter in Blut gewatet sind? Habt ihr in der Schule von Luthers Antisemitismus gehört? Dass das Halten schwarzer Sklaven als von der Bibel geboten verstanden wurde? Und wie wird das heutige Christentum in der nichtchristlichen Welt wahrgenommen? Wahrscheinlich als eine Kultur von gewaltigem (oder gewaltsamem?) Durchsetzungsvermögen, sichtbar und erlebbar in ihrer Technik und Ökonomie.

Um dieses Thema angemessen zu behandeln, hätte ich drei Dutzend Bücher lesen müssen, um hier ein 37. Buch vorzutragen. Dazu sind wir aber nicht zusammengekommen. Ich möchte aber für mich – und vielleicht ja auch für euch – mein Verhältnis zum Islam ein wenig klären. Einige Formen des Islam machen mir Angst. Einige Formen des Christentums auch. Was soll ich nun wünschen und beten? Dass sich das wahre Christentum gegen den Islam durchsetze? Nein. Das wäre blinde Besserwisserei, als Rechthaberei verkleidetes Machtstreben. Ich wünsche mir, dass sich Muslime und Christen als Kinder desselben Leben schaffenden, Menschen liebenden Gottes verstünden und sich entsprechend verhielten. Und Israelis auch.

Ich erzähle euch ein Beispiel aus meiner Studentenzeit. Im internationalen Haus der christlichen Studentenbewegung lebte auch Souja, ein Muslim aus Pakistan. Der anglikanische Studentenpfarrer und Hausvater des Hauses übertrug, wie anderen Bewohnern des Hauses, auch Souja einmal (oder mehrmals) die Aufgabe, die Hausandacht zu halten. Souja sagte 'Gott' statt 'Allah' und alle konnten mitbeten. Ich fand diese Zusammenführung von Christentum und Islam damals höchst gewagt. Heute weiß ich, wie weitblickend und fortschrittlich jener Studentenpfarrer handelte. Heute gibt es schon viele Christen, die unter Ökumene nicht nur die Zusammenarbeit von Protestanten und Katholiken verstehen, sondern mehr: die Überwindung der skandalösen Trennung der Menschen nach Kirchen- und Religionszugehörigkeit.

Gebet:

Ewiger, du Namenloser, du ein und alles, du hörst, was wir wünschen. Erleuchte uns, dass wir das Richtige wünschen! Als deine Söhne und Töchter wollen wir keinem andern Menschen Angst machen, weder als Individuen, noch als Vertreter unserer Kultur. Darum befreie uns von dem engen Blick der Rechthaberei!

Lass dich erfahren als Gott des Heils und der Liebe zum Leben und lass uns deine Zeugen sein, indem wir andern in Liebe begegnen!

Segne Souja in London und seine muslimischen und christlichen Freunde!

AMEN

Ausgang:

Eine Verheißung des Jesaja:

... „denn voll ist das Land von Erkenntnis des Herrn wie von Wassern, die das Meer bedecken." ... (Jes 11, 9b)

Gott lasse uns teilhaben an der Erfüllung seiner Verheißung!

SHALOM

4. 9. 1998 Eingang:

Neulich wurde ich gefragt: 'Was ist es, das die Christuskirche für dich immer noch zu – Gemeinde – macht?' Meine Antwort wird euch nicht wundern: das Friedensgebet und die Leute, die ich da treffe.

In diesem Sinne, dankbar und froh, wünsche ich uns einen guten Abend.

Zum Eingang ein paar Worte aus – ich glaube – dem Talmud.
Wer, wenn nicht wir?
Wo, wenn nicht hier?
Wann, wenn nicht jetzt?

Gedanken:

Heute versuche ich, ein kleines Buch vorzustellen. Es ist nicht neu, wäre im Erscheinungsjahr 1984 wirklich viel aktueller gewesen, aber es fasst viele unserer Gedanken kompetent und sympathisch zusammen und ist in seinem Anliegen nach wie vor beachtenswert.

Joseph Weizenbaum, Kurs auf den Eisberg.

Weizenbaum war zunächst Mathematiker, dann Computerfachmann, bei Wissenschaftlern bekannt als Entwickler einer Computersprache. Als das Buch entstand, war er schon seit einer Reihe von Jahren Professor am MIT, und war es auch geblieben, obwohl er es manchen Studenten versagte, unter seiner Anleitung den Doktorgrad zu erwerben. Denn diese Studenten kamen mit speziellen Forschungsaufträgen (und Forschungsgeldern!) der Rüstungsindustrie, ohne zu wissen, in welchem Zusammenhang diese Industrie ihre Ergebnisse verwenden würde. „Ja aber", sagten dann diese Studenten, „wenn ich nicht an dieser Sache arbeite, wird es ein anderer tun." Weizenbaum meint, mit solchem Argument sei schon manches Verbrechen zugelassen worden, und spricht da aus seiner Erfahrung als jüdisches Kind im Berlin der 1930er Jahre. Weizenbaum ermuntert dazu nachzufragen, Zusammenhänge zu erkennen. Wenn Wissenschaftler nicht wissen dürfen, welchem Zweck ihre Forschungsergebnisse dienen sollen, und dennoch forschen, dann treiben wir auf den metaphorischen Eisberg zu, sind wir Passagiere auf der metaphorischen Titanic. Das rettende Wunder?

Der einzelne, so Weizenbaum, muss sich so verhalten, dass er 1. das Wunder nicht verhindert, dass er 2. dem Wunder den Boden bereitet;

er muss 3. damit rechnen, er selber könne es sein, durch den das Wunder geschehen soll. Der einzelne muss sich so verhalten, als ob die Zukunft der ganzen Menschheit von ihm abhinge. Die Ohnmacht des Einzelnen nennt Weizenbaum eine Illusion. „Vielleicht ist es die gefährlichste Illusion, die ein Mensch überhaupt haben kann."

Natürlich hat der einzelne trotz seines Bewusstseins von Verantwortung noch keine Macht. Das weiß Weizenbaum auch. Aber wer hat dann Macht? Die Rüstungsindustrie? Die Rüstungsindustrie kann die Probleme, die sie geschaffen hat, nicht mit den ihr eigenen Mitteln lösen. Der Computer kann die Probleme, die er geschaffen hat, ebenso wenig mit den ihm eigenen Mitteln lösen. Die Lösung eines Dilemmas, sagt er, liegt in der Verwerfung der Spielregeln, die dieses Dilemma hervorgerufen haben. Ein andersartiger Standpunkt ist notwendig. Aber nicht ein Standpunkt, zu dem wir dann andere bekehren, sondern einer, den wir selbst einnehmen.

Es wundert dann nicht, dass Weizenbaum von Religion und Bergpredigt spricht, von der Befreiung vom Zweckdenken, dem Willen, Gutes um des Guten Willen zu tun.

Mit Religiosität meint er eine Haltung der Verbundenheit mit der Welt, mit seinen Brüdern und Schwestern, gegenüber allen Menschen. Und Glauben an Gott will er in dem Sinn verstanden wissen, dass wir unsere gewöhnlichen menschlichen Ziele überschreiten müssen.

Weizenbaums Buch ist wie eine Antwort auf die Fragen

Wer, wenn nicht wir?
Wo, wenn nicht hier?
Wann, wenn nicht jetzt?

Am Ende bekennt Weizenbaum, er könne sich noch nicht ehrlich einen Pazifisten nennen. „Man kann sich doch nicht entscheiden, Pazifist zu sein; man kann nur zum Pazifisten reifen."

Gebet:

Ewiger, Schöpfer der Welt, oft erscheint mir die Welt zu kompliziert für meinen Verstand, zu schnell in ihrer Entwicklung, fordernd, bedrohlich. Wir kommen zu dir, weil wir mühselig und beladen sind. Und nun erquickst du uns, indem du uns unsere Möglichkeiten zeigst. Dein Geist helfe uns, dass wir ehrlich sagen können:

Ja, wir.
Ja, hier.

Ja, jetzt.

AMEN

Ausgang:

Ihr seid das Licht der Welt. – Man zündet auch nicht ein Licht an und stellt es unter den Scheffel, sondern auf den Leuchter, so leuchtet es allen Passagieren auf der Titanic, ich meine: allen, die im Hause sind.

Und wenn meine Flamme ausgeht, darf ich mein Licht dann bei euch wieder neu anzünden?

Geht in Frieden.

SHALOM

21. 9. 1998, Ökumenisches Friedensgebet, Münster

Thema: Menschenwürde(n) Arbeit(en)

Votum:

Im Namen *Gottes,* Quelle unseres Lebens,

im Namen Jesu Christi, Grund unserer Hoffnung,

im Namen des Heiligen Geistes, Kraft Gottes, die uns zur Hoffnung ermutigt.

AMEN.

Begrüßung:

Einführung ins Thema: Hinweis auf die bundesweite Aktion, Zusammenhang zwischen Arbeit und Frieden, die Art und Weise unserer Arbeit prägt unser individuelles Leben, für Arbeit zu sorgen ist eine Aufgabe der Gesellschaft.

Liedruf:

Ruach

Eingangsgebet:

Psalm 23

Mein Hirt ist Gott, der Herr
mir fehlt nichts
er führt mich mitten durch Wüsten zu einer Oase
und läßt mich finden einen Quell
er lenkt meine Sehnsucht
und meine Neugier, die groß ist
und läßt mich finden meinen Weg
und wenn ich auch oft
durch dunkle Tiefen muß bis an den Rand des Todes
ich fürchte nicht meinen Untergang
denn Du Verborgener begleitest mich
dein Stock den ich spüre an meinem Leib
sagt mir, daß du mich nicht aus dem Auge verlierst
und was mich bedrückt wird plötzlich zum Trost
und du leitest mich

auf des Messers Schneide durch die Dunkelheit
die umschlägt in Licht
du hast immer zur rechten Zeit einen Tisch mir gedeckt
und wenn ich meine, jetzt hat Er mich verlassen
dann fällt plötzlich Brot aus der Luft
du erfrischst mein Gesicht
wenn Angstschweiß mir auf der Stirne steht
und wenn meine Zunge am Gaumen klebt und ich sprachlos bin
kommt unverhofft ein Schluck Hoffnung
mein Weg ist gezeichnet
von Glück und Angst
und immer aufs Neue umgibst du mich
mit Zeichen der Freundschaft - DU.
Wilhelm Willms

Lied:

Gott gab uns Atem, damit wir leben 432, 1-3

Schriftlesung:

Mt 8,24-29: Vom Hausbau

Kreative Umsetzung

(In der Mitte steht ein Haus aus verschiedenen Kartons.)

Einführung: Aus vielen verschiedenen Steinen ist das Haus unserer Gesellschaft gebaut. Es gibt das Fundament, es gibt Steine, auf denen die Last des Gewichtes liegt, es gibt Steine, die eine Fensteröffnung freigeben, es gibt Steine, die die Außenmauer bilden, Steine, die die Decke tragen, ... Jeder Stein ist wichtig in diesem Haus, wenn Steine fehlen, wird es unansehnlich oder beginnt gar auseinander zu brechen.

Doch wir erleben in dem Haus unserer Gesellschaft, dass immer mehr Steine herausbrechen, dass immer mehr Menschen aus ihrem bisherigen Leben herausfallen, in Arbeitslosigkeit, Armut, Abhängigkeit, weil sie keine Möglichkeit zur Beteiligung am gesellschaftlichen und wirtschaftlichen Leben finden.

(Nun werden einzelne Steine benannt und herausgenommen:)

Um Unternehmen zu verschlanken, verlieren Menschen ihren langjährigen Arbeitsplatz. Sie müssen erfahren, dass Kompetenz und Erfahrung weniger zählen als Jugend und Flexibilität.

Junge Menschen suchen vergeblich einen Ausbildungsplatz. Sie bekommen keine Chance mehr, ihren Platz im Arbeitsprozess zu finden, gesellschaftliche Anerkennung zu finden und ihr Selbstbewusstsein zu stärken.

Frauen müssen erleben, dass ihre natürliche Fähigkeit, Leben zu schenken, zum Hemmschuh im harten Konkurrenzkampf wird. Sie haben es immer schwerer, eine gerecht bezahlte und gesicherte Arbeitsstelle zu finden.

Zeitarbeit wird immer mehr zur modernen Sklavenarbeit. Die berufliche Unsicherheit, in der viele Menschen leben müssen, verschließt ihnen die Zukunft, führt sie in Armut und Abhängigkeit.

Billigere Arbeitskräfte aus anderen Ländern werden unter illegalen Bedingungen beschäftigt. Menschen, deren einziges Verbrechen es ist, dass sie arbeiten wollen, werden so kriminalisiert und stigmatisiert.

In unserer Gesellschaft entsteht eine Kluft zwischen Arbeitsplatzbesitzern und arbeitslosen Menschen. In einem Klima von Neid und Misstrauen wachsen Rassismus und Gewalt und werden zu einem gefährlichen Sprengstoff.

Arbeitszweige werden ausgelagert in Länder, in denen Frauen und Kinder unter menschenunwürdigen Bedingungen arbeiten müssen. Unsere Sucht nach billigem Konsum schadet ihnen und uns.

(Das Haus stürzt ein.)

Es gibt viele Menschen, die darüber nachdenken, was sich ändern muss, damit das Haus unserer Gesellschaft zum Glück der Menschen neu erstehen kann. Niemand hat ein Patentrezept, aber viele haben einzelne Bausteine, die miteinander ein gutes Fundament für ein neues Haus bieten können. Wir legen jetzt symbolhaft einige Steine um das Kreuz in unserer Mitte herum.

(Für jede Aussage, die bewusst schon vorhandene Ansätze meint, wird ein Karton gesetzt)

Die Menschen denken neu nach über Arbeit und Zeit. Sie unterscheiden zwischen Erwerbsarbeit und vielen anderen Formen von Arbeit. Erwerbsarbeit soll nicht länger die einzige Quelle von sozialer Anerkennung, Sozialversicherung und Lebenssinn sein. Familienarbeit sollte Erwerbsarbeit werden.

Erwerbsarbeit und Einkommen ist teilbar. Es gibt eine Reihe von Lebensgemeinschaften, die dies vorleben. So z.B. die christliche Lebensgemeinschaft im Eselsburger Tal und der Laurentius Hof in Wethen. Es gibt Menschen, die feiern ein Sabbatjahr und geben so ihre Arbeitsstelle für ein Jahr frei. Auch der Abbau von Überstunden kann zu neuen Arbeitsplätzen führen.

Es gibt Menschen, die ihre Geldanlagen ethisch verantworten. Sie sollen dem Leben dienen und neue Arbeitsplätze schaffen.

Manche Gemeinschaften, auch Kirchengemeinderäte gründen Stiftungen und Spendenparlamente, mit denen sie Erwerbsarbeit finanzieren.

Andere verlangen keine Zinsen für Geldverleih, um Geschäftsneugründungen zu erleichtern.

Es gibt zahlreiche wenigsten auf Zeit hilfreiche Projekte und Initiativen, so z.B. Arbeit anstatt Sozialhilfe oder die andere Baustelle, die Ausbildungsplätze für Jugendliche schuf.

Von Dresden kam der Vorschlag, Politiker und Abgeordnete mehr einzubeziehen in all diese Überlegungen und Projekte. Wir haben keinen Kontakt mit Politikern. Das muss nicht so bleiben.

All diesen Bausteinen eines Fundamentes für eine gesunde Gesellschaft ist gemeinsam, dass sie die Menschen nicht länger als Ware auf dem Arbeitsmarkt betrachten, sondern sein Wohlergehen und seine Handlungsfähigkeit in den Mittelpunkt stellen: Armut ist kein unabwendbares Schicksal.

Weg in die Stille:

Uns, die wir heute zusammengekommen sind, begegnet die Arbeitslosigkeit. Lassen Sie uns in der Stille darüber nachdenken, wo arbeitslose Menschen in unserem Umfeld leben und welche Schritte wir mit und für sie tun können?

- Stille -

Lied:

Laßt uns den Weg der Gerechtigkeit gehen 658, 1-4

Fürbitten

Gott, du rufst uns in ein neues Leben.
Auf diesem Weg müssen wir immer wieder umdenken und umkehren,
Altes loslassen und Neues beginnen.
Lass uns auch die Arbeitslosigkeit als ein Zeichen

zum Umdenken verstehen.
Es gibt Menschen mit Ideen,
wie die Arbeit gerechter verteilt werden und
neue Arbeitsplätze geschaffen werden können.
Mache uns aufmerksam auf solche Menschen und
zeige uns, wie wir ihre Bemühungen unterstützen können.
Gott, wir bitten um deine Kraft
Gott, wir bitten dich für alle,
die nach dem nächsten Sonntag politische Verantwortung
in unserem Land übernehmen werden.
Lass sie mit Vernunft und Weisheit handeln,
damit sie nicht an den Menschen vorbei regieren.

Gott, wir bitten dich für alle.
die in Wirtschaft und Industrie Verantwortung tragen.
Gib ihnen die Einsicht zum Umdenken:
Dass sie die Zukunft und das Schicksal der Menschen
in den Vordergrund stellen, bevor sie Entscheidungen für
Rationalisierungen und Verlagerung ins Ausland treffen.
Gott, wir bitten um deine Kraft.
Gott, wir bitten dich um Mut zur Solidarität mit den Arbeitslosen.
Nimm uns unsere Ohnmacht und hilf uns als Kirche
Sand im Getriebe der Ungerechtigkeit zu sein.

Gott, wir bitten dich im die innere Ruhe und das Wissen,
dass die Liebe einen Platz im Leben hat,
und lass uns spüren, dass wir alle Schwestern und Brüder sind.
AMEN.

Ohne Datum, Ende 1998 Eingang:

Wiederholt tauchen im Ersten Testament die Begriffe „Fremdling" und „Beisasse" auf. Der Fremde ist der Ausländer und Heide, oft auch der Sklave; der Beisasse ist der selbständig wirtschaftende Nicht-Israelit, der aber unter den Israeliten siedelt. Weder Fremder noch Beisasse genießt also das Privileg, zum Gottesvolk zu gehören.

Dennoch oder gerade darum wird Israel immer wieder ermahnt, die Rechte und das Schutzbedürfnis der Fremden und Beisassen zu achten. In Leviticus 25 jedoch lässt Gott dem Volk Israel durch Mose sagen: „Das Land ist mein, und ihr seid Fremdlinge und Beisassen bei mir."

Gedanken:

„Das Land ist mein, und ihr seid Fremdlinge und Beisassen bei mir." – Was mögt ihr eben überlegt haben?

Habt ihr an Karl Marx gedacht, der den Beginn des Kapitalismus mit dem Tag gegeben sah, an dem ein Mensch ein Stück Land umzäunte und behauptete, es gehöre ihm? Oder habt ihr an die Relativität von bleibendem Wohnen und Haben und Leben gedacht – und vielleicht an den Konflikt um den Kosovo und die NATO, ein Konflikt, der euch sicher genauso beunruhigt wie mich. Rufen möchte ich: „Halt! Falsch, alles falsch! So doch nicht!" Wer kann die Kette der Reaktionen und Gegenreaktionen, eine gewalttätiger als die andere, unterbrechen?

Ich habe den zitierten Satz aus Leviticus 25 wegen des Inhalts des gesamten Kapitels gewählt. Es geht um den Umgang mit Land, um Sabbatjahre, in denen Land und Weinberge ruhen sollen; es geht weiter um Halljahre, die nach 7 x 7 Jahren, in jedem 50. Jahr also, gefeiert werden sollen, alle Jubeljahr. Im Hallader Jubeljahr wird Befreiung aus Schuldsklaverei ausgerufen und die Rückerstattung von Land, das aus finanzieller Not heraus verkauft worden war. Zugegeben, die Einhaltung der Halljahre ist im alten Israel wohl Utopie geblieben. Aber Theologen erkennen in den Vorschriften einen Entwurf für eine Gesellschaft, in der sich die Schere zwischen Arm und Reich nicht unentwegt weiter öffnet.

Und weil wir lernen müssen oder auch wollen und auch schon ein bisschen gelernt haben, ökumenisch (ich sage nicht 'global') zu denken, versuche ich, die Kampagne „Erlassjahr 2000" zu verstehen und andere anzuregen, sich ihr anzuschließen.

Worum geht's? Es geht um die Verschuldung von Ländern der Dritten Welt. Es ist nicht nur die Korruption diktatorischer Präsidenten, die eine Entwicklung in diesen Ländern verhindert, sondern auch die Kreditpolitik des Internationalen Währungsfonds. Über solche Fragen wird auf den G7 bzw. G8 Konferenzen beraten und beschlossen. Nun ist geplant, bei der nächsten dieser Konferenzen, im Juni 1999 in Köln, eine Petition von einigen Millionen Unterschriften zu überreichen, mit denen eine Entschuldung von Entwicklungsländern gefordert werden soll.

Nicht, weil von Schuldenerlass etwas in der Bibel steht, ist die Kampagne Christen ans Herz zu legen, sondern weil die Bibel Existenzielles für eine gute, gerechte Gesellschaft vorschlägt.

Schulden in der Einzahl – Schuld – ist in unserm Sprachgebrauch zur Summe unserer Versäumnisse gegenüber Gott und Menschen geworden. Im Griechischen steht im Vaterunser noch ein Plural: Schulden, die ich zurückzahlen müsste, aber nicht zurückzahlen kann, sind zum Bild geworden für das, von dem ich mich in einer Beziehung nicht selbst befreien kann. Das gilt für die Beziehung zu Gott ebenso wie für die Beziehung zu Menschen. In verschiedenen Verbindungen sagt Jesus, wer seinen Mitmenschen „entschuldet", darf auch die Entschuldungsbereitschaft Gottes in Anspruch nehmen.

Gebet:

Ewiger, vergib uns unsere Schuld, unsere Unkenntnis und unsere Blindheit für das Unrecht, das wir andern zugefügt haben, sei es einzelnen in unserer Nähe, sei es den Serben, sei es den ehemaligen Kolonialvölkern. Dein Geist rühre Herzen und Hirne an, dein Geist gebe uns Mut und Klarheit und eine laute Stimme.
AMEN

Ausgang:

Ihr Fremdlinge und Beisassen auf Gottes schöner Erde, lasst euch auch daran erinnern, dass der Prophet Micha nicht nur von Pflugscharen und Rebmessern spricht für die Zeit, in der die Völker den Krieg nicht mehr lernen, sondern auch verheißt, „Sie werden ein jeder unter seinem Weinstock und unter seinem Feigenbaum sitzen."

Bei allen Aktionen und Aufrufen und Unterschriften lasst uns doch den Weinstock und den Feigenbaum nicht übersehen!

Wir werden in einer friedlosen Welt Frieden finden und Frieden stiften.

Shabbat Shalom

9. 4. 1999 Eingang:

Friede sei mit uns.

Guten Abend, liebe Freunde, heute, am 17. Tag des Krieges.

Der 9. April ist auch der Todestag Dietrich Bonhoeffers. Ob wir von Bonhoeffer etwas für die jetzige Kriegssituation lernen können, weiß ich nicht. In einer Hinsicht sind wir ihm zur Zeit des Kirchenkampfes ähnlich: es gab – und gibt heute – kein fertiges Rezept, das man nur zu befolgen brauchte, um sich moralisch akzeptabel vorzukommen. Neue Situationen fordern die Erfindung neuer Einstellungen und neuer Entschlüsse.

Welche? Das zu sagen, steh' ich nicht hier. Bonhoeffer schrieb in der Zeit einer schwierigen Entscheidung: „Große Programme führen uns immer nur dorthin, wo wir selbst sind; wir aber sollten uns nur dort finden lassen, wo Er ist."

Darum lasst uns jetzt schweigen.

Gedanken:

Seid ihr sicher, dass ihr mir zuhören wollt? Vermutlich wisst ihr mehr, habt mehr verstanden, schon bessere Gedanken formuliert als ich, habt auch am Ostermarsch teilgenommen.

Ich muss größenwahnsinnig gewesen sein, als ich mich für das heutige Friedensgebet gemeldet habe. Mein Magen verknotete sich bei der Vorbereitung. Ich versuche, nicht nachrichtensüchtig zu werden – weil niemandem geholfen ist, wenn ich viertelstündlich alles ganz schlimm finde -; vergeblich suche ich ein eindeutiges Ziel für meinen Zorn – der aber richtet sich hilflos hierhin und dorthin. Mir ist bewusst, dass wieder der Stolz der Serben verletzt und damit wieder ein generationenlanger Hass vorbereitet wird. Wieder stehen wir auf der falschen Seite in einem Konflikt, in dem es keine richtige Seite gibt. Blinden Blindenführern scheinen wir alle ausgeliefert. Ich merke, wie ich völlig fruchtlos herum leide.

Was ist unsere Aufgabe? Dass wir eine Aufgabe haben, ist keine Frage. Ich merke es daran, dass mir zwei Leute sagten, sie hätten bei Beginn des Krieges an mich und unseren Kreis gedacht – lieber hätten sie an die Politiker, an Opfer und Täter, die in den Krieg verwickelt sind, denken sollen. *Wie* wir also unsere Aufgabe wahrnehmen können, ist durchaus eine Frage. Ich weiß keine Antwort. Ich lasse euch aber ein paar meiner Gedanken wissen:

1) Was haben Gandhi und Martin Luther King anders gemacht bei ihren Kampagnen? Gewaltlos sind sie vorgegangen. Nun ja, gewalttätig sind wir hier ja nun auch nicht. Zivilen Ungehorsam haben sie geleistet. Muss ich das etwa auch? Ach nein, bitte, ich möchte lieber einen Konsens herstellen, alle überzeugen, dass wir tolerant miteinander leben können und müssen. Auf diese Weise verkleide ich meine Angst vor den Folgen eines zivilen Ungehorsams. Ein Lied aus der amerikanischen Bürgerrechtsbewegung ist mir eingefallen, ein Lied, das Kindern in den Mund gelegt ist: ich habe immer meine Zahnbürste dabei; denn Martin Luther King hat gesagt, wenn sie uns nach einer Demonstration über Nacht im Gefängnis festhalten, dann ist es gut, die eigene Zahnbürste bei sich zu haben. So weit das Lied. Ziviler Ungehorsam, undramatisch und praktisch, mit der Zahnbürste in der Tasche.

2) Und nicht in systematischem Einklang mit dem vorigen Gedanken: aus einer Chassidischen Geschichte über den großen Versöhnungstag: Der Rabbi sagt zu einem der Beter: „Deine Bitte war, Gott möge dir deinen Erwerb zu seiner Zeit ohne Mühsal geben, damit du nicht am Dienste Gottes behindert würdest. Und die Antwort ist, dass (das), was Gott recht eigentlich von dir empfangen will, nicht dein Beten und dein Lernen ist, nur eben dieses Seufzen deines gebrochenen Herzens darüber, dass die Mühsal deines Erwerbs dich im Dienste Gottes behindert.

3) Friedensgebet -? -

Heißt diese chassidische Geschichte, dass wir uns Gott zuwenden dürfen, bevor wir zu einem ausgewogenen Urteil über die Schuldigen am Krieg gekommen sind?

Gebet:

Wo bist du, Gott, Ewiger, du ein und alles? Bist du bei den Flüchtlingen? Und wenn, können sie dich wahrnehmen in Angst, Hunger, Krankheit? Bist du bei den Politikern, die diesen Krieg angeordnet haben? Können sie dich wahrnehmen, wenn Sorge und Verantwortung ihnen den Schlaf rauben oder sie sich mit Schlafmitteln zudröhnen? Bist du bei den deutschen Piloten, die doch einer guten Sache dienen wollen, bist du bei ihren Müttern? Unsere Gedanken flitzen hin und her, Belgrad, Pristina, Washington, Moskau – und kommen wieder zurück zu uns in diesen Raum.

Bist du bei uns? Wie sollen wir beten? Mit deinem Geist im Herzen bündeln wir unsere Gedanken und senden sie aus zu den Männern und Frauen, die Entscheidungen treffen können. Lass sie die andere, die bisher übersehene Möglichkeit zum Frieden entdecken. Lass unsere Gedankenbündel zu ihnen durchdringen, erhellend, beschämend, ermutigend.

Und sieh freundlich auf unsere Zerrissenheit, höre auf das Seufzen des Geistes, der uns vertritt.

AMEN

Ausgang:

Zum Schluss sage ich euch Worte, mit denen mich Inge Bünz bei meinem Weihnachtsbesuch gesegnet hat. Es war schon dunkel geworden und ich machte mich vom Krankenhaus aus zu Familie Hilbert auf. Dies sagte sie zu mir, sage ich euch weiter:

Und nun geh mit dem großen Engel, denn dann kann dir gar nichts passieren; und nimm den Segen mit und teil ihn da aus.

SHALOM

2. 7. 1999 Eingang:

„Schönes Wochenende!" sagte ...

„Ja, danke. Ich fahr nach Köln zur Menschenkette"

„Oh. Haben Sie da keine Angst?"

„Nein. Das wird lustig und laut und bunt."

So wurde es tatsächlich, obwohl ja relativ wenige nach Köln gekommen waren, nicht schon im Zug weitere Teilnehmer, zusammengerollte Transparente. Es gab einen Stadtplan, der Treffpunkte zur Vorbereitung der Menschenkette auswies, die Freikirchen bei St. Maria im Kapitol, Brot für die Welt hier, Südafrikainitiativen da, etc. Die Organisatoren der Menschenkette hatten dazu aufgefordert, Lärminstrumente mitzubringen; also gab es Ratschen, Rasseln, Pfeifen, Topfdeckel. Und an den Orten, wo man sich vor der Bildung der Menschenkette sammelte, wurden die Instrumente schon mal ausprobiert; außerdem gab es Musik von der Bühne, die da war, so laut, dass man einander und von den kleinen Interviews auf der Bühne nicht alles hörte. Ich kann euch aber versichern, dass der Skandal des Krieges im Kosovo immer wieder erwähnt wurde. Es war also laut genug; wir bedienten uns darum nicht aus dem Sack knallroter Trillerpfeifen, die unsere Ordnerin bei der Menschenkette anbot. Ohrenbetäubend.

Zu einer festgesetzten Zeit bewegten wir uns in einer Richtung und verteilten uns dabei zur Menschenkette; eine Viertelstunde lang blockierten wir auch Straßen und pfiffen und jubelten.

Es war laut. Es war auch lustig und bunt. Franziskaner in brauner Kutte, Radfahrer in rotem T-Shirt aus Edinburgh, schwarze T-Shirts, auf deren Rücken spanisch zu lesen war: unser täglich Brot ist nicht unseres ... und eine Erklärung, die ich dann nicht mehr enträtseln konnte; Dominikanerinnen und Dominikaner in festlich weißem Habit, auf dem sich der bunte Erlassjahr-Schal fast exotisch abhob. Es war lustig, die Kölner Freundin meiner Frankfurter Freundin zu treffen; und es war leicht komisch, in der Menschenkette stehend, von Reisebussen aus 'besichtigt' zu werden. Und wieder einmal war ich vom Dom beeindruckt, hatte, wie zu meiner Studienzeit, wieder den Eindruck, dass nur die katholische Messe diesen riesigen Raum füllen kann; denn ich geriet in ein Hochamt mit über 30 Priestern, Bischöfen und Kardinälen, mit engelgleichem Chorgesang, Licht in den Wolken von Weihrauch.

Einer der stärksten Eindrücke aber war eine Pause in all dem Lauten, Lustigen, Bunten. Bevor wir uns an unserem Treffpunkt zur Menschenkette verteilten, wurden wir von der Bühne herab gebeten, an die Menschen zu denken, die unter Krieg und Armut leiden, die, um derentwillen wir die Kampagne unternommen hatten; die Moderatorin schickte uns in Gedanken einmal um den Globus. Und in all dem Gewühl von Stimmen und Tönen, Essen und Trinken und Transparente schwingen wurde es ruhig. „Danke" hieß es nach einer Minute – und nur langsam stellte sich der vorige Geräuschpegel wieder her.

Die Kraft gemeinsamen Schweigens lässt es uns auch wieder üben.

Gedanken:

Als ich zu Hause war, befielen mich Zweifel, fühlte ich mich frustriert. Ich konnte die Wirkung unserer Kampagne nicht abschätzen. Der Schuldenerlass war schon ausgesprochen, bevor wir uns auf den Weg machten; der Kanzler drückte seinen Respekt vor der Kampagne aus – aber ob er uns verstanden hatte, wusste ich nicht, er kam mir herablassend vor, oder hatte er gar in vorauseilendem Gehorsam der Kampagne gegenüber gehandelt, um uns in Zukunft ruhig zu halten? Das Pinneberger Tageblatt brachte das Bild zweier Menschen, die sich an den Händen halten, im Hintergrund die Türme des Kölner Doms; der Text dazu sprach – von dpa übernommen – von der Hilfe für arme Länder. Wie nett! Was hatten wir denn unterschrieben?! (Text wurde mitgebracht und vorgelesen)

Jan Christensen weiß, wie breit die Unterstützung ist:

Mitglieder: 54 Länder; Unterschriften aus 160 Ländern!

1998: Schmerzgrenze des Schuldenerlasses 7 Mrd

1999: 70 Mrd.

Gespräche im Finanzministerium verlaufen in einem neuen Ton, man weiß, dass etwas geschehen muss, dass sich in der Regelung der Finanzfragen etwas verändern muss.

Von ihren Exporterlösen müssen die armen Länder jetzt nicht mehr 25 % für den Schuldendienst aufwenden, sondern nur noch 15 %. Das Ziel wäre 5 %, wie es Deutschland damals zugestanden wurde.

Leute, wir haben etwas auf den Weg gebracht.

Es stimmt, was ein Bruder der freikirchlichen Gemeinde auf dem Heimweg sagte: ein Gedanke aus der Bibel hat seinen Weg in die Politik gefunden.

Gebet:

Ewiger. Ich staune und ich freue mich und danke dir, der du uns Gerechtigkeit lehrst. Du hast uns bewegt und wir haben etwas in Bewegung setzen dürfen. Das ist wie ein Wunder. Es ist ein Wunder.

AMEN

Ausgang:

Gerechtigkeit und Frieden küssen sich.

Auf dem Weg der Gerechtigkeit ist Leben.

Die Frucht der Gerechtigkeit wird Friede sein.

- Küssen – Leben – Frucht –

Ich wünsche uns Anteil am Reich Gottes, das in Gerechtigkeit und Frieden und Freude im Heiligen Geist besteht.

SHALOM

8. 10. 1999 Eingang:

Neulich habe ich in meiner Konkordanz das Wort „schweigen" nachgeschlagen. Ich fand das Wort häufig mit „nicht" verbunden. Gott wird wiederholt gebeten, doch nicht zu schweigen. Zu schweigen ist also nicht unbedingt eine Tugend, sondern bedeutet so viel wie eine Antwort zu verweigern. Und mir fiel ein, dass es ja tatsächlich Familien gibt, in denen Schweigen als Strafe eingesetzt wird.

Das Wort, unter dem ich die vermuteten Gedanken fand, ist „Stille" und „still sein". Einer der Psalmisten sagt: „Sei stille dem Herrn und warte auf ihn."

Versuchen wir, still zu werden, dem Herrn still zu werden, dem Herrn Sorgen abzulegen, dem Herrn uns Ansprüchen zu verweigern, dem Herrn unser Gewissen verstummen lassen.

Lasst uns still werden und auf Gott warten!

Gedanken:

Ein Text aus der Offenbarung:

22,1 Und er zeigte mir einen Strom lebendigen Wassers, klar wie Kristall, der ausgeht von dem Thron Gottes und des Lammes;

2 mitten auf dem Platz und auf beiden Seiten des Stromes stehen Bäume des Lebens. Zwölfmal tragen sie Früchte, jeden Monat einmal, und die Blätter der Bäume dienen zur Heilung der Völker.

Und von den dienenden Knechten heißt es:

4 Sie werden sein Angesicht schauen, und sein Name ist auf ihre Stirn geschrieben.

Ach nein, noch ist der Name Gottes nicht auf unsere Stirn geschrieben, noch ist nicht Himmel. Gern würden wir von den Blättern der Bäume des Lebens pflücken und den Menschen Heil bringen. Ich denke an das Heil unserer Nachbarin, Barbara Krude, die meinte, sich grausig zerstören zu müssen; an das Heil unseres Volkes und an Christian Führer in der Nikolai-Kirche in Leipzig: morgen werden viele Bundespolitiker das Friedensgebet bei ihm besuchen, 10 Jahre nach der Öffnung der Mauer; ich denke an das Heil der Völker und an unsere Kampagne Erlassjahr 2000.

Diesen Text aus der Offenbarung haben wir in Berlin bei einer Morgenandacht der Mitträgerversammlung der Erlassjahrkampagne gelesen. Denn um das Heil der an den Rand gedrängten Völker geht es uns ja. Nein, das Reich Gottes können wir nicht errichten – denn das ist Gottes Werk – aber unvollkommene Diener zu sein, die einigen Völkern ein wenig Erleichterung bringen, das ist uns geschenkt worden.

Internationaler Währungsfonds und Weltbank haben in Washington tatsächlich der Entschuldung ärmster Länder zugestimmt, wie es in Köln in Aussicht gestellt worden war. Und diese Entscheidung wurde nicht einmal an die Umwertung des Goldes gebunden! Jetzt spricht sogar der Int. Währungsfonds von Armutsbekämpfung. Wir haben mit unserm Verständnis von geschwisterlicher Solidarität politische Wirkung erzielt, eine Wirkung, die unsere Politiker allein und zu diesem Zeitpunkt nicht hätten erzielen können. Freut euch darum, ich bitte euch: freut euch!

Nach wie vor ist von Strukturanpassungsmodellen und Gegenwertfonds zu reden, von den Aufgaben der Nichtregierungsorganisationen, vom internationalen Insolvenzrecht, das bald erarbeitet werden sollte.

Es ist zu planen, wie wir uns auf der Expo in Hannover bemerkbar machen; ob und wo wir noch einmal eine Demonstration veranstalten; ob wir nicht Herrn Schröder Postkarten schicken könnten, mit einer Einzugsermächtigung über unsern Beitrag zu den Entschuldungskosten, etwa DM 6,70.

Im Sommer 2001 wird die Kampagne in der bisherigen Form abgeschlossen. Das wird Herrn Welteke von der Bundesbank vermutlich recht sein; er hat auf den Brief, den wir beim Stadtfest unterschrieben haben, besserwisserisch und unfreundlich geantwortet. Inzwischen ist er von Sprecherinnen des Kampagnenbeirats belehrt worden und soll einen zweiten Brief verschickt haben. Frau Wieczorek-Zeul hingegen bedankt sich für unser Interesse, bittet uns, entwicklungspolitische Fragen weiter aktiv zu verfolgen und bietet an, Informationsmaterial aus ihrem Hause zur Verfügung zu stellen.

Gebet:

Ewiger, mit Freude danken wir dir für den Erfolg der Kampagne- Segne, ich bitte dich, die Frauen und Männer des Kampagnenbeirats, stärke sie mit Freude und Kraft und Klugheit.

Wir bitten dich für Christian Führer; du weißt, er sucht nicht das Ansehen in der Öffentlichkeit; er sucht den geringsten Bruder. Wenn er dich sucht bei seiner Vorbereitung auf den morgigen Gottesdienst, so lass dich von ihm finden und bleib bei ihm!

Thuma mina. Thuma mina. Thuma mina Somandla. Herr, sende mich.
AMEN

Ausgang:

Gottes Segen komme zu allen Menschen
und bleibe bei ihnen,
in jedem Land und in jeder Sprache.
Gott komme allen,
die ihn suchen,
gnädig entgegen.
Er tröste alle, die leiden und trauern.
Gott eile,
zu uns zu kommen.
Er segne uns mit dem Segen seines Friedens.

AMEN

26. 11. 1999 Julias Beerdigung

Eingang:

Fülle des Friedens und Leben möge vom Himmel herab uns und ganz Israel zuteil werden. ...

Der Frieden stiftet in seinen Himmelshöhen, stifte Frieden unter uns und ganz Israel, sprechet: Amen!

Gedanken:

Der Frieden stiftet in seinen Himmelshöhen, stifte Frieden unter uns und allen Völkern.

Ehre sei Gott in der Höhe und Frieden auf Erden.

Ich will euch nicht mit weiteren Zitaten verwirren. Im Gegenteil, ich möchte mich mit euch wieder und wieder fragen, was für einen Frieden wir erhoffen. Und ich habe aus dem Totengebet Israels und aus der Weihnachtsgeschichte zitiert, weil in dieser Tradition Himmlisches und Irdisches nie getrennt gedacht werden. Frieden hier. Weil Frieden im Himmel.

Aber wie? Immer wieder fragen wir uns doch, ob wir genug tun, laut genug dem Frieden das Wort reden, wie wir denn nun diesen Frieden vom Himmel auf die Erde bekommen. Wahrscheinlich müssen wir ihn nur kommen lassen und unsere Hindernisse wegräumen. Ich frage nach dem Frieden besonders jetzt, nachdem die Bundesrepublik sich wieder den Krieg führenden Nationen angeschlossen hat, den diesbezüglichen Erwartungen der USA zu entsprechen versucht, der Erweiterung der NATO zustimmt, die WEU stärken will. Und das alles lässt sich mit vornehmen Begriffen in eleganten Wendungen vor der Öffentlichkeit erläutern.

Ich tu jetzt einen Sprung in den privaten Bereich. Da sagt eine Frau zu mir: „Wissen Sie, neulich hat mich das Kind so genervt, dass ich ihr eine gescheuert hab – und was glauben Sie? Für den Rest des Tages hatte ich das liebste Kind."

Was lehrt uns das? Dass manche Menschen eben nur die Sprache der Gewalt verstehen. Nervige Kinder oder Milosevic, zum Beispiel. Oder lehrt es uns etwas anderes? Etwa: dass wir die richtige Sprache noch nicht gelernt haben.

'Die Waffen schweigen', heißt es am Ende der militärischen Auseinandersetzungen. Vorher haben sie brutal gebrüllt. Nur gebrüllt?

Ich habe keine Lust, einer Nation anzugehören, die so bereit ist, die Sprache der Waffen zu sprechen. **Andere** Sprachen gilt es zu finden. Ja, durchaus Fremdsprachen! Auch Musik ist eine Sprache, in der Verständigung möglich ist. Eventuell Demos.

Oder Lächeln. Das mag jetzt kitschig klingen, hat aber einen bestimmten Zusammenhang. Ich war heute Mittag bei der Beerdigung der Julia Ziegler. Ihr habt sicher von ihrem Tod gehört. Schon als junge Schülerin, als sie mit ihren Eltern und ihrem Bruder in Washington lebte, engagierte sie sich für Amnesty International, schrieb Briefe gegen das Vergessen. Später nahm sie Verbindung zu weiteren Menschenrechtsorganisationen auf. Sie studierte Jura und promovierte, hört euch das an!, mit einer Arbeit zum Völkerrecht über die Tätigkeit von Menschenrechtsorganisationen und deren Einfluss auf die Vereinten Nationen. Im Kosovo sammelte sie Zeugenaussagen für Kriegsverbrecherprozesse. Wo andere sich vor Panzern und Minen fürchten, fuhr sie – nur mit ihrem Lächeln bewaffnet – in die Dörfer, um mit Flüchtlingen zu sprechen. Ihr Tagebuch schrieb sie in englischer Sprache; mit KFOR-Soldaten sprach sie Italienisch. Im Nebel verunglückte das Flugzeug, in dem sie saß. Und ihr Bruder, der den Leichnam der Siebenundzwanzigjährigen in Rom identifizieren musste, sagte heute: sie hatte ein erfülltes Leben.

Welche Friedenssprache sprechen wir? Ich spreche manchmal die Kriegssprache der Ironie oder die des Ich und der spontanen Reaktion, die den andern mundtot macht. Wir sollen den andern aber mundlebendig machen, zuhören, ernst nehmen und auf die Weise den andern von seiner Last erlösen, wenigsten sie ihm ein wenig erleichtern.

Gebet:

Ewiger, bist du Herr über Leben und Tod? Mehr wusstest du mit Julia Ziegler nicht anzufangen? Du hast den Menschen so viel von deiner Macht übertragen, dass wir nicht wissen, wem wir den Fehler für diesen Flugzeugabsturz anlasten könnten. Vielleicht trauerst du mit den Eltern und dem Bruder und all den Freunden, die Julia mit ihrem Lächeln gestärkt hat.

Du väterlicher, du mütterlicher Gott, Anfang und Ziel unseres Lebens, lehre uns die himmlische Mutter- und Vatersprache, mit der wir Frieden stiften können.

AMEN

Ausgang:

Wenn Gottes Wille auf der Erde – wie im Himmel! – geschähe, dann wäre die Erde himmlisch.

Fülle des Friedens und Leben möge vom Himmel herab uns zuteil werden.

AMEN

und

Shabbat Shalom

14. 1. 2000 Eingang:

Von Rabbi Nachman:

Wie die Hand, vors Auge gehalten, den größten Berg verdeckt, so deckt das kleine irdische Leben dem Blick die ungeheuren Lichter und Geheimnisse, deren die Welt voll ist, und wer es vor seinen Augen wegziehen kann, wie man eine Hand wegzieht, der schaut das große Leuchten des Welteninnern.

In meine Worte gefasst, hieße das: Das Welteninnere leuchtet geheimnisvoll und hell, aber unser kleines irdisches Leben verdeckt uns dieses Leuchten. Alltägliches verstellt uns die Aussicht. Wer kann sich vom Kleinlichen so leicht befreien, als ob er oder sie die Hand von den Augen höbe?

Lasst uns unser Schweigen dazu dienen; atmet aus, atmet ein, vertraut dem geheimnisvollen Leuchten der Gegenwart Gottes!

Gedanken:

Da sind wir, im Jahr 2000. Und tatsächlich wohl schon im 21. Jahrhundert. Die Juden sind zwar schon im 58. Jahrhundert und die Muslime erst im 15., aber unsere Zeitrechnung hat sich allgemein durchgesetzt. Mit dieser Zählung sollte anfangs natürlich die Überzeugung verbreitet werden, die Geburt Jesu sei das unvergleichlich wichtigste Ereignis in der Geschichte der Natur und der Menschen. Was sich statt dieses Gedankens verbreitet hat, ist die Macht der Kirche gewesen, dann die Macht der westlichen Kultur und Technik.

Nun hat man neulich die Veränderung der Datumsangabe groß gefeiert – ohne besonderes Bekenntnis zu Jesus, ganz gefangen genommen vom Zauber der Zahl.

Dies ist nun auch das Jahr, nach dem unsere Kampagne für den Schuldenerlass benannt ist; dies aber nur, weil sich die Zahl 2000 so bequem durch 50 teilen lässt. Denn jedes 50. Jahr soll nach der Tora Schuldenerlass gewährt werden.

Was mich beschäftigt, ist die Qualität der Zeit. Dazu lese ich aus Lk 19. Es ist der Text, auf den sich der Name einer kleinen Kirche am Hang des Ölbergs bezieht; durch ihre großen hellen Fenster blickt man auf Jerusalem; und die Kirche heißt:

Dominus flevit – der Herr hat geweint.

Lukas: „Und als er (Jesus) näher kam und die Stadt (Jerusalem) sah, weinte er über sie und sprach: wenn doch auch du an diesem Tag erkannt hättest, was zu deinem Frieden dient! Jetzt aber ist es vor deinen Augen verborgen." Lukas lässt Jesus dann die Zerstörung Jerusalems voraussagen. „Da werden deine Feinde ... deine Kinder in dir zu Boden schmettern und keinen Stein in dir auf dem andern lassen darum, weil du die Zeit deiner gnadenvollen Heimsuchung nicht erkannt hast."

Für das Wort „Zeit" (Zeit der gnadenvollen Heimsuchung) steht im Griechischen das Wort kairós. Der kairós ist der 'richtige Augenblick', die 'gute Gelegenheit'. Lukas will mit dieser Formulierung den Blick auf Jesus lenken: in ihm ist die Gelegenheit gegeben, Gott in der Geschichte wahrzunehmen, und weil die Jerusalemer diese Gelegenheit verpassen, müssen sie die Zerstörung der Stadt und des Tempels ertragen. – Nun, darüber würde ich gern mit Lukas diskutieren.

Aber sicher will doch Gott mit seinem Geist auch bei uns sein, schenkt er uns Gelegenheiten zum Heil. Und sicher verpassen wir friedenbringende Gelegenheiten. Das ist es eben: Gelegenheiten können wahrgenommen oder verpasst werden! – Christen in Südafrika haben den Begriff kairós aufgenommen und das erste Kairósdokument verfasst. Darin kritisierten sie die politische Einäugigkeit der Kirche zur Zeit der Apartheid. Ich will darauf nicht weiter eingehen, möchte aber lernen, Augenblicke in der Zeit als kairói zu verstehen. Damit frage ich nicht mehr allein nach der Zahl der Jahre und der Länge der Zeit, ich frage nach der Qualität der Zeit. Ich frage nach dem günstigen Augenblick – um, ja, um was zu tun?

Nein, jetzt folgen keine Appelle und Ermahnungen. Sondern ich versuche das zu beschreiben, von dem ich glaube, dass es uns verbindet. Ich meine eine Denkweise, aus der auch wohl eine Lebensweise entsteht; es ist das Bewusstsein, dass Augenblicke wahrzunehmen sind. Und dass sie verpasst werden können. Leicht kann uns verborgen bleiben, was zu unserm Frieden dient. Kommerz und Politik sind an einem unterscheidenden, einem kritischen Bewusstsein unter uns überhaupt nicht interessiert. Aber lasst uns doch – dies nun doch ein Appell – versuchen, achtsam Gottes liebende Gegenwart wahrzunehmen und darauf zu reagieren.

Ich denke, solche Reaktionen können sehr unterschiedliche Gestalt annehmen. Der kairós heißt uns Ja zu sagen oder Nein, uns zu beugen oder empört aufzurichten, zu nehmen oder zu geben, uns trösten zu lassen oder zu trösten, zu feiern oder geduldig die alltägliche Arbeit zu tun.

Unsere Zeit ist die unendliche Fülle der Gelegenheiten, bei denen uns Gott besuchen will.

Dieses Bewusstsein hält uns wach: manchmal macht es uns unzufrieden mit den Zuständen in der Welt; manchmal zieht es uns vielleicht die Hand von den Augen weg und lässt uns das große Leuchten des Welteninnern erblicken.

Gebet:

Ewiger, wir wissen sehr wohl, dass wir uns unsern Blick für deine Gegenwart oft selbst verstellen. Dennoch und eben deshalb denken wir vor dir an Orte, wo Menschen einander bekriegen: besonders an Russland und Tschetschenien und die USA und den Streit ums Öl. Wenn auch meine Kenntnisse und unser politischer Einfluss winzig sind, so lass doch unser Gebet einfließen in die Strömungen von Geist und Ideen und Gedanken und Lösungen.

Ach, dass du nicht zu weinen brauchtest, Ewiger, weil wir nicht erkennen, was zu unserm Frieden dient! Wer wären wir denn, wenn wir dir nicht Raum geben wollten in unserm Leben! Sei willkommen mit deinem Zuspruch und Anspruch. Ja, suche uns heim und werde stark in uns!

AMEN

Ausgang:

Lasst uns nach Hause gehen in dem Bewusstsein der geduldigen liebevollen Gegenwart Gottes!

Shabbat Shalom

24. 3. 2000 Eingang:

Es gibt radikale Veränderungen, die ein ganzes Leben verändern können. Man muss sie nur für möglich halten. Man muss sie ausprobieren. Man muss loslassen können. Sie geschehen dann eher beiläufig, so wie Jesu Wunder. Man muss sie nur wahrnehmen. Es bewegt sich viel mehr, als wir zugeben wollen – wenn wir uns selbst bewegen lassen.
Heinrich Albertz

Gedanken:

Der Papst hat ein Schuldbekenntnis abgelegt. Schade, dass es nicht ökumenisch vorbereitet worden war – als ob nicht der größere Teil der Kirchengeschichte auch unsere Geschichte wäre. Ob Karol Woityla dem Schicksal der Juden in der Shoah oder der Unterdrückung der Frauen durch die Jahrhunderte gerecht geworden ist, darauf möchte ich nicht eingehen – wohl aber auf eine sprachliche Wendung in den Reaktionen auf sein Schuldbekenntnis in Rom und jetzt in Jerusalem: „Der Papst hat sich entschuldigt", heißt es. Vielleicht habt ihr auch noch den Satz von Wolfgang Schäuble im Ohr: „Und dafür möcht ich mich entschuldigen." Wer entschuldigt hier wen? Der schuldig Gewordene nimmt sich selbst die Schuld ab? Ich weiß nicht, wie oft in meinem Leben ich diese Formel schon benützt habe. Natürlich hat der Papst sich nicht entschuldigt, sondern hat um Vergebung gebeten.

Jesus hat uns gelehrt, uns nicht zu schnell an Gott zu wenden mit unserem Wunsch nach Vergebung, nicht, bevor wir uns mit Bruder oder Schwester ausgesöhnt haben. Dazu möchte ich euch etwas erzählen. Eric Lomax, britischer Soldat im II. Weltkrieg, gerät in japanische Gefangenschaft. Weil man unter seinen Sachen versteckt eine handgezeichnete Landkarte findet, verdächtigt man ihn nicht nur eines Fluchtplans (richtig), sondern auch geheimer Verbindung zum Feind (fälschlich). Er wird geschlagen, man bricht ihm die Arme, man ertränkt ihn fast – er verrät nichts. Sein Hass auf die Japaner konzentriert sich auf den Dolmetscher. Noch Jahre nach Ende des Krieges denkt er an diesen Mann. Dieser kann die Erinnerung an die Folterungen, deren Zeuge er war, ebenso wenig ablegen wie das Opfer. Beide, Eric Lomax und Nagase, der ehemalige Dolmetscher, leiden unter nächtlichen Albträumen. Nagase besucht die Stätten der ehemaligen Kriegsgefangenenlager und die Soldatenfriedhöfe, eröffnet einen kleinen Friedenstempel und hält eine Rede gegen Militarismus. Er wird krank; und es ist ihm bewusst, dass er nicht an TBC und einem schwachen Herzen leidet, sondern an seiner Schuld. Schließlich schreibt er ein kleines Buch darüber und beschreibt, wie er bei einer Kranzniederlegung in dem Augenblick, in dem er seine Hände zum Gebet zusammenlegt, Erleuchtung spürt, als ob Strahlen von Licht von ihm ausgingen; da gewinnt er die Überzeugung, dass ihm vergeben worden sei. Nagases Buch wird übersetzt und gelangt in die Hände von Eric Lomax und seiner Frau. Eric liest es ohne ein Gefühl des Betroffenseins; seine Frau aber schreibt an Nagase: 'Wie können Sie meinen, es sei Ihnen vergeben worden, wenn Ihnen dieser eine Kriegsgefangene noch nicht vergeben hat?' So entsteht Kontakt zwischen den Männern, die Ehepaare treffen sich in Thailand – und Eric Lomax kann angesichts des Schuldbewusstseins dieses Japaners seinen Hass ablegen. Auch er schreibt sein Buch. Er ist versöhnt.

Versöhnung kann nichts ungeschehen machen. Ja, manchmal ist es unmöglich, Vergebung zuzusprechen. Überlebende der Shoah sagen zu Deutschen: Wir glauben euch eure Trauer und Reue, wir können unter euch leben und eure Freunde sein; aber wir haben kein Mandat von den Toten, euch zu vergeben.

Vielleicht führt es weiter, wenn wir uns fragen, wie wir in die Situation der Schuldigen geraten sind. Viele Gründe gibt's, persönliche, soziologische, politische, miteinander verwobene; schwierig zu analysieren. Ich will aber fragen: was macht mich so verführbar, dass ich mich ohne meinen bewussten Willen in der Situation der Schuldigen finde? Vielleicht opfere ich meine Möglichkeit, menschlich zu handeln, meiner Eitelkeit, meinem Stolz, meiner Ungeduld. Oder ich opfere meine Menschlichkeit dem Bedürfnis, einer progressiven Gruppe anzugehören, die mich vielleicht mit Begeisterung für eine Ideologie belohnt und mich lobt; es ist ja ein so wundervolles Gefühl, begeistert zu sein, einmal erlöst von der ewigen mühseligen Skepsis – was immer der Geist der Begeisterung.

Wie überwinde ich meine Verführbarkeit? Ich habe zu viel Erfahrung mit mir selbst, um der Bitte um Vergebung kindlich hinzufügen: Ich will es auch nicht wieder tun. Mich zu verändern, wäre schon besser. Aber wartet mit eurer Vergebung, bitte, nicht so lang, bis mir das gelungen ist!

Dennoch wiederhole ich die Sätze von Heinrich Albertz:

Man muss die Veränderungen „nur für möglich halten. Man muss sie ausprobieren. Man muss loslassen können. Sie geschehen dann eher beiläufig, so wie Jesu Wunder. Man muss sie nur wahrnehmen. Es bewegt sich viel mehr, als wir zugeben wollen – wenn wir uns selbst bewegen lassen."

Freunde, verändert uns unser Friedensgebet – hat es uns verändert?

Gebet:

Manchmal, Ewiger, verwechseln wir unsern Willen mit deinem. Darum bitten wir: Öffne uns die Augen und führe uns nicht in Versuchung! Hältst du uns fest, wenn wir uns auf das Abenteuer einlassen, uns von dir verändern zu lassen?

AMEN

Ausgang:

Wenn wir in Frieden beieinander wohnten,
Gebeugte stärkten und die Schwachen schonten,
dann würden wir den letzten heiligen Willen
des Herrn erfüllen.
Dieser Konjunktiv werde uns Wirklichkeit!

Shabbat Shalom

7. 4. 2000 Eingang:

Versuchen wir, zur Ruhe zu kommen,
zwischen
kommen und gehen
schließen und öffnen
Dunkel und Licht
Vereinzelung und Gemeinschaft.

Der Evangelist Johannes lässt Jesus sagen:

Wahrlich, wahrlich, ich sage euch: Wenn das Weizenkorn nicht in die Erde fällt und erstirbt, bleibt es allein;
wenn es aber erstirbt, trägt es viel Frucht.

Gedanken:

Wenn ich mich bereit erkläre, das Friedensgebet zu halten, habe ich immer schon einen Gedanken im Kopf. Bei der Vorbereitung gehen dann von diesem Gedankenpunkt oft Gedankenstraßen in verschiedene Richtungen. Also lasse ich weg und wähle aus, um euch einen hoffentlich folgerichtigen Gedankenweg vorzuschlagen.

Diesmal wollte ich nur wenig sagen – eingedenk der Verabredung, dass wir uns nicht überfordern wollen, wenn wir das Friedensgebet halten. Hauptsächlich wollte ich und möchte ich nach wie vor eine Bitte aussprechen. Aber als ich fertig war, musste ich den halben Weg zurückgehen. Ich hatte mich an einem Hindernis vorbei geschlichen. Nun meine ich, dass es wohl ehrlicher ist, über das Hindernis zu stolpern als ihm auszuweichen. Ihr werdet sehen.

Es ist Passionszeit. Zeit der Betrachtung des Gekreuzigten. Wir alle haben Darstellungen des Gekreuzigten betrachtet: vielleicht das Gero-Kreuz im Kölner Dom; vielleicht den Isenheimer Altar oder ein Pestkruzifix; vielleicht kennt ihr den Gekreuzigten in Stiefeln und mit Gasmaske von Georg Grosz. Unser Kruzifix hier scheint, in seinen ruhigen Formen, auf unsere Gedanken und unsere Deutung zu warten.

Kunstgeschichtler ordnen Kruzifixe nach Zeit, Stil, Typus. „Datieren Sie mal!" sagt der Professor. Viernagelung, Dreinagelung, Knotung des Lendentuchs oder sein Faltenfall; der Körper asketisch, schmerzgekrümmt an einem Gabelkreuz oder heldisch und muskulös- solche Merkmale lassen den Studenten schon die richtige Antwort finden. Manche Darstellungen sind jedoch so stark, dass auch ein Kunstgeschichtler von ihnen angerührt wird.

Die Bilder des Gekreuzigten in unsern Kirchen stehen für einen theologischen Gedanken: stellvertretend für uns und zu unsrer Erlösung erleidet der Gottessohn den Kreuzestod. Diesen Gedanken lernen wir, sprechen ihn nach, vertrauen ihm auch irgendwie und verinnerlichen ihn beim Abendmahl. Die meisten Bilder des Gekreuzigten sind uns so vertraut wie dieser Gedanke und daher manchmal ziemlich abstrakt.

Ich habe einmal von einer Afrikanerin gehört, die zum ersten Mal in ihrem Leben eine Kirche betrat. Alsbald lief sie wieder hinaus, schreiend und weinend – so hatte sie das Bild des zu Tode gefolterten Mannes am Kreuz erschreckt.

Ich zeige euch jetzt eine Graphik eines Südafrikaners, Charles B. S. Nkosi. Sie zeigt den Gekreuzigten mit den beiden Schächern.

Bis auf die Nägel in den Händen und im Fuß ist dies nach meinem Wissen eine getreue Abbildung südafrikanischer Wirklichkeit zur Zeit der Apartheid und ein realistisches Bild der heutigen Zustände in den Verhörkellern vieler Gefängnisse der Welt. Ihr wisst es ja selbst. Folter durchzustehen, um die Genossen zu retten – das gibt es auch heute.

Hier wollte ich meine Bitte aussprechen – bevor ich mich entschloss, das Gedankenhindernis anzugehen. Denn manche von euch denken jetzt sicher an das Wort von Jesaja über den Gottesknecht: Fürwahr, er trug unsre Krankheit und lud auf sich unsre Schmerzen ... Die Strafe liegt auf ihm, auf dass wir Frieden hätten. Ja, die Evangelisten legen uns nahe, in Jesus diesen verkannten Gottesknecht zu sehen. Dann wäre dieses Bild von Gefolterten des Apartheidsystems eine Illustration des Propheten-Wortes? Und der Foltertod Jesu nur von vorläufiger Bedeutung? Hat das Leiden Jesu eine andere Gültigkeit als das Leiden eines ANC-Mitglieds im alten Südafrika oder eines Gewerkschafters in einer südamerikanischen Diktatur? Ihr seht, ich stolpere an diesem Gedankenhindernis.

Frank Chikane, Südafrikaner, Mitglied des ANC, Theologe und zeitweise Generalsekretär des südafrikanischen Kirchenrats – bei ihm würde dieses Bild böse Erinnerungen auslösen. Unter den Schmerzen der Folter wurde ihm alles fragwürdig: die Macht und Güte Gottes, der Sinn des Evangeliums und seiner eigenen Predigten über die Feindesliebe. Was ihn am Leben hielt, physisch und seelisch, war der Gedanke an das Leiden des 'Herrn Jesus Christus', wie er es ausdrückt. In der Qual erkannte er die überragende Verantwortung, die Christen für die

Schwachen in der Gesellschaft tragen, für die Brutalisierten, für den Leib Christi, das ist die Kirche. So kann er zu seinen Folterern sagen: Ob ihr mich am Leben lasst oder umbringt, in jedem Fall wird Christus an meinem Leib geehrt.

Ich habe euch dieses Bild und diese Gedanken zugemutet. Und jetzt sage ich euch, was ich mir wünsche. Lasst uns Karfreitag nicht nur an den Tod Jesu denken, als ob nur *sein* Tod Gültigkeit habe, lasst uns an alle Gefolterten denken, die mit ihren Schmerzen für die Gültigkeit ihrer Ideen zeugen.

Oder wollt ihr sagen, dass sie nicht auch Knechte Gottes sind?

Ausgang:

Der Choraldichter des 16. Jahrhunderts wünscht und betet,
dass wir im Kreuz geduldig sein,
uns trösten deiner schweren Pein
und schöpfen draus die Zuversicht,
dass du uns wirst verlassen nicht,
sondern ganz treulich bei uns stehen,
dass wir durchs Kreuz ins Leben gehen.

Shabbat Shalom

18. 8. 2000 Gedanken:

Was ich heute sagen möchte, ist einigen schon bekannt. Bitte, hört einfach geduldig zu.

Boston, Ma, USA

Kingston, Jamaica

Rio de Janeiro, Brasilien

Belfast, Nordirland

Durban, Südafrika

Colombo, Sri Lanka

Suva, Fidschi

Was haben diese Städte miteinander zu tun? In diesen Städten läuft ein Programm, das vom Weltrat der Kirchen angeregt worden ist: 'Peace to the City', Friede für die Stadt. Dieses Programm ist Teil des größeren Programms, der Dekade zur Überwindung von Gewalt. Der ökumenische Rat fordert seine Mitgliedskirchen und ihre Gemeinden auf, sich bis 2010 in Gedanken und Praxis dieser Problematik und Aufgabe zu widmen.

Aha, denken jetzt einige vielleicht, die Kampagne zum Schuldenerlass ist abgeschlossen, nun schlägt Höfmann etwas Neues vor (und wir sollen alle mitmachen). Ach nein, liebe Freunde, so schnell kann ich gar nicht von Engagement zu Engagement eilen. Noch immer habe ich an den Aufgaben der vorigen Dekade – Gerechtigkeit, Frieden und Bewahrung der Schöpfung – zu lernen; und auch zum Schuldenerlass bleibt noch manches zu studieren.

Und überhaupt: um etwas Neues handelt es sich ja gar nicht! Wöchentlich führt uns die Sorge um den großen und den kleinen Frieden zusammen.

Aber? Mir scheint, diese Programme sind in unserer Kirche und Gemeinde wenig bekannt. Neulich wurde im Radio ein Kirchenmann zum Thema Rechte Gewalt interviewt. Ich weiß nicht mehr, was er sagte, nur , was er nicht sagte, eben nicht: das Thema beschäftigt uns seit Jahren, seit 1994 wird an 'Friede für die Stadt' gearbeitet, 1998 hat die Vollversammlung des Ökumenischen Rats eine Dekade zur Überwindung von Gewalt ausgerufen.

In der Zwischenzeit hat auch die UNO eine Dekade für eine Kultur des Friedens und der Gewaltlosigkeit für die Kinder der Welt ausgerufen, unterstützt von Friedensnobelpreisträgern. Und heute Morgen hörte ich im Radio Frau Schiffmann, die eine Initiative der Pinneberger SPD zur Überwindung von Gewalt vorstellte.

Sie sagte, es müsse für uns natürlich werden, Menschen beizustehen, die von Gewalt bedroht werden. Und was ist die Losung für heute? Aus Hesekiel: „Ich will ihnen ein anderes Herz geben und einen neuen Geist in sie geben."

Entsprechend heißt es in der Botschaft des Ökumenischen Rats: „Wenn wir uns aktiv dafür einsetzen, eine Kultur des Friedens aufzubauen, wissen wir, dass wir uns auf einen tiefgreifenden Prozess des Wandels einlassen müssen, angefangen mit Buße und mit einer erneuerten Verpflichtung auf die Quellen unseres Glaubens. (...) Wenn die Kirchen ihr Zeugnis von Frieden und Versöhnung nicht mit Streben nach Einheit untereinander verbinden, dann versagen sie in ihrer Mission an der Welt." ..., was ich noch lieber so formulieren würde: wenn wir in der Bereitschaft leben, uns von Gott verwandeln zu lassen, wenn wir Versöhnung an uns und mit andern erfahren, wenn wir befreit sind, den Blick auf die Bedrohten zu lenken, dann werden wir uns mit den andern treffen, den Geschwistern aus andern Kirchen, den Mitmenschen aus Parteien. ...

Die Lutherkirche hat schon einen Gemeindeabend zu dem Thema durchgeführt. Ich finde es ermutigend zu erfahren, dass keiner und keine allein versuchen muss, Gewalt zu überwinden – Boston, Kingston, Rio, Belfast, Durban, Colombo, Suva und Pinneberg, SPD und Christuskirchengemeinde: Frieden für die Stadt. Und innerhalb der Christuskirchengemeinde – als kleiner Sauerteig vielleicht? – die Leute, die sich zum Friedensgebet treffen.

Gebet:

Ewiger, wir möchten so gerne wirksam sein. Unsere versteckten Eitelkeiten – du durchschaust sie. Wagen wir es, sie vor dir abzulegen? Was bleibt dann von uns übrig? Erst dann ist Raum für ein neues Herz, für deinen Geist?

Herr, ich glaube, hilf meinem Unglauben! Amen

Segen:

Aus Joh 12

Wandelt, weil ihr das Licht habt, damit euch nicht Finsternis überfällt!

Weil ihr das Licht habt, so glaubet an das Licht, damit ihr Kinder des Lichtes werdet.

Shabbat Shalom

6. 10. 2000 Eingang:

Guten Abend, liebe Freunde und Freundinnen.

Vor 14 Tagen haben Wiebke und Gerhard Torp und ich das Treffen der Friedensgebetsgruppen aus alten und neuen Bundesländern besucht. Und weil wir euch dort ja gewissermaßen vertreten haben, möchten wir euch heute ein wenig daran teilhaben lassen. Dazu gehört, dass Gerhard Torp jetzt zur Vorbereitung auf unser Schweigen etwas mit uns singen wird.

Wiebke über Unternehmungen

Gerhard über Erfahrenes

moi,

Gedanken:

Am Ende unseres Treffens hatten wir alle Lust, noch weiter mit- einander zu sprechen. Also wollen wir uns im nächsten Jahr wieder treffen. Wann? Wieder im September. Wo? In Pinneberg. Und ich kann euch sagen: die Friedensfreunde freuen sich jetzt schon darauf.

Wir haben aber auch das Bedürfnis, wieder einmal das Einverständnis unter *uns* neu festzustellen und in Worte zu fassen, ein Einverständnis über die Ziele, die Form, auch die Inhalte unserer Friedensgebete. Vielleicht treffen wir mit diesem Gedanken schon auf ein Bedürfnis bei euch, vielleicht wecken wir jetzt das Bedürfnis nach einem Gedankenaustausch. Wir schlagen für heute in 14 Tagen im Anschluss an das Friedensgebet ein Treffen im Gemeindehaus vor. Bitte, lasst es euch wichtig sein und kommt dazu!

Wir wollen aber nicht nur über das Gebet sprechen, wir wollen auch Gebete sprechen, eine Sprache finden, in der unsere betenden Gedanken zusammenrinnen.

Gebet:

Ewiger, wir tasten nach dir. Manchmal scheinst du fern. Unsere Unzufriedenheiten, das Bewusstsein unserer Unzulänglichkeit stehen zwischen uns und dir. Aber du bist nicht fern, du bist in unserer Mitte und wartest auf uns, damit du durch uns in der Welt wirken kannst.

Wie wir wenden sich die Freunde in anderen Städten dir zu. Wir danken dir für die Gemeinschaft mit ihnen, für ihren Mut, ihre Klarheit und ihre Treue.

Wir bitten dich jetzt: lenke deine guten Kräfte, deinen liebenden Geist, zu Orten und Menschen, die wir nicht direkt erreichen können. Wir rufen zu dir:

Kyrie, eleison.

Segen:

Christian Führer ermutigt uns gern mit einem Wort Jesu aus dem Lukasevangelium, diesem:

Fürchte dich nicht, du kleine Herde!
Denn es hat eurem Vater gefallen,
euch das Reich zu geben.

SHALOM

13. 10. 2000 Eingang:

Guten Abend, liebe Freunde und Freundinnen,

Friede sei mit uns – jener Friede, den die Welt nicht geben kann – Friede *ist* bei uns, der Friede, den die Welt uns bietet, ein fragwürdiger, ein brüchiger Frieden, aber doch sehr angenehm. Können wir einen Zusammenhang herstellen zwischen dem einen und dem anderen Frieden? Die Autoren der Bibel haben es immer wieder getan. Durch Jeremia sagt Gott:

Streift umher in den Straßen Jeruschalajim's (und Berlins und Pinnebergs) und sehet doch zu, dass ihr erkundet, und suchet auf ihren Plätzen, ob ihr einen Mann findet, ob Einer da ist, der Recht tut, Wahrheit sucht, und ich will ihr verzeihen.

Ist *einer* da, der Wahrheit sucht?

Lasst uns schweigen!

Gedanken:

Über Wahrheit und Wahrhaftigkeit möchte ich heute sprechen. Wahrhaftigkeit ist ein so offensichtlich gutes, wünschenswertes Verhalten, dass jede Empfehlung dieser Tugend nur banal wirken kann. Was kann ich dazu sagen wollen?

Ich bin auf dieses Thema gekommen, als ich über die Arbeit der Wahrheits- und Versöhnungskommission in Südafrika las. Ihr erinnert euch sicher: Es handelt sich um ein Verfahren, bei dem sowohl Opfer als auch Täter sich zu Wort melden konnten. Der Kommission, unter Desmond Tutu, war das Recht übertragen worden, geständigen Tätern Amnestie zu gewähren oder sie gegebenenfalls einem Gerichtsverfahren zuzuführen. Entschädigung der Opfer zu empfehlen, gehört auch zu den Aufgaben der Kommission, ist aber unbefriedigend geblieben, weil Gelder zur tatsächlichen Entschädigung fehlen.

Das Ausmaß des Leidens im Südafrika der Apartheid ist für uns kaum vorstellbar, weder die Zahl der Betroffenen, noch die Intensität der Schmerzen, noch die Verstrickung derer, die für die gute Sache mit den Methoden des Gegners kämpften.

Heute möchte ich uns aber vor allem die beiden Begriffe, Wahrheit und Versöhnung, ins Bewusstsein rufen.

Die Römische Kirche leitet ja dazu an, in dem Prozess der Versöhnung mit Gott die Wahrheit über Verirrungen und Versäumnisse vor dem Priester offen zu legen, ein in der Idee gutes, heilsames Verfahren. Ich erinnere euch aber an den Rat, den Jesus seinen Jüngern gegeben hat: sich zuerst mit dem Bruder zu versöhnen, dann zum Altar zu treten.

Ich habe einige Zitate über die Arbeit der Wahrheits- und Versöhnungskommission zusammengestellt und hoffe, ihr werdet es anhörenswert finden.

Das Hauptziel der Kommission bestand darin, „die nationale Einheit und Versöhnung in einem Geist des Verstehens zu fördern, der die Konflikte und Spaltungen der Vergangenheit zu überwinden hilft."

Der südafrikanische Kirchenrat konstatiert: „Die Kommission für Wahrheit und Versöhnung ist kein zweites Nürnberg." (Damit sind die Nürnberger Prozesse nach dem II. Weltkrieg gemeint).

Sie kehrt jedem Rachegedanken den Rücken. Sie stellt einen außerordentlichen Akt der Großzügigkeit dar; es ist die Großzügigkeit eines Volkes, das darauf besteht, die Wahrheit, die ganze Wahrheit und nichts als die Wahrheit zu berichten. Dadurch wird der Raum geschaffen, in dem sich die tieferen Vorgänge des Vergebens, des Bekennens, der Reue, der Wiedergutmachung und Versöhnung vollziehen können." Geht das? Ist das machbar? Ja und nein.

Yazir Henry, Kämpfer im Untergrund des ANC, gefangen genommen, gefoltert, erzählt. „Jemand, den ich kenne, brach zusammen wegen eines Zeitungsartikels. Er las, dass jene Leute, die ihn gefoltert hatten, Amnestie erhielten. Warum musste er dies aus der Zeitung erfahren? Ich verbrachte einen ganzen Morgen damit, den Mann zu trösten."

Und Tutu erzählt: „Nach der Verhandlung über den ANC sagte ein Mann zu mir: 'Die Wahrheit schmerzt.' Auf einem Plakat der Wahrheits- und Versöhnungskommission heißt es: 'Die Wahrheit tut weh, Schweigen aber tötet.'

Drea Fröchtling weiß dies: „'Schrei so laut du willst: es hört dich doch keiner,' wurde den Folteropfern in den Gefängnissen der Apartheid oft gesagt. Die Überwindung der Apartheid bietet die Gelegenheit, die unterdrückte Todesangst dieser Opfer hörbar zu machen. Jetzt ist aller Welt die Möglichkeit gegeben, die Opfer schreien zu hören."

Yazir Henry sagt auch: „Jeder von uns muss zur Heilung beitragen. (...) Wichtig ist das Prinzip: Der Verfolgte darf nicht zum Verfolger werden. (...) Es geht darum, einander zuzuhören. Wir müssen das tun, um nicht selbst Verfolger zu werden." In einer Bibliothek sitzt Drea einem Weißen gegenüber, der, umgeben von Stapeln von Büchern über Heilung und Versöhnung, hektisch in einer zerlesenen afrikaanssprachigen Bibel blättert. Als er sich beobachtet sieht, sagt er entschuldigend: 'Ich habe gerade gefunden, wonach ich seit 1994 gesucht habe. Die Apartheid hat mich zum Krüppel gemacht, mein Herz, mein Mitgefühl, mein Mitleid und meine Fähigkeit zu lieben. Als ich für die Sicherheitsabteilung arbeitete, habe ich bei den Verhören ich weiß nicht wie viele Menschen zu Krüppeln gemacht. Es war eine Sünde, mien Deern, und nicht nur, was diese klugen Bücher hier 'strukturelle Sünde' nennen, es war mehr, viel mehr. Es war viel mehr, weil ich meine Füße hätte einsetzen können, die Richtung zu ändern und an der Seite derer zu gehen, die ich stattdessen unterdrückte. Es ist eine Erlösung, mien Deern, zu erfahren, dass mir meine Sünden vergeben sind und ich versuchen kann, dieses verkrüppelte Selbst noch einmal einzusetzen, diesmal, um auf dem Weg der Gerechtigkeit zu gehen."

Der Mann hatte die Perikope von dem Gelähmten gelesen, den seine Freunde durch das Dach zu Jesus herablassen, dem Jesus Sündervergebung zuspricht und der daraufhin wieder laufen kann.

Wahrheit – Heilung – Gerechtigkeit – Versöhnung -

Wenn ich die Berichte und Ausschnitte der Wahrheits- und Versöhnungskommission lese, scheine ich einen Spiegel vorgehalten zu bekommen. Da ist der Mann, der nicht Nein gesagt hat, während das Unrecht geschah; er trägt mein Gesicht.

Da sind die Menschen, die sich die Geschichten des Leidens nicht anhören wollen; sie tragen mein Gesicht; neben mir in diesem Spiegelbild stehen Israelis und Palästinenser, Serben und Albaner; Ossis und Wessis – und trägt nicht jene Wessi da auch mein Gesicht?

Gebet:

Ewiger, vor dir und zu dir sammeln wir unsere Gedanken.

Unruhig ist unser Herz in diesen Tagen. Ein Zufall, den wir gar nicht steuern können, scheint uns von Krieg und Gewalt auszusparen. Wem sollen wir danken? Unserer Hegemonialmacht, den USA? Der Tüchtigkeit oder Schläue unserer Politiker? Dir? Ja, wir wollen dir danken, indem wir uns wach halten für die Nöte in der Welt. Darum trauern wir vor dir um die Israelis und die Palästinenser, die in diesen Tagen umgekommen sind. Darum hoffen wir vor dir, dass Belgrad die Demokratisierung unblutig vollenden kann. Wir wollen nicht einfach zur Tagesordnung übergehen. Welches ist deine Tagesordnung, Ewiger?

Wir danken dir für das Beispiel Südafrikas, wollen zuhören, bekennen, Vergebung annehmen, gerecht sein, Heilung fördern, versöhnen.

AMEN

Segen:

In der Matratzengruft unserer Trauer, Verzweiflung, Resignation, Gefühl der Überforderung lassen wir uns sagen:

Steh auf, hebe dein Bett auf und geh in dein Haus!

SHALOM

15. 12. 2000 Eingang:

Guten Abend, liebe Freunde, hier in dem mütterlichen Dunkel unserer Kirche.

Die europäische Union bereitet eine eigene Streitmacht vor; in der Bundeswehr dürfen auch Frauen jetzt schießen wollen.

Bush wird Präsident der USA, und es gibt sicher Menschen in den USA, die Gott für dieses Ergebnis danken. Bush gilt als aus- gezeichneter 'leader'. Wenn ich dieses Wort ins Deutsche übersetze, 'Führer', schaudert's mich.

Die Tradition der Kirche zeigt mit den vier Adventssonntagen verschiedene Weisen, auf die der kommende Gott zu verstehen sei:

er kommt als sanftmütiger König,
er kommt als Richter, der gleichwohl Erlöser ist,
er kommt als Heiland,
er kommt als Kind.

Und in meiner alten Agenda finde ich am Anfang des Kirchenjahres den Satz:

Unser Gott kommt und schweigt nicht.

Möge er euch in der Stille als tröstliche und belebende Kraft vernehmbar sein!

Werner Bergengruen

Die letzte Epiphanie

Ich hatte dies Land in mein Herz genommen.
Ich habe ihm Boten um Boten gesandt.
In vielen Gestalten bin ich gekommen.
Ihr aber habt mich in keiner erkannt.
Ich klopfte bei Nacht, ein bleicher Hebräer,
ein Flüchtling, gejagt, mit zerrissenen Schuhen.
Ihr riefet dem Schergen, ihr winktet dem Späher
und meintet noch, Gott einen Dienst zu tun.
Ich kam als zitternde, geistgeschwächte
Greisin mit stummem Angstgeschrei.
Ihr aber spracht vom Zukunftsgeschlechte
und nur meine Asche gabt ihr frei.

Verwaister Knabe auf östlichen Flächen,
ich fiel euch zu Füßen und flehte um Brot.
Ihr aber scheutet ein künftiges Rächen,
ihr zucktet die Achseln und gabt mir den Tod.
Ich kam als Gefangener, als Tagelöhner,
verschleppt und verkauft, von der Peitsche zerfetzt.
Ihr wandtet den Blick von dem struppigen Fröner.
Nun komm ich als Richter. Erkennt ihr mich jetzt?

Gedanken:

Er kommt als Richter und er kommt als Kind – über beides möchte ich sprechen, zuerst über das Kind.

Ich habe in der Schule meine jüngeren Schüler manchmal gefragt, woran die Hirten der Weihnachtsgeschichte das Kind Jesus denn erkannt hätten. Dann kam ein andächtiger Klang in ihre Stimmen und sie sprachen von einem Stern über dem Stall und von Licht, das von der Krippe ausging.

Ihr wisst, nicht wahr, was der Engel den Hirten als Erkennungszeichen nennt: Windeln und Krippe, gewöhnliche Menschlichkeit und Armut.

Gott kommt als so ein Kind. Und: Gott kommt als Richter. Werner Bergengruen schrieb noch vor Ende des II. Weltkriegs ein Gedicht, in dem er auf das Unrecht des Dritten Reichs in seinen verschiedenen Gestalten anspielt. Unrecht gegenüber Juden, Geisteskranken, Kriegsopfern in Feindesland, Kriegsgefangenen, Zwangsarbeitern. Er lässt unter dem Titel **Die letzte Epiphanie** Gott selbst sprechen, so: (das Gedicht)

Ich habe dieses Gedicht nicht mitgebracht, um Erinnerungen wachzuhalten, sondern weil ich es erschreckend aktuell finde. Der bleiche Hebräer, der gefolterte Kurde, der Asylbewerber; die Geisteskranke; Einsparungen im Gesundheitswesen und im Erziehungswesen; die hungernde Kriegswaise; AIDS-Waisen in Afrika; der Zwangsarbeiter; der unter Tarif bezahlte Arbeiter ohne Lohnsteuerkarte auf den Baumschulen und die Näherinnen von Adidas und Arbeiter auf den Bananenplantagen von Del Monte. Ich frage mich manchmal, wie lange es sich die Unterdrückten gefallen lassen werden, von der Festung Europa abgewiesen zu werden. Wann wenden sie die Waffen, die wir ihnen verkaufen, nicht mehr gegeneinander, sondern gegen uns? Gefunden habe ich das Gedicht bei Dorothee Sölle, die es im Rahmen einer Bibelarbeit auf einem Kirchentag angeführt hat. Die Bibelarbeit behandelte das Gleichnis vom Endgericht aus Mt. 25, 31ff, ihr wisst, das Gleichnis, in dem der Richter die Schafe von den Böcken trennt, aber weder Schafe noch Böcke sich bewusst sind, dem Weltenrichter im Mitmenschen begegnet zu sein.

Das sind alles keine neuen Gedanken, ich weiß. – Dennoch möchte ich den Gedanken des Gleichnisses wieder üben, und zwar an dem Beispiel des Mannes mit dem großen Rucksack, der uns vorigen Freitag hier ein zusätzliches Licht aufgesteckt hat. Wenn er uns gefragt hätte, ob er bei jemandem von uns übernachten könnte, hätte ich nicht zehn Gründe gewusst, ihn *nicht* aufzunehmen?! Wenn ich ihn andererseits aufgenommen hätte als irgendwie verborgenen Gott, dann wäre ohnehin schon alles falsch gewesen.

Wer macht es denn richtig? Dorothee Sölle meint: die Humanisten, die ohne die Arbeitshypothese Gott einfach tun, was zu tun ist, um des Menschen willen, nicht um Gottes willen.

Es geht kein zauberisches Licht von der Krippe aus. Wenn uns das gewöhnliche arme Kind nicht alle unsere Liebe wert ist, werden wir uns einmal vor einem Richter finden, der fragt: Warum tanzt ihr nach der Flöte der USA? Warum überlasst ihr eure Wirtschaftspolitik dem IWF? Warum wisst ihr so wenig? Warum wollt ihr mehr Zeichen als mein Wort, meine Weisung?

Gebet:

Was können wir dir antworten, Ewiger? Du hast uns früher mit deiner Gnade gefüllt, darum rühmen wir dich und wollen fröhlich sein und wachsam in deiner Welt. Du bist unser Richter, denn nach deinem Wort richten wir uns aus. Und wenn Menschen sich an uns rächen wollen, weil wir säumig sind, wollen wir uns nicht wundern. Dass wir dich erkennen, ist unser Wunsch.

Inständig bitten wir dich jetzt: schicke deinen Geist zu den Pastoren und Pastorinnen, die sich in diesen Tagen auf ihre Weihnachtsgottesdienste vorbereiten. Um der Vielen willen, die kommen werden und hören wollen: gib den Pastoren ein klares Wort, kritisch, lebendig, tröstlich. Auf die Tiefe deiner Wahrheit sollen sie vertrauen, nicht auf die vermeintlichen Erwartungen der Besucher. Wir bitten dich.

AMEN

Segen:

Gutes und Barmherzigkeit werden uns folgen unser Leben lang. Shabbat Shalom

2. 3. 2001 Eingang:

Ich bin, Herr, zu dir gekommen,
komme du nun auch zu mir.
Wo du Wohnung hast genommen,
da ist lauter Himmel hier.
Zieh in meinem Herzen ein,
lass es deinen Tempel sein.

Text und Gedanken:

Wir bitten um Ihre Aufmerksamkeit.

Unser polares Frühwarnsystem meldet soeben, dass der Feind einen nuklearen Raketenangriff von mindestens 1.000 Megatonnen auf unsere größeren Städte gerichtet hat.

Diese Meldung wird zwei ein Viertel Minuten in Anspruch nehmen, Sie haben also acht ein Viertel Minuten Zeit, den Bunkervorschriften zu entsprechen, wie sie im Zivilen Verteidigungsgesetz, ZVG, Abschnitt Atomarer Angriff, veröffentlicht sind. – Das Radio sendet eine spezielle Kurzfassung der Messe am Ende dieser Meldung - protestantische und jüdische Gottesdienste beginnen zur gleichen Zeit. Wählen Sie unverzüglich Ihre Wellenlänge gemäß den Anweisungen im Verteidigungsgesetz. Nehmen Sie keinerlei Haustiere in den Bunker mit (auch keine Vögel) – sie verbrauchen nur Frischluft. Lassen Sie die Alten und Bettlägerigen zurück. Sie können nichts für sie tun. Vergessen Sie nicht, den Versiegelungsschalter zu drücken, wenn alle im Bunker sind. Fahren Sie die Strahlungsantenne aus, schalten Sie den Geigerzähler ein. – Schalten Sie jetzt Ihr Fernsehgerät aus. Schalten Sie Ihr Radio unmittelbar nach Ende der Gottesdienste aus. Befestigen Sie gleichzeitig Explosionsstöpsel in den Ohren eines jeden Familienmitglieds. Nehmen Sie Ihre Plasmaflaschen mit hinunter. Geben Sie Ihren Kindern die Tabletten, die im grünen ZVG-Behälter mit eins und zwei bezeichnet sind, bringen Sie sie dann zu Bett. -Brechen Sie das innere Luftschleusensiegel nicht, bevor das Leuchtzeichen 'Alles Klar' sichtbar wird (Warten Sie auf den Kuckuck auf Ihrem Plexiglasbildschirm) oder bis Ihr Gebietsarzt auf seiner Tour bei Ihnen klingelt. – Wenn sich die Luft schon vorher verbraucht hat oder jemand in Ihrer Familie schwer verletzt ist, wenden Sie die Kapseln mit der Bezeichnung 'Winterlager' (rote Tasche in der Überlebenspackung Nr. 1) für schmerzlosen Tod an. (Katholiken werden von ihren Priestern unterrichtet worden sein, was in diesem Fall zu tun ist).

Wir beenden unsere Meldung. Unser Präsident hat bereits den Befehl zu massiver Vergeltung gegeben – sie wird entscheidend sein. Einige von uns werden möglicherweise sterben. Denken Sie daran, nach der Statistik werden Sie es wahrscheinlich nicht sein. Alle Regierungsgebäude sind voll beflaggt – die Sonne scheint. Der Tod ist das Geringste, das wir zu fürchten haben. Wir sind alle in Gottes Hand; was immer geschieht, geschieht nach seinem Willen.

Gehen Sie jetzt rasch in Ihren Bunker!

Der Autor dieses Textes ist Peter Porter, ein Brite. Der gesellschaftliche Hintergrund zu dieser Meldung sind die USA.

Porter denkt sich die USA einer nicht näher bestimmten Zeit als gründlich vorbereitet auf einen atomaren Angriff: alle Städter verfügen über einen Bunker und wissen seine technischen Apparate zu bedienen. In jedem Haushalt liegt ein Exemplar des Zivilen Verteidigungsgesetzes bereit; dazu gehört ein Behälter mit Medikamenten, ebenso Plasma und eine Überlebenspackung.

Und wie fürsorglich dieser Staat ist! Nicht ohne die Tröstung eines Gottesdienstes werden die Bürger in den Atomkeller geschickt. Für Rache am Feind ist bereits gesorgt. Und obwohl Viertelminuten zählen, bleibt doch Zeit zu sagen, dass die Sonne scheint und die Regierungsgebäude beflaggt sind. Zum Schluss wird daran erinnert, dass alle in Gottes Hand sind und nichts als sein Wille geschieht.

Soso, möchte ich da anmerken, in Gottes Hand? Nicht in der Hand von machtverliebten Politikern? Ihr habt es gemerkt: der Text steckt voller Sarkasmen. Ich greife ein besonders krasses Beispiel heraus. Den Bürgern ist die Möglichkeit zum Suizid gegeben. Die entsprechenden Kapseln befinden sich in der roten Tasche – leicht zu finden! – der Überlebenspackung! und sie heißen genau übersetzt 'Talschmiede', Valley Forge, jedem Amerikaner bekannt als das Winterlager des großen George Washington, der Amerika zwar in die Unabhängigkeit führte, dem aber in jenem Winterlager, schlecht ausgerüstet, 3000 Mann umkamen.

Wenn ich diesen Text lese, frage ich mich, ob in unsern Funkhäusern nicht ähnliche Texte bereitliegen oder doch -lagen, die einer aktuellen Situation rasch hätten angepasst werden können.

Dass die Kirchen und Synagogen die vorgesehenen Rollen spielen würden, kommt mir durchaus wahrscheinlich vor. Wer weiß, welche geheimen Pläne dem Autor bekannt sind. Das polare Frühwarnsystem gibt es ja immerhin, eine Reihe von Beobachtungsstationen in Polnähe auf kanadischem Boden. Wer von uns denkt jetzt nicht an Bush Junior und seine Nationale Raketen-Verteidigung und an die -zig oder gar hundert Millionen, die schon für fehlgelaufene Tests ausgegeben wurden! Dieser Mann, der noch keinen Monat im Amt war und schon im Irak drauflos bombardieren ließ!

Sarkasmus im Friedensgebet? Ich schrieb amerikanischen Freunden, dass es mich merkwürdig berühre, Bush als 'leader', als 'Führer', bezeichnet zu finden. Leston ließ mir durch seine Frau daraufhin ausrichten: "Sometimes mockery is not enough where politics is concerned!" Ausrufungszeichen. Ja, Spott ist nicht genug, wo es um Politik geht. Ich denke, Sarkasmus entsteht, wo Menschen sich hilflos einer Macht ausgeliefert fühlen. Bestenfalls öffnet er einigen wenigen die Augen über die Situation, die da mit Spott und Ironie bedacht wird. Aber er ist nicht besser als das ständige kluge Aufregen über kurzsichtige, böse Politiker – eine billige Unterhaltung, wie Helmut Wiechmann uns zu sehen gelehrt hat. Spott ist nicht genug; und wenn Sarkasmus mir hilft, Dampf abzulassen, so ist er doch nur eine eitle intellektuelle Geistesübung. Aber er ändert *nichts*, legt der Verständigung in einem Konflikt eher Hindernisse in den Weg, statt sie zu beseitigen.

Mir scheint wichtig, dass Menschen sich nicht machtlos fühlen, dass wir es wieder und wieder und wieder unternehmen, unsere Einsichten ohne verletzenden Sarkasmus zu äußern und zu Gehör zu bringen. George W. Bush, Joschka Fischer und wir. Ja, wir. Ob wenige oder viele, was tut's? Ich glaube, wenn wir unsern Herrn Einmütigkeit unter uns schaffen lassen, **sind wir stark.**

Gebet:

Du, der Du bist, ich fürchte die Mächtigen, und die Mächtigen fürchten den Verlust ihrer Macht. Ob wir wollen oder nicht, diese kranke Machtpolitik beeinflusst unser Leben, und du selbst hilfst uns, das zu erkennen. Manchmal fürchte ich, ich werde allen Humor verlieren. Weder sarkastisch, noch humorlos möchte ich sein. Wie könntest du mich sonst brauchen? Auch machtlos möchte ich nicht sein. Wir wissen, wie schwer wir es dir machen, Einmütigkeit unter uns herzustellen. Dennoch, lass es uns gelingen, mit unserer kleinen Zahl und unsern kleinen Erkenntnissen dein Reich erahn bar zu machen.

AMEN

Segen:

Möge Gottes Angesicht leuchten über uns,
möge der Friede Jesu wirken in uns,
möge das Feuer des Geistes brennen in uns,
wenn wir jetzt auseinandergehen in unsere Welt,
bis wir wieder hier zusammenkommen werden.

AMEN

25. 5. 2001 Eingang:

Lobe den Herrn, meine Seele, und was in mir ist,
seinen heiligen Namen!
Licht ist das Kleid, das du anhast,
du breitest aus den Himmel wie ein Zeltdach.
Du lassest die Quellen rinnen durch die Täler;
da wandern sie zwischen den Bergen hin.
Sie tränken alle Tiere des Feldes;
die Wildesel stillen ihren Durst.
An ihren Ufern wohnen die Vögel des Himmels;
zwischen den Zweigen hervor erklingt ihr Singen.
Du tränkst die Berge aus deinem Söller;
aus deinen Wolken wird die Erde gesättigt.
Du lassest Gras sprossen für die Tiere
und Gewächse für den Bedarf der Menschen,
dass Brot aus der Erde hervorgehe
und Wein, der des Menschen Herz erfreue.

Bitte, wenn ihr Lust habt, lest Psalm 104, wenn ihr zu Hause seid!

Manchmal denke ich: ja, damals war es noch leicht, Gott so ohne Aber, so ohne Vorbehalt zu loben. Dabei wissen wir, dass es nicht so war. Harte Arbeit, Not, Ängste waren dem Psalmdichter natürlich wohl bekannt. Vielleicht müssen wir gar nicht glücklich und froh sein, um Gott zu loben. Vielleicht ist es umgekehrt, und es ist das Lob Gottes, das unser Herz leicht und froh macht, uns wahrnehmen lässt, wie wenig wir leisten und wie viel uns geschenkt ist.

Lobe den Herrn, meine Seele!

Tagtäglich geht man mit den Tränen des Nebenmenschen auf Gewinn aus; die Einziehung seiner Güter wird als geschäftliche Tüchtigkeit erklärt; und die Aneignung fremden Eigentums wird unter dem Vorwand der Wahrung eigener Interessen und der Wirtschaftlichkeit mit den pfiffigsten Beweisgründen betrieben, so dass derjenige, der keinen Verteidiger hat oder harmloser Natur ist, seines Eigentums auf Grund von gesetzlichen Bestimmungen

verlustig geht.
Und das ist schlimmer als jeder Gewaltakt.
Denn das, was mit Gewalt genommen wird,
kann man zuweilen wieder zurückbekommen;
aber was auf Grund von Anwendung von
Gesetzesbestimmungen genommen wird,
niemals mehr.
Wer es will, mag sich solcher Gerechtigkeit
rühmen; aber er sollte es wissen, dass der
Mensch, der sich mit der Armut des Nebenmenschen bereichert, ärmer ist als
der Arme selbst.
Kirchenvater Zeno von Verona. gestorben 371

Gedanken:

Vor zwei Wochen war ich in Münster zum Abschluss der Erlassjahrkampagne und Neugründung des Bündnisses **erlassjahr.de – Entwicklung braucht Entschuldung.**

Davon will ich euch erzählen, dass Erhard Eppler, unser Schirmherr, in unser T-Shirt gekleidet, zu uns gesprochen hat. Er dankte der Kampagne und bat uns – mit weitblickender Begründung – um Beharrlichkeit für das, was noch zu tun bleibt.

Und diesen Text habe ich mitgebracht:

San Zeno

Wer spricht hier? Ein südamerikanischer Befreiungstheologe? Spricht er von den Strukturanpassungsmaßnahmen und Armuts- Bekämpfungsstrategien des Internationalen Währungsfonds, die einstweilen noch keine Armen reich gemacht haben? Spricht hier jemand über den Pariser Club, in dem die Gläubigerländer über die Rückzahlung von Krediten beschließen?

Der Text stammt aus dem 4. Jahrhundert, vom Kirchenvater San Zeno – ich kannte bisher nur die wunderbare Kirche San Zeno in Verona.

Was hofft das neue Bündnis zu bewirken, wenn die Tricks der Finanzwelt schon so alt sind? Kämpfen wir nicht gegen die schwer veränderbare menschliche Natur? Vielleicht. Aber ich hoffe, es hat sich etwas verändert. Der Demokratiecharakter unserer Staaten allein hat keine wesentliche Veränderung für die benachteiligten Länder gebracht. Es braucht zusätzliche Anstrengungen, es braucht die Arbeit der Nichtregierungsorganisationen, dessen, was wir **Zivilgesellschaft** nennen. Damit haben wir keine funktionierende Formel für künftige Gerechtigkeit und Glück für alle zur Hand – das weiß ich wohl. Aber ich denke, da ist der Ort, an dem ich arbeiten soll, von dem aus wir weiterarbeiten werden, offen für Nöte, offen für Konflikte, bereit zu fleißiger Arbeit und zu Solidarität.

Die Sacharbeit können wir nicht alle leisten – ohne Vertrauen zu den Experten kann die Basis der NGO's nicht arbeiten; und ohne das Vertrauen der Basis können die Experten nicht arbeiten. Eine neue Gelegenheit zu einer Aktion habe ich mitgebracht, eine Postkartenaktion, mit der wir Bundeskanzler Schröder und Presidente Berlusconi ermahnen, beim Gipfel der *G8* in Genua die in Köln beschlossene Entschuldung voranzubringen.

Gebet:

Meine Seele lobt dich, den Ewigen. In Krankheit und Trauer und an leeren Tagen sehnen wir uns oft nach dir.

Manchmal vergessen wir, dass sich Menschen nach uns sehnen. Du bittest uns – und wir dürfen deine Mitarbeiter sein. Und wir treffen dich bei den Armen.

Hab noch ein wenig Geduld mit uns und fülle uns mit Mut und Hoffnung und langem Atem!

AMEN

Segen:

Möge Gott dich segnen mit Unbehagen angesichts leichtfertiger Antworten, Halbwahrheiten und oberflächlicher Beziehungen, so dass du tief in deinem Herzen lebst.

Möge Gott dich segnen mit Zorn über Ungerechtigkeit, Unterdrückung und Ausbeutung der Menschen und der Erde, so dass du dich einsetzt für Gerechtigkeit, Gleichheit und Frieden.

Möge Gott dich segnen mit Tränen, die du vergießt für die, die leiden, so dass du deine Hand ausstreckst, um sie zu trösten und ihren Schmerz in Freude zu verwandeln.

Möge Gott dich segnen mit dem närrischen Glauben, dass dein Tun etwas bewirkt in der Welt, so dass du Dinge tust, von denen andere sagen, man könne sie nicht tun.

AMEN

Verfasser unbekannt. Ein Geschenk aus Südafrika an Heiderose Hesse.

15. 6. 2001 Eingang:

Friede sei mit uns!

Lasst uns, wie wir es ja manches Mal tun, gedenken. Gesegnet seien die Demonstranten, die heute im Rahmen des Kirchentags gegen die Vergötzung des Geldes protestiert haben!

Gesegnet seien die Demonstranten, die George W. Bush zu erklären versuchten, wie der Weg zu Leben und Frieden gestaltet werden sollte.

Gesegnet seien die tapferen Schüler von Soweto, die – morgen vor 25 Jahren - sich gegen eine Verschärfung der Apartheidspolitik wehrten. Viele bezahlten den Protest mit dem Leben.

Und auch heute fragen sich Menschen - und nicht nur in Palästina, sondern an mehr Orten, als unsere Medien uns ahnen lassen - fragen sich Menschen: Wird nicht bald Feuer ausbrechen?

Proteste sind mit Bewegungen verbunden, inneren und äußeren, mit Wegen zu bestimmten Zielen oder Treffpunkten. Solange wir leben, sind wir auf dem Weg. Und heute hat uns der Weg hierher geführt.

Dazu sage ich euch zwei Worte; eines von Gautama, den die Welt als den Erleuchteten, als Buddha, verehrt: You cannot travel on the path before you have become the Path itself. Du kannst auf dem Weg nicht vorankommen, bevor du nicht zum Weg selbst geworden bist. - Das andere ist uns von Jesus überliefert (Jh 14, 6): Ich bin der Weg und die Wahrheit und das Leben; niemand kommt zum Vater außer durch mich.

Gedanken:

Du kannst auf dem Weg nicht vorankommen, bevor du nicht zum Weg selbst geworden bist. – Ich habe zuerst nicht verstanden, wie ein Mensch zu seinem eigenen Weg werden könnte. Dann fiel mir das Wort Jesu ein, der von Weg und Ziel spricht: Ich bin der Weg und die Wahrheit und das Leben; niemand kommt zum Vater außer durch mich. Sind diese beiden Sprüche in ihrer Aussage ähnlich oder schließen sie einander aus?

Ich frage mich, ob ich denn das Wort Jesu – so vertraut, wie es mir ist – überhaupt verstehe. „Weg" ist im Ersten Testament oft im Sinn von „Lebensweise" gebraucht. Und der Weg zu Leben, Heil und Frieden ist der Weg der Gerechtigkeit, das heißt die Tora, die Weisung. Die Tora wird als leuchtender Wegweiser geliebt und gepriesen: Herr, deine Weisung ist meines Fußes Leuchte und ein Licht auf meinem Wege.

Johannes lässt Jesus nun sagen, ER sei der Weg, nur durch IHN komme man und frau zum Vater. Wie „durch ihn"?

Die mühselige Diskussion über Gesetz und Evangelium bei Paulus, Luther, zahllosen Theologen und im Gespräch zwischen Juden und Christen scheint der Evangelist Johannes in einem Satz zusammenzufassen: Ich bin der Weg. Er ist Wort Gottes, er ist leuchtender Wegweiser.

In einer schlaflosen Nacht fiel mir ein, dass ja auch Gautama nicht nur von Weg, sondern auch von Tugenden spricht, von den acht Tugenden, die ein Rad bilden, mit dessen Hilfe der Weg wohl zu bewältigen ist.

Gautama traut allen seinen Jüngern zu, sich mit dem Weg zu identifizieren, eins zu werden mit der Lebensweise, die uns zu Kindern des Heils macht. Und Jesus? Wir haben alle gelernt, unserer Fähigkeit, die Weisungen zu befolgen, zu misstrauen. Sicher berechtigt. Aber auch schade. Lieber möchte ich denken, dass auch Jesus gemeint hat, wir könnten eins werden mit dem Willen des Vaters, so wie er mit ihm eins geworden ist. Wir wissen in unserer Tradition wenig von der Freude des Einswerdens. Dass es diese Freude nicht nur in der Liebe gibt, wissen manche nicht oder sie leugnen sogar, dass es dieses Einswerden gäbe. So gehen wir wie mit einem Stadtplan durch das Leben, befolgen die Wegbeschreibung und übersehen das Wesentliche.

Es geht auch anders: mit der Freude am Willen Gottes und an seinem Schöpfersein im Herzen kann ich mich bewegen, arbeiten, gucken, lieben, erkennen, mich gedulden und so einen Weg entstehen lassen und dabei entdecken, dass der leuchtende Wegweiser aus Verheißungen besteht: ich werde den Namen des Herrn, meines Gottes, nicht unnützlich führen; ich werde nicht falsch schwören; ich werde nicht neidisch sein.

Gebet:

Ewiger, du bist unter uns und wartest, dass wir dir Raum geben in unserm Denken und Fühlen und Wollen.

Wir legen vor dir allen Stolz ab und alle Rechte, die andere ärmer machen. Vieles trennt uns von dir. Denn wir sind reich und wissen viel und spielen mit in diesem System von Reichtum und Armut, von

Furcht und Gewalt. Wir meinen zu wissen, was andere besser machen sollen, und nehmen unsere Rolle nicht ernst.

Sei gelobt für deine Treue und Geduld und gieße reichlich aus von deinem Geist.

AMEN

Segen:

Möge Gottes Angesicht leuchten über uns;
möge der Friede Jesu Christi wirken in uns;
möge das Feuer des Geistes brennen in uns,
wenn wir jetzt auseinandergehen in unsere Welt,
bis wir wieder hier zusammenkommen werden.

Shabbat Shalom

21. 12. 2001 Eingang:

Die Nacht, die heute um 16.26 Uhr begonnen hat, ist die längste des Jahres. Dunkelheit aushalten, auf Licht hoffen - in buchstäblicher und mehrfach übertragbarer Bedeutung, steht jetzt an. Einigen unter uns muss zu Mute sein, als ob das Leben selbst sich in diese Dunkelheit neigen wollte. In diesen lichtarmen Tagen haben einige von uns Angehörige und einen Freund verloren. Elke trauert um ihre Mutter, nachdem sie deren qualvolles Leiden lange hatte ansehen müssen; Krischan trauert um seinen Freund Albrecht, den brüderlichen Freund aus den Tagen der französischen Kriegsgefangenschaft, auch er Theologe, einmal auch Mitbeter an einem unserer Freitagabende. Jochen Hilbert und Claudia betrauern Mutter Hilbert, mit der sie das Haus geteilt haben, bis heute, eine Mutter, eine Großmutter, eine Urgroßmutter.

Auch wenn loszulassen als sinnvolle Notwendigkeit erscheint, so ist die Trennung doch ein schmerzhafter Riss. Wir waren mit unsern Toten verbunden. Sie tragen etwas von uns mit sich davon; wir tragen aber auch etwas von ihnen mit uns und in uns. Lasst uns in dieser langen Nacht unsere Toten liebevoll in uns zur Ruhe kommen.

Gedanken:

Da ich während wichtiger Wochen des Krieges nicht hier war, weiß ich nicht, ob ich jetzt Überlegungen anstellen werde, die hier schon längst genannt worden sind. Entschuldigt, wenn sich Wiederholungen ergeben.

Ich lese euch zuerst meine augenblicklichen Lieblingsverse aus der Bergpredigt vor, Mt 5, 23-24: „Wenn du nun deine Opfergabe zum Altar bringst und dort eingedenk wirst, dass dein Bruder etwas wider dich hat, so lass deine Gabe dort vor dem Altar und geh zuerst hin und versöhne dich mit deinem Bruder, und dann komm und bring deine Gabe dar!"

Wissen wir, wer sich über uns geärgert hat? Und wenn, sagen wir uns dann nicht gern: er ist aber auch empfindlich! Aber Jesus empfiehlt uns, zuerst das Verhältnis mit der Nachbarin oder dem Kollegen zu bereinigen, bevor wir unser Verhältnis zu Gott in der Gemeinde manifestieren.

Ja, der andere ist verletzlich - sind wir es nicht? Willst du dem andern das Recht auf Verletzlichkeit als unbegründet und unvernünftig absprechen, statt zu fragen, *was* ihn denn so verletzlich macht? Erkenne den Ärger des andern an, bevor sein Zorn - von dir unerkannt - katastrophale Ausmaße annimmt, und du nicht weißt, wie dir geschieht.

Denn: Du sollst deinen Nächsten lieben wie dich selbst. Ich weiß, bis zum Überdruss habt ihr das schon gehört. Neu haben wir das Gebot vielleicht gehört, als man anfing zu übersetzen: Liebe deinen Nächsten, er ist wie du.

Ihr wisst, Jesus bleibt nicht dabei stehen. Nicht nur lehnt er die Regel der Sekte von Qumran ab, die ihre Anhänger dazu anleitet, die Feinde zu hassen, er fügt dem Gebot der Nächstenliebe das der Feindesliebe hinzu. Denn, so Jesus, **so** sind Söhne und Töchter des himmlischen Vaters, des Großzügigen.

Liebe deinen Nächsten - er ist wie du.

Liebe deinen Feind - er ist wie du.

Moment, sagt ihr jetzt, *das* hat Jesus aber nicht gesagt. Nein, aber das frage ich euch und mich. Der Gedanke liegt doch nicht völlig fern, auch wenn er uns empört. Der Feind soll wie ich sein? Bin ich etwa wie mein Feind? Wir sind doch nicht wie diese Extremisten! Wir lachen doch nicht vor Vergnügen, wenn wir vom tausendfachen Tod unter den Bekämpften hören!

Aber wir wissen es doch: die NATO zerstört mit ebensolcher Lust wie die Al Queda, der zähneknirschende Zorn und die Selbstgerechtigkeit sind auf beiden Seiten gleich, und im Namen hoher Prinzipien werden eben diese Prinzipien verletzt.

Ich will es mir nicht zu glatt von der Zunge gehen lassen, dieses Gebot, den Feind zu lieben. Es ist Jesu Gebot, nicht meines. Ich kann den Feind nicht lieben, den ich ja gar nicht kenne, der mir viel zu fremd ist; ich kann (will) nicht nachvollziehen, was er tut. Wenn wir lernen könnten, uns mit den Augen des Feindes zu sehen, würden wir uns sicher missverstanden fühlen und feststellen, wie wenig klar und eindeutig wir uns äußern. Aber wir könnten an ihm auch etwas über uns selbst lernen. Es geht nicht darum, gutzuheißen, was der Feind tut, oder darum, die Seiten zu wechseln. Nicht wie unser Feind sollen wir werden, sondern Söhne und Töchter unseres Vaters im Himmel.

Gebet:

Heute rufe ich zu dir als unserem himmlischen Vater.

Wie können wir deine Söhne und Töchter sein mit unserer Verzagtheit?

Dieser Krieg macht uns Angst.

Dies ist nicht unser Krieg, sagen wir. Sagen wir es ehrlich?

Was haben wir falsch gemacht? Haben wir uns mit einer viel zu schwachen Rolle zufrieden gegeben?

Jetzt suchen wir unsere Rolle neu. Wir sind ja zufrieden mit einer kleinen Rolle; wenn es nur **die** ist, die du uns zugedacht hast.

Als Bettler treten wir auf dich zu: Hast du eine Hoffnung für uns?

Die Völker wandeln im Finstern. Sei du unser Licht.
AMEN.

Ausgang:

Er ist das Licht und die Wahrheit und das Leben; durch ihn kommen wir zum Vater.

Shabbat Shalom.

Ohne Datum, Februar/März 2002 Eingang:

Ein paar Sätze aus einem Buch von Nikos Kazantzakis. Hier sind römische Katholiken zu Besuch in einem Moslemkloster:

Der Derwisch begann, über den Tanz zu sprechen.

„Wenn ich nicht tanzen kann, kann ich nicht beten. Die Engel haben zwar einen Mund, aber sie reden nicht; sie sprechen durch den Tanz zu Gott."

„Was für einen Namen gebt ihr Gott, Ehrwürden?" fragte der Abbé. „Er hat keinen Namen", antwortete der Derwisch. „Gott kann man nicht in einen Namen pressen. Der Name ist ein Gefängnis, Gott ist frei."

„Wenn ihr ihn aber rufen wollt", beharrte der Abbé, „wenn es notwendig ist, wie ruft ihr ihn?"

„Ach", antwortete er, „nicht Allah. Ach! werde ich ihn rufen."

Ich fordere euch jetzt nicht auf zu tanzen. Aber ich wünsche euch Empfindungen des Ganzseins, wenn wir jetzt schweigen.

Gedanken:

An der Haustür eines Hochhauses melden sich Leute am Haustelefon oft mit: „Ich bin's."

So melden sich auch Handybenutzer oft bei den Angerufenen:

„Ich bin's."

So melden sich Ehemänner bei ihren Ehefrauen, Liebende bei dem oder der Geliebten. Und das heißt: Ich weiß, dass du auf meinen Besuch wartest. Oder: Ich weiß ja, dass du mit meinem Anruf rechnest. Oder: Ich weiß, dass du meine Stimme gleich erkennst.

„Ich bin es." In der Antike war dies der Satz, mit dem sich die Götter bei den Menschen gemeldet haben. Einem etwas zu anspruchsvollen Freund habe ich einmal auf sein 'Ich bin's' geantwortet: 'Wer ist ich?' Seither nennt er seinen Namen.

Aber wenn ein Gott sagt, „Ich bin es", so ist damit Einzigkeit und Unverwechselbarkeit ausgedrückt, ist auch die Möglichkeit eingeschlossen, die Angesprochenen könnten auf das Wort der Gottheit gewartet haben.

'Ich bin, der ich bin, und ich werde sein, der ich sein werde' – ihr wisst, dies ist der Name, mit dem sich Gott Mose gegenüber bezeichnet. Und tatsächlich habe ich einen jüdischen Theologen übersetzen hören: 'Ich bin es, der ich es bin.' Im Hebräischen ist dieser Satz zu *Jahwe* geworden, in vier Buchstaben zu schreiben. Und schon seit vor der Zeit Jesu gilt der Name als so heilig, dass die Frommen ihn nicht im Munde führen.

Braucht es einen Namen? 'Der Name ist ein Gefängnis', sagt der Derwisch, 'Gott ist frei'. Und Faust sagt zu Gretchen: 'Nenn's Glück! Herz! Liebe! Gott! / Ich habe keinen Namen / Dafür! Gefühl ist alles; Name ist Schall und Rauch'. Gefängnis oder Rauch?

Wenn ich allein bin, brauche ich keinen Namen. Mein Gebet kann sich teilweise ohne Worte vollziehen. Ist Sehnsucht, ist Ausrichtung nach dem schlechthin Wesentlichen, ist Vertrauen. Wenn wir zusammen beten, betreten wir eine Ebene des Bewusstseins, auf der wir die Sprache brauchen, um Gemeinsamkeit herzustellen, um uns zu vergewissern, dass wir auf demselben Weg sind und dasselbe wünschen: Frieden in uns, unter uns und unter den Menschen und Nationen. So sprechen wir Gott also an.

Aber wir haben eigentlich keinen Namen, den alle gern benutzen. Vater? – dann fehlt vielen die Mutter. Herr? – dann fehlt vielen die Freundin. Und Jesu „unser Papa im Himmel" hat die Christenheit nicht zu übernehmen gewagt.

Und doch – warum sollten wir Gott nicht bei Namen nennen dürfen? Die Tora stellt die Verkündung des Jahwe-Namens als eine Gnade dar. Da spielen, zugegeben, uralte Vorstellungen von Sprachmagie hinein: wer den Namen weiß, kann über den Namensträger verfügen. Ja, sagt Israel, Gott macht sich anrufbar. Viele Juden nennen ihn den *Ewigen,* weil sie damit dem unaussprechlichen heiligen Namen nahekommen: der, der ist, und der, der sein wird, ist ewig. Wie ihr wisst, habe ich diesen Gottesnamen übernommen.

Bei Jesaja heißt es: „Israel: Fürchte dich nicht, denn ich erlöse dich; ich rufe dich bei deinem Namen, mein bist du!" Dürfen wir dieses Wort umkehren?

Gebet:

Ewiger, du, der du es bist. Sei nicht betrübt! Wenigstens für kurze Augenblick erlösen wir dich aus deiner Menschenferne. Wir rufen dich bei deinem Namen, denn du bist unser. Immer wieder versuchen wir, dir Raum in unsern Gedanken zu geben, um Ordnung und Richtung zu finden in dem Vielerlei unseres Lebens, Ordnung und Richtung für unser Erkennen und Urteilen. Du bist es, bist unser Gegenüber, eine Herausforderung an unser Sein und Tun, bist Anreiz und Erfüllung. Heil sind wir, wenn wir unser ganzes Leben auf dich beziehen, Reichtum und Gelungenes, aber auch Versäumtes und Leid. Ja, manchmal scheinst du fern und undeutlich – aber wir selbst sind es, die sich von dir entfernen und dein Bild für uns selbst und für andere verdunkeln.

Dennoch vertrauen wir darauf, dass du es bist, bei dem wir Frieden mit uns selbst und Frieden untereinander und endlich Frieden für die Welt finden. Sei nicht fern unserm Rufen – wenn nicht um unseretwillen, so um derentwillen, die durch uns eine Ahnung von deinem Frieden bekommen sollen.

Wir umarmen dich in unserer menschlichen, unvollkommenen Liebe und bitten dich, uns auch zu umarmen mit deiner vollkommenen Liebe.

AMEN

Segen:

Öffnet euch
und lasst euch erfüllen von dem Geist,
der uns miteinander verbindet,
und lasst euch von ihm begleiten!

SHALOM

April 2002 Eingang:

Friede sei mit uns! Trost mit den Trauernden, Freude mit denen, die Ferien machen!

Ein bisschen über Utopien:

Manche Utopien haben uns die möglichen Schrecken der Zukunft gezeichnet, wie sie aus der Gegenwart abzuleiten sind; andere Utopien veranschaulichen die heilsamen Denk- und Handlungsmöglichkeiten der Menschen.

Ich habe in diesen Tagen den Eindruck, in einem utopischen Roman der ersten Gattung zu leben: *eine* Weltregierung, Gewalt und anscheinend keine Möglichkeit zu einer Korrektur.

Vielleicht tut es uns gut, nachher ein utopisches Märchen der zweiten Art zu hören. Es stammt aus dem Bereich der syrisch-orthodoxen Christen und wurde von Rafik Schami aufgeschrieben.

Im Schweigen lasst uns unsere Mitte finden und wachen und beten.

Gedanken:

König Habib lebte vor langer Zeit. Als er den Thron bestieg, löste er die Armee auf und schickte die Polizei, Steuereintreiber und Wächter nach Hause.

Eine Welle der Hoffnung und Erleichterung breitete sich über das Land aus, doch die Händler der Hauptstadt bekamen große Angst. „Das kann nicht gut gehen", stöhnten sie, und das wunderte ihre Kunden, die gerade anfingen, frei aufzuatmen. Viele dachten, die Händler irrten sich, da der Handel ja bekanntlich im Frieden blüht. Händler sind aber gute Propheten. Sie irren sich selten, und in diesem Fall versagte ihre Hellsicht am wenigsten.

Eines schönen Morgens rief der junge König seine engsten Berater zusammen und erklärte ihnen, dass er *nun* das Übel an der Wurzel packen wolle.

„Und wie gedenkst du, das anzustellen?" fragte ihn sein liebster Wesir. Er hieß Rotatkid und war seit der Kindheit Spielkamerad und Geheimnisträger des Königs Habib.

„Die Gemeinschaft hat alles und ein einzelner nichts. So einfach ist das!" Doch als der König die offenen Münder seiner Berater sah, lächelte er und erklärte: „Habt ihr jemals eine Hand, einen Fuß oder gar einen Kopf gesehen, die alleine was taugen? Eine Gemeinschaft, deren Füße schwach sind, deren Bauch groß ist und deren Kopf sich nur damit beschäftigt, seine Haare zu vergolden, hat keine Zukunft. Ab heute gehört alles der Gemeinschaft. Der einzelne besitzt nur sein Kleid und seinen Traum."

„Das ist das Ende", flüsterte Rotatkid, doch als der König ihn fragte, was er damit meine, rief er: „Dein Beschluss ist weise, all das muss zentral organisiert ..."

„Rotatkid, mein Freund, das haben die ägyptischen Sklaven schon versucht. Sie fegten mit Mut und Opferbereitschaft die Herrscher hinweg und setzten die Priester ein, um den jungen wunderbaren Staat, wie du sagst, zentral zu organisieren, aber es dauerte nicht lange, und die Priester waren die Herrscher, und alles fing wieder von vorne an. Nein, jedes Dorf, jede Straße meiner Hauptstadt muss wie ein eigener Körper lebensfähig sein. So lebt, leidet und vergnügt man sich zusammen."

„Aber was ist, wenn die Händler sich gegen dich auflehnen?" fragte einer der Berater.

„Die seit Jahrhunderten Hungernden werden mich schützen", erwiderte König Habib.

„Und was ist, wenn die Nachbarreiche uns angreifen? Es liegt auf der Hand, dass die Könige eine solche Gesinnung mehr als die Pest fürchten", stellte Rotatkid fest.

„Du hast Recht, mein kluger Freund, daran habe ich auch gedacht. Ich habe die Armee aufgelöst und den Völkern der Welt den Frieden erklärt, doch der Frieden der Völker ist eine Kriegserklärung an ihre Herrscher. Ich habe daher beschlossen, die Lehre eines großen Chinesen zu beherzigen. Er schrieb Wunderbares darüber, wie man seine Gegner durchschaut. Ich werde das Auge sein, das das Glück unserer Gemeinschaft schützt."

Wie gesagt, die Händler irrten sich nicht, denn am nächsten Tag herrschte Chaos im Lande, nachdem sich die Nachricht verbreitet hatte, dass jedem nur Kleid und Traum gehören sollten.

Nach und nach aber errichteten die Leute Vorratskammern, Gemeinschaftsmühlen und Theater. Die Menschen arbeiteten weniger und genossen dafür mehr ihr Leben. Doch auch der kluge Wesir hatte sich nicht geirrt, denn die Könige der benachbarten Reiche schauten erst verächtlich auf das Land und erwarteten, dass es bald zu Grunde gehen würde, doch die Gemeinschaft blühte von Tag zu Tag immer mehr auf. Die Verachtung der Könige schwand dahin, und an ihre Stelle traten Sorge und Misstrauen. Reisende erzählten voller Staunen vom märchenhaften Leben im Lande König Habibs. Ihre Zuhörer konnten kaum glauben, dass ein König in nur drei Zimmern lebte und dass die übrigen fünfhundert Räume des Palastes von Handwerkern, Künstlern und Straßenkehrern bewohnt wurden. Noch unglaublicher erschien es den Bewohnern aller Nachbarreiche, dass in jenem Land die Menschen ohne Steuern, Götzen und Offiziere glücklicher lebten. Jeder durfte an seinen eigenen Gott glauben. Dreiundsiebzig Religionen zählten die Reisenden und staunten nicht weniger als ihre Zuhörer darüber, dass viele nur an sich selbst glaubten. Wie sollte einer so etwas für möglich halten?

(Eines Morgens ruft König Habib seine Berater zu sich und kündigt für einen bestimmten Tag den Überfall eines Nachbarkönigs auf sein Land an. Wie sich herausstellt, hat der König Hunderte von Spionen in den Ländern ringsum stehen, aufs sorgfältigste ausgewählte und ausgebildete Frauen und Männer. Habib schloss:) „So und nur so, können wir unser Glück schützen." Totenstille herrschte.

„Und ich dachte, du seist ein Träumer", versuchte Rotatkid zu scherzen.

„Bin ich auch", erwiderte der König und beriet sich dann lange mit seinen Vertrauten.

Am nächsten Tag trafen sich viele Bergbauern, Seeleute, Fischer, Schmiede und Hexen im großen Garten und berieten sich bis zur Morgendämmerung. Kuriere stiegen immer wieder auf ihre Pferde und ritten davon. Drei Tage lang glich der Garten einem Bienenstock, und als die Nacht ihren kühlen Mantel über die hitzig Streitenden warf, wusste jede Gasse und das kleinste Dorf im Lande vom bevorstehenden Angriff, der im Nachbarreich nur dem kleinen Kreis der Mächtigen bekannt war.

Auf den Tag genau rief der König des Nachbarlandes, König Hussein, vom Balkon seines Palastes zum Heiligen Krieg auf. Seine Worte bewegten seine Untertanen dermaßen, dass viele bereit waren, nicht nur das kleine Nachbarland, sondern gleich die ganze Welt anzugreifen. Doch weit kamen die Truppen nicht.

Die Reiter und Fußsoldaten wurden noch auf eigenem Boden Nacht für Nacht angegriffen. Die Soldaten erzählten einander voller Furcht, dass sie in der Nacht entführt worden seien. Sie seien reichlich bewirtet und unterhalten worden, bis kurz vor der Morgendämmerung plötzlich Todesengel gekommen seien und sie gewarnt hätten, dass sie verspeist werden würden, wenn sie nicht unverzüglich nach Hause zurückkehrten. So flohen die Soldaten, und nur wenige Erschöpfte erreichten die Berge des Nachbarreiches, aber statt den Feind zu überraschen, wie man ihnen versprochen hatte, war ihre Überraschung groß, als sie mitten in einer Schlucht umzingelt wurden. Sie waren hoffnungslos und halb verhungert, doch nur die Offiziere wurden mit je hundert Hieben bestraft. Die Soldaten bekamen zu essen und zu trinken. Am nächsten Tag verabschiedeten sie sich beschämt von ihren Gastgebern und eilten nach Hause.

Nicht anders erging es Husseins Seeleuten. Noch weit entfernt von der Küste wurden ihre Schiffe leckgeschlagen. Die Truppen wären ertrunken, hätten nicht Tausende von Fischern mit ihren kleinen Booten sie gerettet. Sie wurden nicht gefangen genommen, sondern bewirtet und nach Hause gebracht. Nur die Seeoffiziere mussten Hiebe über sich ergehen lassen.

Nicht besser als König Hussein erging es den anderen Königen, die das kleine Land überfallen wollten. Ihre Soldaten kehrten geschlagen zurück, doch in ihren Herzen trugen sie den Keim des Lebens, dem sie begegnet waren und von dem sie immer schon geträumt hatten.

--- Das Märchen endet hier nicht. Wie zu raten war, wenden sich der geliebte Wesir und, mit ihm, die Königin gegen Habib. Aber ein Fischermädchen deckt den Verrat auf und rettet den König, und er lebte lange und glücklich.

Ich sage nichts zu all euern klugen *Ja, aber's*. Vielleicht brauchen wir auch gar kein perfektes Modell, wenn unsere Feinde nur so entwaffnende Erfahrungen mit uns machen wie die Soldaten jenes Königs Hussein.

Ausgang:

Utopie – Nicht-Ort. Wundert ihr euch, dass ich nicht über *die* Utopie gesprochen habe, die doch von unserem Glauben nicht zu trennen ist, vom Reich Gottes? Das aber auch keine Utopie ist, weil es in Raum und Zeit, hier unter uns, erlebbar ist.

Nehmt das Wort Jesu als Segen:

Fürchte dich nicht, du kleine Herde! Denn es hat eurem Vater gefallen, euch das Reich zu geben.

SHALOM

10. 5. 2002 Eingang:

Friede sei mit uns!

Immer mehr Einzelne, Gruppen, Parteien und Staaten zeigen sich bereit, Konflikte mit Gewalt zu lösen. Sie bereiten sich gedanklich, organisatorisch, technisch darauf vor. Und wir fühlen uns ohnmächtig, so ohnmächtig wie jene, die zu so verzweifelten Mitteln wie Attentaten greifen.

An den Beginn aber will ich ein tröstliches Friedensbild stellen, aus dem Propheten Micha. Ihr kennt es:

Er wird Weisung geben starken Nationen bis in die Ferne, und sie werden ihre Schwerter zu Pflugscharen schmieden ... und sie werden den Krieg nicht mehr lernen. Sie werden ein jeder unter seinem Weinstock und unter seinem Feigenbaum sitzen, ohne dass einer sie aufschreckt.

Gedanken:

Alte Lehrerin, die ich bin, war ich schon dabei, ein ganzes Referat zu Gewalt und Gewaltlosigkeit vorzubereiten. Nun beschränke ich mich aber auf eine Sache. Von Armin T. Wegner möchte ich euch erzählen. Er wurde Ende des 19. Jahrhunderts in Westdeutschland geboren. In Berlin studierte er Jura. Im Ersten Weltkrieg war er Sanitäter und Begleiter des Generals von der Goltz in den Gebieten, die damals noch Osmanisches Reich hießen. Hier wurde er Zeuge des türkischen Völkermordes an den Armeniern. Die Erfahrungen aus dieser Zeit hat er in expressionistischer Prosa literarisch verarbeitet. Als expressionistischer Prosaist und Lyriker ist er bekannt geworden, aber auch als politischer Mensch. In einer Schrift vom April '33 warnte er Hitler davor, die Ehre und das Wohl Deutschlands durch die Verfolgung der Juden zu gefährden. Das brachte ihm Haft ein, u.a. im KZ Oranienburg. Er kam frei durch die Hilfe britischer Quäker. Er folgte seiner jüdischen Frau zunächst nach England. Sie gingen nach Palästina, wo er aber auf die Dauer nicht leben mochte. Weil seine Frau mit deutscher Staatsangehörigkeit aber in Palästina, dem späteren Israel, keine Arbeit aufnehmen konnte, willigt er in die Scheidung ein. In Deutschland wurden Wegners Bücher verbrannt.

Das Dritte Reich führte einen Bruch in seinem Leben herbei. Er schrieb zwar weiterhin, vollendete aber keine größeren Arbeiten mehr. Mit seiner zweiten Frau lebte er in Italien, in Rom und in einem Sommerhaus auf der Insel Stromboli. In Israel wurde er mit einem Baum in der Allee der Gerechten geehrt. In seinem Haus auf Stromboli ließ er an die Decke seines Arbeitszimmers jenen Satz aus dem Talmud schreiben, den Krischan uns vor wenigen Wochen nahe gebracht hat: „Es ist uns aufgetragen, am Werke zu arbeiten, aber es ist uns nicht gegeben, es zu vollenden."

Vielleicht findet ihr das alles gar nicht so wissenswert. *Mein* Interesse an Armin T. Wegner wurde durch meine armenische Freunding geweckt, die ihr zum Teil ja auch kanntet. Yeran Götting-Haidostian. Wir sprachen Englisch miteinander; aber manchmal flocht sie diese Wendung ein: „Die Verbrechen der Stunde ..." Nachdem nun endlich wieder einige Schriften von Wegner veröffentlicht worden sind, habe ich feststellen können, dass Yeran mit diesen Worten eine Überschrift aus Wegners Aufrufen zitierte. „Die Verbrechen der Stunde – die Verbrechen der Ewigkeit."

Ich möchte gern ein paar Gedanken aus dieser Schrift an euch weitergeben. Dabei weiß ich gar nicht, ob es nützt, die Weisheit der Verstorbenen zu bewundern. Lernen wir daraus, unsere Gegenwart zu deuten und – wie Armin T. Wegner – die *heute* aktuellen Warnungen auszusprechen? Trotzdem; es ist gut, sich in einer Tradition zu wissen.

Wegner fragt sich, wie Christen ihrer Lehre, die doch die Gewalt verwirft, zum Erfolg verhelfen. Durch Gewalt. Eigentlich unfassbar, sagt Wegner. – Kaum der Gewalt, d.h. für Wegner den Schrecken des Ersten Weltkriegs, entronnen, vertrauen sich die einen doch wieder der „glanzvollen, raschen Wirkung" der Waffen an, derweil die andern Waffengewalt mit Waffengewalt abzuschaffen suchen. Es ist verrückt. Er illustriert seine Gedanken mit Beispielen aus der damals neuesten Geschichte und kommt zu dem Schluss, dass sich *nichts* verändert, dass die Verbrechen der Stunde die Verbrechen der Ewigkeit sind, wenigstens seit 5000 Jahren. Er sagt nicht, wie er auf diese Zahl kommt. Aber es gibt die Auffassung, dass sich das Patriarchat vor 5000 Jahren durchzusetzen begann.

Wegner sagt, die wichtigste menschliche Forderung sei noch nicht erhoben worden: die vollständige und bedingungslose Abschaffung der Gewalt. Dass dafür gerechte Verteilung des Eigentums Voraussetzung ist, ist ihm vollkommen klar. Denn „Gewalt und Reichtum bedingen einander". Weiter fordert er die sofortige Abschaffung des Wehrdienstes und die gleichzeitige Vernichtung aller Waffen. Der wehrhafte

Staat, so Wegner, bringt die sittliche Verantwortung des Einzelnen zum Verlöschen. Die hochgelobte Vaterlandsliebe sei „in Wahrheit nur ein Verbrechen."

Schließlich gelangt Wegner zu dem Gedanken, dass in einem Konflikt möglicherweise das *eigene* Opfer zu bringen sei. Abgesehen von der Chance, den Gegner damit zur Einsicht zu führen, ist es auch das jeweils geringste Übel. Wegner bezieht sich nicht ausdrücklich auf das Neue Testament. Aber er spricht hier etwas aus, was ich manchmal bei christlichen Friedenstexten vermisse: Jesus hat seinen Vater eben *nicht* um 12 Legionen Engel gebeten, er hat sich *nicht* vom Schwert des Petrus verteidigen lassen.

Gebet:

Du, nach dem wir uns ausstrecken. Wir loben dich und danken dir, weil wir leben, ohne dass uns einer aufschreckt.

Wir sammeln unser Wissen, unsere Wünsche und unsere Sehnsucht und richten sie auf dich und bitten: öffne die Ohren der Politiker, öffne ihre Herzen und Gedanken und lass sie neue Wege sehen. Und sieh, ob *wir* auf rechtem Wege sind!

AMEN

Ausgang:

Das eigene Opfer zu bringen oder unter unserm eigenen Feigenbaum zu sitzen, was ist uns zugedacht?

Es sollen wohl Berge weichen und Hügel hinfallen; aber meine Gnade soll nicht von dir weichen und der Bund meines Friedens, - der Bund seines Friedens – soll nicht hinfallen, spricht der Ewige, dein Erbarmer.

SHALOM

14. 6. 2002 Eingang:

Friede sei mit uns!

Nachdem ich am Sonntag an dieser Stelle so viel gesagt habe, möchte ich heute über Schweigen und Stillesein sprechen. Und ihr werdet mir vielleicht zustimmen: es ist nicht nur gut, Stille zu halten (stillezuhalten), sie ist es auch wert, in Worten bedacht zu werden. Hier ist zunächst ein Wort aus dem Buch des Propheten Jesaja:

Denn so sprach Gott, der Herr, der Heilige Israels:

In Umkehr und Ruhe liegt euer Heil; in Stille halten und Vertrauen besteht eure Stärke.

Umkehr – Ruhe – Heil – Stille halten – Vertrauen – Stärke.

Noch einmal dieses Wort des Heiligen Israels:

In Umkehr und Ruhe liegt euer Heil; in Stille halten und Vertrauen besteht eure Stärke.

An Gerhard:

Gerhard, lieber Freund, du hast vor einer Woche die Rolle, die heute ich hier einnehme, abgelegt. Was dieser Schritt für dich bedeutet, weißt du allein. Was ich weiß, ist dies: du bist hier nie in einer Rolle gestanden; da fiel nichts auseinander, ein privater Gerhard hier und ein Pastor dort. Wort und Tat gehen bei dir und Wiebke Hand in Hand.

Ich kenne keinen Menschen, der den Gottesdienst so liebt und kennt wie du. Und alles hast du hier eingebracht: dein Wissen und deine Ästhetik, deine große Frömmigkeit und deine große Menschenliebe.

Sei bedankt für deine Treue und für deine Glaubwürdigkeit.

Gedanken:

Ein Quäker schrieb im vergangenen Jahrhundert, Worte sollten Stille nicht abbrechen, sondern fortsetzen: denn es sei immer dasselbe göttliche Licht, das uns zuerst in der Stille diene – und dann in Worten. Zweifellos hätte dieser Quäker auch gewusst, wie ich jetzt sprechen müsste, damit die Verbindung mit Gott, die sich euch in der Stille gebildet hat, nicht abreißt. Ach, bitte, hört mich einfach geduldig an!

Seit längerer Zeit schon wollte ich wissen, ob es in der Bibel erhellende Gedanken zum Schweigen gibt. Was ich mit Hilfe meiner Konkordanz unter 'schweigen' fand, ist oft mit dem Wort **'nicht'** verbunden. In den Psalmen wird Gott gebeten, doch nicht zu schweigen zu dem Unrecht, das geschieht; oder er wird gefragt, warum er denn zu der Bosheit der Feinde schweige. 'Schweigen' heißt also meistens, **nichts zu sagen**, wenn das Gegenüber ein Wort erwartet.

Die Tugend, die wir meinen und üben, heißt in der Bibel 'stille sein'. Diese Wendung findet sich in Verbindungen wie: sei stille und erzürne dich nicht – sei stille dem Herrn und harre auf ihn – seid stille und erkennt, dass ich Gott bin – meine Seele ruhet in Gott, von ihm allein kommt mir Hilfe.

Und als ich nachschlug, in welchen Zusammenhängen das Wort 'vertrauen' vorkommt, las ich, *Gott* sei ein Heiland, ein Schutz, ein Bewahrer derer, die ihm vertrauen. Das klingt so, als ob die Hilfe in Gefahr nicht die Belohnung für Vertrauen sei, sondern als ob das Vertrauen des Menschen Gott erst den Zugang zur Notlage des Menschen verschaffe, als ob das Vertrauen die Hindernisse wegschaffe, die Gottes Hilfe den Weg versperrt haben.

Wenn euch diese Überlegungen zu fromm und harmlos sind, so lasst euch sagen oder daran erinnern, in welchem Zusammenhang der eingangs erwähnte Vers steht. Gott ärgert sich über das Volk, das nicht auf seine Propheten hören will, das sich in politisch-militärischer Bedrohung auf zweifelhafte, kostspielige Bündnisse einlässt und sich weigert, die Gefahr zu sehen, in die es geradewegs hineinläuft. Kennen wir das nicht? Es bekümmert Gott, dass das Volk in falscher Klugheit Zerstörung in Kauf nimmt, Gott aber keine Gelegenheit gibt zu helfen.

Ich lerne daraus, welch ein Heldenmut dazu gehört, umzukehren und Ruhe zu bewahren, den Konflikt in der Zuversicht zu erleben, dass stille sein und Vertrauen den Konflikt heilsam lösen werden und den Zuversichtlichen stark daraus hervorgehen lassen.

Das ist echte Theologensprache, findet ihr nicht? Keine politische Sprache. Aber die Bibel behauptet, es sei sehr **wohl** politische Sprache. Denn in eine brisante politische Situation ist dieses Wort gesprochen, Gottes Wort durch Jesajas Mund.

Und es stimmt ja, nicht wahr? Wenn der eine stillhält, kann der andere zur Besinnung kommen. Ob Gott tatsächlich sehnsüchtig darauf wartet, dass der Bedrohte stillhält und ihm vertraut, um ihm zu helfen – es wäre auszuprobieren, mit Heldenmut. Beides ist allerdings nicht zu haben: ein bisschen auf uns selbst vertrauen, ein bisschen auf Gott vertrauen. So ganz in Gottes Hand mögen sich nach unserer Erfahrung ja Politiker und ihre Wähler doch nicht geben.

Es wäre noch manche Frage oder mancher Vergleich anzufügen. Nur noch *ein* Wort aus dem Neuen Testament möchte ich erwähnen. Als Jesus in Jerusalem einzieht und ihm seine Jünger und viele Zeugen seiner wunderbaren Kraft zujubeln als dem von Gott Gesandten, da bitten Pharisäer Jesus, die Jünger zum Schweigen zu bringen. Jesu Antwort: 'Wenn diese schweigen, werden die Steine schreien.' Ein bisschen rätselhaft, sehr provozierend – vielleicht genug, ein neues Friedensgebet anzuregen?

Gebet:

Du, der du es bist, der du darauf wartest, dass wir uns dir zuwenden, wer sind unsere Propheten? Wer ist dir so nah, dass er, dass sie die Welt und ihre Konflikte wie von oben betrachten könnte? Gib uns den Geist der Unterscheidung, damit wir auf deine Propheten hören. A-MEN

Ausgang:

Auch dies ein Gotteswort aus dem Mund des Jesaja:

Mein Wort kehrt nicht leer zu mir zurück, sondern wirkt, was ich beschlossen, und führt durch, wozu ich es gesendet. Denn in Freuden werdet ihr ausziehen, und in Frieden sollt ihr geleitet werden; die Berge und Hügel werden vor euch in Jubel ausbrechen und alle Bäume des Feldes in die Hände klatschen.

Shabbat Shalom

23. 8. 2002 Eingang:

Friede sei mit uns, mit uns Menschenkindern!

Vor 14 Tagen fing ich an, mich auf dieses Friedensgebet vorzubereiten. Ich nahm mir vor, euch von einem Südafrikaner zu erzählen, von Father Michael Lapsley, zögerte aber, weil ich bei so einer Vorbereitung ja nie wissen kann, was an dem jeweiligen Freitag aktuell sein wird, brennend im übertragenen und im wörtlichen Sinne: Irak? Israel und Palästina? Afghanistan? Sudan? Zimbabwe? Nun ist es kein Feuer, sondern eine Flut, die unsere Fantasie beschäftigt und uns verunsichert. Bewahrung der Schöpfung ist angesagt. Wo stehe ich in diesem Kampf gegen die Kurzsichtigkeit und Dummheit, gegen die Bequemlichkeit und das Anspruchsdenken, in denen dieses große Unglück wohl seine Ursache hat? Beten oder spenden? Oder beides? Fehlt noch ein Drittes: Aufklärung und politische Forderungen, um die Schöpfung zu bewahren, eine Aufgabe, die einen verzagen lassen könnte. Lasst uns verzagen, lasst uns still werden!

Gedanken:

Andere unter uns sind berufener als ich, über die Bewahrung der Schöpfung zu reden. Euch höre ich gern zu und will mich gern wieder und wieder belehren lassen.

Ich bleibe beim Thema der Gerechtigkeit und Versöhnung und hoffe, ihr mögt jetzt doch etwas über den Priester Michael Lapsley hören, auch wenn ich einigen von euch schon von ihm erzählt habe.

Father Michael ist ursprünglich Neuseeländer. Studiert hat er in Australien. Er ist Priester der Anglikanischen Kirche und gehört einem Orden an. Die Zustände im Südafrika der Apartheid fand er so empörend, dass er beschloss, dort zu arbeiten. Er hielt sich mit seiner Kritik am System der Apartheid nicht zurück. Sogar seine eigene Kirche versuchte, ihn zu Mäßigung zu veranlassen. Zwei Wochen, nachdem die Gespräche zwischen Nelson Mandela und der damaligen weißen Regierung begonnen hatten, bekam Father Michael – damals in Zimbabwe – eine Briefbombe zugeschickt. Er verlor beide Hände und ein Auge, die Trommelfelle waren zerstört, er trug eine Kopfverletzung davon und wurde bös verbrannt. Ärzte in Zimbabwe und Australien taten ihr Bestes: er kann wieder hören, die Narbe am Kopf verbirgt er unter einer kleinen Schirmmütze, eine Brille lässt sehendes und blindes

Auge nicht unterscheiden. An Stelle der Hände trägt er Haken, die er durch eigene Muskelbewegung wie Zangen gebrauchen kann; so kann er selbständig essen, sich die Brille hoch schieben, gestikulieren, sich mit Mühe eine Jacke anziehen. Mit diesen Haken teilt er Abendmahl aus. Man kann ihm nicht die Hand schütteln, aber man kann und darf ihn umarmen.

Offensichtlich hatte die Bombe ihn töten sollen. Es ist müßig zu fragen, wer sie geschickt hat. Father Michael's Geschichte ist eine unter vielen. Ich erzähle sie *nicht* als die exotische Geschichte eines Opfers. Ich erzähle sie, weil Father Michael nicht Opfer geblieben ist.

Heute lebt Father Michael wieder in Südafrika. Er ist Mitarbeiter an einem Institut, das sich „Heilung von Erinnerungen" nennt und die Arbeit der Wahrheits- und Versöhnungskommission in gewisser Weise fortführt. Die ungezählt Vielen, denen durch das und unter dem Regime der Apartheid ungesühnt Gewalt angetan worden ist, finden hier die Möglichkeit zu reden. Sie erzählen, wenn sie an Wochenenden in kleinen Gruppen zusammenkommen, ihre individuelle Geschichte. Sie reden sich das Leid von der Seele. Denn das Erfahrene lähmt, macht blind für verbliebene Möglichkeiten, es kehrt regelmäßig in Träumen wieder, es macht bitter und wütend. Die Erfahrung lehrt, so Father Michael, dass der wütende Widerstand, den man dem Unrecht gern entgegengesetzt hätte, sich Auswege schafft. Diese Auswege müssen mit der ursprünglichen Situation überhaupt nichts zu tun haben. Als Beispiel berichtete er von einer Frau mit bitteren, verkniffenen Gesichtszügen, die beim Erzählen ihrer Geschichte erkannte, warum sie ihrer Tochter das Leben so schwer machte, obwohl diese Tochter ihr gar nichts angetan hatte. Am Ende des Wochenendes war diese Frau kaum wiederzuerkennen, so hatten sich ihre Gesichtszüge entspannt. Sie hatte die Rolle des Opfers abgelegt und brauchte nun nicht mehr andere zu ihren Opfern zu machen.

Was für den persönlichen Bereich gilt, trifft auch auf Gesellschaften zu. Father Michael ist schon nach Nordirland eingeladen worden. Sicher denkt ihr jetzt auch an Israel und Palästina.

Es bleibt die Frage, ob das bloße Erzählen von dem, was Leib und Seele verletzt hat, reicht, um die Erinnerungen zu heilen.

Wir kennen doch Menschen, die nicht aufhören können, immer wieder dasselbe zu erzählen. Und es befreit und erlöst sie überhaupt nicht. Nun, zur Heilung der Erinnerungen gehört auch der rechte Zuhörer, die rechte Zuhörerin. Es ist mir bewusst, dass ich lauter Offensichtliches sage; ich weiß auch, dass wir solche Zuhörerinnen hier unter uns haben. Trotzdem möchte ich zu Ende führen, was mir bei Father Michael besonders klar geworden ist.

Dreierlei soll der Zuhörer leisten: das Leid **wahrnehmen**, dem Erzählenden **liebevolle Ehrerbietung** entgegenbringen, und ihn **anerkennen** als einen, dem Leid widerfahren ist und der sich auf einen neuen Weg machen will. Wir wissen es selbst: alle eilfertigen Sprüche nützen nichts, solche wie 'Wird schon wieder werden', 'Kopf hoch!', 'Ja, das kenn ich auch', 'Zeit heilt Wunden'. Die Zeit heilt gewisse Wunden eben *nicht*; die meisten kennen das durchgestandene Leid eben *nicht*; wie kann ein Mensch den Kopf heben, wenn die Erinnerung an Erniedrigung und Scham und Schmerzen zäh und schwer darauf lasten – es sei denn, ein zuhörender Mensch hebe sie einem sanft herunter. Es wird uns nicht immer gelingen, aber ich glaube nicht, dass ein Mensch seine zwei Hände opfern muss, um ein helfender Zuhörer zu werden. Wahrnehmung – Ehrerbietung – Anerkennung.

Gebet:

Du, der du es bist, nach dem wir uns ausstrecken und dem wir den Sinn unseres Tuns anvertrauen, oft empfinden wir uns selbst als Opfer. Wir schützen uns mit unserer Opferrolle vor Ansprüchen, die andere an uns stellen könnten. Manchmal können wir diese Rolle nicht ablegen, weil wir nicht ergründen mögen, was uns denn so unerträglich erzürnt oder beschämt. Kaum sagen wir es dir.

Stärke das Vertrauen unter uns mit deiner Liebe, damit einer des andern Last, eine der anderen Last tragen kann. Nimm du alle unsere Lasten gnädig an und heile uns.

AMEN

Ausgang:

(aus Psalm 66)

Auf! und höret mir zu,
alle, die ihr Gott fürchtet:
ich will erzählen, was er meiner Seele getan hat.
Zu ihm rief ich mit meinem Munde,
und Lobpreis war auf meiner Zunge.
Hätte ich auf Unrecht gedacht in meinem Herzen,
so würde der Herr nicht hören.
Aber wahrlich, Gott hat gehört,

er hat auf mein Flehen geachtet.
Gelobt sei Gott, der mein Gebet nicht verworfen,
noch seine Gnade von mir gewendet hat.

Shabbat Shalom

11. 10. 2002 Eingang:

Friede sei mit uns – mit uns Menschenkindern!

Heute möchte ich euch zuerst etwas erzählen und zu überlegen geben und dann still werden.

„Ihr seid das Salz der Erde", sagt Jesus zu seinen Jüngern. Keine Aufforderung, sondern eine einfache Feststellung. „Ihr seid das Salz der Erde" ist das Wort, mit dem Christian Führer aus Leipzig uns neulich gleichermaßen tröstete und Mut machte. Und so gebe ich es jetzt an euch weiter.

Viele von euch wissen schon, dass ich im September auf der Tagung der Friedensgebetsgruppen gewesen bin, diesmal in Ulm. Die Tagung war von katholischen und evangelischen Frauen gedankenreich und liebevoll vorbereitet. Das Hauptreferat hielt Paul Russmann von „Ohne Rüstung Leben". Wir kennen „Ohne Rüstung Leben" von manch guten Postkartenaktionen. Dieses Referat über gerechten Krieg und gerechten Frieden nun war exzellent aufgebaut, exzellent gegliedert und untergliedert – und war so theologisch, dass es ganz ohne eine Anspielung auf den Konflikt USA – Iraq auskam. Ich war frustriert und äußerte meinen Frust auch deutlich, unterstützt – aber in vornehmerer Form – von Christian Führer.

Es erscheint mir nicht sinnvoll, euch von allen Programmpunkten der Tagung zu berichten; nur zwei Elemente will ich erwähnen. Zuerst die große Wiedersehensfreude bei der Begegnung mit Irene und Hans-Georg und Aldo und Christine und Johannes und Roswitha ... Viele Grüße wurden mir aufgetragen. Und einige fragten nach meinen Erfahrungen in Südafrika.

Das andere wichtige Element sind die Fürbitten, einmal am Freitag Abend im Rahmen einer Andacht und dann am Sonntag im Festgottesdienst im ehrwürdigen hochgotischen Münster. Einige Teilnehmerinnen formulierten als Fürbitten, was von den Nöten der Welt für uns sichtbar ist: Hunger, Kriege, Asylbewerber, Hochwasseropfer. Bei jeder der fünf Frauen war ihr Wissen, ihr Engagement, ihr großer Ernst und ihr Glaube spürbar.

Aber. Kann es da noch ein Aber geben? Muss einem solche Einmütigkeit nicht das Herz erwärmen? – Ja, tut es ja! – Und doch sage ich euch jetzt, worin meine persönliche Schwierigkeit besteht. Die Nennung großer Nöte und die Bitte, Gott möge Abhilfe schaffen, geht mir oft zu leicht, zu schnell. Zu scheinbar leicht. Als ob wir sagen könnten: Schau her, Gott, wir kennen deine Welt, wir wissen, was anders sein müsste, wir kennen die Probleme, wir sammeln sie und legen sie hier vor dir nieder – sieben auf einen Streich; freust du dich über unser Vertrauen und schaffst du, bitte, Abhilfe?! – Eine sarkastische Verkürzung, mit der ich den Beterinnen in Ulm Unrecht tue, ich weiß. Ich versuche nur zu erklären, warum ich wieder einmal über Fürbitten nachgedacht habe.

Bevor ich bitte, will ich mir bewusst machen, wie begrenzt mein Horizont ist. Und statt ihn größenwahnsinnig zu erweitern, will ich mir des ungeheuren unverdienten Glücks bewusst werden, in Reichtum und ohne Furcht zu leben. Meine Freude wird mich zu Dank, und mein Dank zu Verantwortung führen. Dann will ich mich fragen, was meine Aufgabe innerhalb meines Horizonts ist, will mich fragen, wo ich säumig war, unentschieden, unklar und immer darunter leidend, dass ich „es" nicht schaffe. Bevor ich Gott um die Erfüllung eines Wunsches bitte, muss ich vielleicht meine Schwachheit bekennen, und die erste Bitte wäre die um Vergebung.

Meine Phantasie spielt mir eine Szene vor, in der George W. zu seiner Frau sagt: Bete, dass mir der Kongress heute die Vollmacht für Kriegshandlungen im Irak gibt! Und sie hat es vielleicht getan und hält nun die Entscheidung des Kongresses für eine Gebetserhörung.

Manchmal, liebe Freunde und Freundinnen, wünsche ich mir, wir könnten zwar gemeinsam, aber ohne Worte beten. Lasst uns in Stille versuchen abzulegen, was uns von Gott trennt, und lasst uns seinem Tun in uns und in der Welt vertrauen.

- Stille -

Gebet:

Du, der du es bist, Ursprung und Ziel unseres Lebens, fern und machtvoll – nah und vertraut. Du Stifter von Zusammenhängen, dankbar nennen wir vor dir unsere Freude an unsern gemeinsamen Gebeten. Wir vertrauen deiner Gegenwart hier unter uns, wie liebevoller Wärme in einer kalten Welt. Täglich haben wir Angst, die USA werde den Krieg gegen den Irak aufflammen lassen. Ich verstehe nicht, wie unser Gebet die Gewalt aufhalten könnte. Unsere Macht ist so klein. Darum denken wir, dass unser Versäumnis auch nur klein sein kann. Vergib Schwäche und Unentschlossenheit. Aber wenn du Senfkorngroßen Glauben unter uns findest, so lass ihn wirksam werden!

AMEN

Ausgang:

Ein Paulus-Wort auf den Weg:

Seid fröhlich in der Hoffnung,
geduldig in der Trübsal,
beharrlich im Gebet.

Shabbat Shalom

12. 12. 2002 Gemeindeabend mit der muslimischen Gemeinde

„Wie kann man in einem Land leben, in dem es so kalt ist und wo die Sonne um 4 Uhr untergeht?" so fragte uns letztes Jahr ein junger Mann aus Südafrika, zu Besuch in Hamburg. Das fragen wir uns auch manchmal, nicht wahr?

Nun, wir brauchen beides: die Dunkelheit, um Ruhe zu finden, und das Licht, um zu arbeiten und uns zu freuen. Ohne Licht können wir nichts erkennen.

Die alten Kirchenlehrer haben es sich vor 1500 Jahren wohl überlegt, warum sie das Weihnachtsfest auf die längste Nacht des Jahres gelegt haben. Denn nach dem Geburtsfest Jesu wächst das Licht des Jahreskreislaufs.

Natürlich spielten sie mit dieser Festlegung auf die Dunkelheit und die Erleuchtung unseres Verstehens an.

Der Prophet Jesaja sagte: „Das Volk, das im Finstern (im Dunkeln) wandelt, sieht ein großes Licht."

Es ist das Licht, in dem Gott auf uns zukommt, das befreiende Licht.

Es ist das Licht, das wir mit unsern armen kleinen Kerzen versuchen abzubilden.

„Licht vom Licht", so nennen wir Jesus. Und in diesem göttlichen Licht können wir erkennen, was uns verborgen war: unsere Fehler, unsere Ängste, unsere Engherzigkeit; in diesem Licht können wir im Fremden den Mitbürger und Freund/die Freundin erkennen und in ihrem Glauben einen Bruder unseres Glaubens. Dies ist unser Wunsch und unser Gebet: dass die Völker zum Licht kommen und Angst, Misstrauen und Krieg verlernen.

Ein Gebet aus Iona

Gott,
Deine Wege sind nicht unsere Wege
und Deine Gedanken sind nicht unsere Gedanken.
Was uns eine Ewigkeit erscheint,
ist für Dich nur ein Augenblick.

Angesichts dieser Ewigkeit
hilf uns, demütig zu sein.

Wir rufen zu Dir:
Herr, erbarme Dich! (Kyrie eleison!)

Weil wir den Lobpreis zwar mit unseren Stimmen gesungen,
die Freude aber aus unseren Herzen verbannt haben, -
weil wir nur um das beteten, was möglich zu sein schien,
und nur auf das hofften, was wir sehen konnten, -
weil wir Deine Gnade für selbstverständlich gehalten
und umgehende Antworten auf eben ausgesprochene Bitten
erwartet haben, -
weil wir es zugelassen haben,
dass unser Warten auf Deinen Geist in Trägheit abglitt
und das Hoffen auf Dein Reich zur Gleichgültigkeit
verkommen ist, -
weil wir nur daran gedacht haben,
was wir von Dir erwarten können,
und nie daran, was Du von uns erwartest,
rufen wir zu Dir:
Herr, erbarme Dich!

Weil wir gebetet haben
„Geber des Lebens, erhalte Deine Schöpfung!",
wir aber der Gewohnheit des Verbrauchens und Verschwendens erlegen sind –

weil wir gebetet haben
„Geist der Wahrheit, mache uns frei!",
wir uns aber für die Knechtschaft des Schweigens
entschieden haben, -

weil wir gebetet haben
„Geist der Einheit, versöhne Dein Volk!",
wir aber nicht einmal in unserer Nachbarschaft
mit Menschen anderer Gemeinden und anderen Glaubens zusammengekommen sind, -

weil wir gebetet haben
„Heiliger Geist, verändere und heilige uns!",
wir aber nicht damit gerechnet haben,
dass der Geist unser Leben ändern kann,
rufen wir zu Dir:
„Herr, erbarme Dich!",

Hört, denn dies ist Gottes Wort:
Gesegnet sind alle, die auf den Herrn harren.

Gott ist barmherzig.
Seine Liebe ist gewiss und stark.

Friedensgebet:

Kann man, können wir, könnt ihr, ich meine: kann ich lernen zu beten? Kennt ihr das Gefühl der Beschämung, wenn euch ein Mensch bittet: Bete für mich, pray for me; oder euch von schwierigen Zuständen in einem fernen Land erzählt und dann schreibt: „Ich bitte Dich um ein Gebet und um einen Segen dafür. Ich bete auch für Dich ..." Oder sollte ich, statt beschämt zu sein, mich freuen über diese Bitte, dieses Zeichen der Verbundenheit und es einfach tun, beten, einfach und so gut ich es eben weiß. Es ist ja eine Bitte, die ich nicht jeden Tag höre und selbst kaum je äußere.

1. 1. 2003 Sermon on Pentecost 2003, Christ Church Eimsbüttel

The peace of God be with you all. Amen.

„I will pour out my Spirit upon all flesh, and your sons and your daughters shall prophesy."

Pentecost is a festival of life. It is the festival of grace and fellowship. In a wonderful way God pours out an energy of change, the Spirit of eternal life, the divine strength that will make life whole and holy.

The healing presence of God in the world becomes evident through the acting of the Holy Spirit. Through baptism people – children, young people, women and men – are becoming holy shrines, temples, in which God is present.

That is to say: with people as starting points God is alive on all continents, he sets life going through words, gestures, human deeds, which help, share, forgive, accept and watch out for concrete signs of life in fulfillment.

The presence of God through the Holy Spirit, which has been poured out over all, shows itself in the wonderful variety of human life. It finds expression in different languages, customs, traditions, cultures, races.

In his own way God includes us all in his project of life, people from Germany, Africa, America and the other continents. Such is God's power. Life in the world is possible due to this wonderful acting of God.

On the great day of Pentecost in Jerusalem God started this project with the disciples and all who were baptised on that day.

Even today God continues to encourage his sons and daughters through his word, sacraments, common activities and the instances of his acting in the world, he encourages us to live as those who have been liberated from death, and to live in fellowship and peace.

The Spirit of God envelops us. He moves us to make such experiences that will widen our horizons, will change our prejudices, will teach us to be brothers and sisters and live in solidarity, which will create in us a spirit that is fond of justice, equality and peace.

That is why we as the church of Jesus Christ, as God's people all over the world, enveloped and moved by the Holy Spirit, feel increasingly wounded by the realities of suffering, injustice, inequality, discrimination, and death.

Let us therefore react with a counter-message by denying the projects of death. Let our reaction be one of love and together put into practice common alternative projects of life, and proclaim in a concrete way the new heaven and the new earth that must come.

In all parts of the world the Holy Spirit creates new life, calls and prepares people to take part in the alternative projects of life that proclaim the new message to the world.

This wonderful acting of God must charm us. It charms children, young people, men and women. We can be of good cheer and hope. We can try out courage and peace. God will not allow total death in the world. The Holy Spirit will always include us in God's projects of life, for these deeds of God are eternal.

As church we are an instrument in God's hand, which he uses in order to create places of life, signs of hope, of peace, of justice and of love in the world -alternative projects of life.

You, too, are to be cheerful. Feel the courage that springs from God's acting through the Holy Spirit. Receive the promise of God and his word, saying that you, too, are a holy shrine, a temple of God.

Ever since your baptism you have been invited to take part in eternal life, this "eternal life" that finds expression even here in your gestures, your deeds, your way of life and being.

May the Holy Spirit, poured out over the disciples and people in the whole world, may he take away all our fear, change our life and open our eyes , so that we may see the horizons of a fulfilled life with God.

AMEN

7. 2. 2003 Eingang:

Einige von Ihnen mögen Pastor Dethleffsen oder Pastor Torp hier erwartet haben. Aber wer immer einen Gedanken in Herz und Kopf hat, darf bei uns Friedensgebet halten. Ich bin C. H.

Friede sei mit uns, mit uns wenigen hier, mit uns vielen, mit allen, denen wir in unseren Gedanken Raum geben können.

Lasst uns auch an Menschen denken, die keinen Frieden mehr erlebt haben, z.B. an Georg Elser, sein 100. Geburtstag war am 4. Januar; an die, die ein Grab in den Lüften fanden, bis am 27. Januar 45 die letzten Häftlinge in Auschwitz befreit wurden; an die Opfer der Schlacht von Stalingrad, die am 2. Februar 43 endete; an die Mitglieder der Weißen Rose, die im 1. Halbjahr des Jahres 43 hingerichtet wurden.

Nach Tagen der Unruhe, besorgter Zeitungslektüre und ewig wiederholten Nachrichtenhörens, trotz aller Empörung und Angst lasst uns nun still werden, die Last ablegen, Rast halten, Vertrauen üben.

- Stille –

„Nie wieder!" heißt es nach jedem Krieg. „Jede Generation braucht ihren eigenen Krieg", sagte meine Mutter nach dem 2. Weltkrieg. Das wollten wir nicht wahrhaben; und alle, die zum Gedenken aufrufen, wollen dieser Art der Resignation zuvorkommen.

Ich fand Zuckmayer mit Folgendem zitiert:

»Sagt nicht:
Das waren „andere". Das war ein „andres Volk".
Sprecht nicht,
Das ist der „Feind".
Sprecht immer: DAS BIN ICH!«

Eine Zumutung? Unser Bruder und Lehrer Jesus von Nazareth sagt es noch ganz anders. Krischan hat uns neulich daran erinnert. Bevor du deinem Bruder den Splitter aus seinem Auge ziehst, kümmere dich lieber um den Balken in deinem eigenen Auge! Warum tun wir das nicht? Weil wir den Balken gar nicht spüren. Weil wir lieber Streit und Generve und Krankheit auf uns nehmen, als den Balken wahrzunehmen. Wir können den Splitter im Auge des Bruders genau beschreiben, wir sehen nur nicht, dass der Span von unserm eigenen Balken abgesplittert ist.

Wir können es nicht ertragen, uns selbst im ungeliebten anderen wahrzunehmen. Es soll nicht wahr sein! So herrisch, so korrupt, so leichtfertig im Umgang mit der Wahrheit, so arrogant, so anmaßend – so ist der andere, so bin doch nicht ich! Dann wäre ich ja mein eigener Feind!

In der Tat, Feinde sind einander erstaunlich ähnlich. Und wer weiß, wenn wir den Balken in unserem eigenen Auge wahrnähmen, wenn wir nicht auf Deibel komm raus Recht haben müssten, dann würde der Deibel sich vielleicht verflüchtigen, und der Feind wäre als Bruder erkennbar, und wir könnten mit ihm zusammenarbeiten.

… wenn jedem Splitter, der im Auge eines Mitmenschen wahrgenommen wird, ein Balken im Auge des Beobachters entspricht, dann könnten wir schon einen babylonischen Turm aus all den Balken errichten, erbaut zu Ehren derer, die Recht haben müssen.

Ich will nicht Gleichnis auf Gleichnis häufen. Aber ein Beispiel möchte ich erwähnen. Ich war Studentin. Aufklärungsflieger der USA hatten Raketenstellungen der Sowjets auf Cuba entdeckt. Große Empörung, Drohung, mit Atomwaffen gegen die Stationierung sowjetischer Raketen vorzugehen. Abwendung eines Krieges. In irgendeinem Zusammenhang sprach einer meiner akademischen Lehrer von diesen Aufklärungsflügen und fügte fast nebenbei hinzu: Aufklärungsflüge, die sich die USA selbstverständlich **nie** hätten gefallen lassen. Da ging mir ein kleines Licht auf, und es ist, wie mir scheint, noch nicht ganz erloschen. Wo war hier Splitter, wo Balken?

Vielleicht ist es einigen von euch wie mir ergangen in den letzten Tagen: ich war sehr unruhig, wartete auf die Nachrichten, auf die Sitzung des Weltsicherheitsrats, wartete – ich wusste nicht, worauf, bis mir klar wurde, dass ich auf mich selbst wartete, auf meine Entscheidung, welchen Platz ich in dem gesamten Konflikt einnehmen kann und will; einen ganz kleinen Platz, natürlich, aber einen, an dem man mich zuverlässig finden kann.

Ob der Krieg verhindert werden kann oder nicht – längst ist so viel Unrecht geschehen, so viel strukturelle Gewalt geübt und so viel an Ungerechtigkeit zugelassen worden, dass wir ohnehin nicht unschuldig aus diesem Konflikt herausgehen werden – so ähnlich Präses Kock am Anfang der Woche. Ja, wir werden uns noch oft hier treffen müssen.

Was können wir beten?

Gebet:

Du, der du es bist, Maßstab unserer Liebe, Instanz unseres Denkens, Ziel unserer Sehnsucht, in der Dunkelheit unseres Verstehens lehnen wir uns an, und siehe, du bist da. Du bist da, Ewiger, uns zu trösten, uns zu stärken.

Schaffe in mir, Ewiger, ein reines Herz
und gib mir einen neuen, gewissen Geist.
Verwirf mich nicht von deinem Angesicht
und nimm deinen heiligen Geist nicht von mir.
Tröste mich wieder mit deiner Hilfe,
und mit einem freudigen Geist rüste mich aus.
AMEN

Segen:

Wir haben eine neue Kerze. In grünen Buchstaben und Schriftzeichen trägt sie das Wort für FRIEDEN in verschiedenen Sprachen. Eine junge Freundin hat sie mir geschenkt, und natürlich hat sie sie *uns* geschenkt für unser freitägliches Zusammenkommen.

So soll uns ein Lichtwort begleiten:
Lass leuchten über uns das Licht deines Antlitzes!
SHALOM

25. 4. 2003 Eingang:

Friede sei mit uns. Und wenn ihr euch irgendeines Maßes an Frieden bewusst seid, so dankt dem Ewigen!

Ich lese einen Text aus Richter 9:

Einst gingen die Bäume hin, einen König über sich zu salben. Und sie sprachen zum Ölbaum: Sei unser König!

Aber der Ölbaum antwortete ihnen: Soll ich meine Fettigkeit lassen, mit der man Götter und Menschen ehrt, und hingehen, über den Bäumen zu schweben?

Da sprachen die Bäume zum Feigenbaum: So komm du und sei unser König!

Aber der Feigenbaum antwortete ihnen: Soll ich meine Süßigkeit lassen und meine köstliche Frucht und hingehen, über den Bäumen zu schweben?

Da sprachen die Bäume zum Weinstock: So komm du und sei unser König!

Aber der Weinstock antwortete ihnen: Soll ich meinen Wein lassen, der Götter und Menschen fröhlich macht, und hingehen, über den Bäumen zu schweben?

Da sprachen die Bäume zum Dornbusch: So komm du und sei unser König!

Und der Dornbusch sprach zu den Bäumen: Wollt ihr in Wahrheit mich salben, dass ich König über euch sei, so kommt und bergt euch in meinem Schatten! Wo nicht, so wird Feuer ausgehen vom Dornbusch und verzehren die Zedern des Libanon.

Gedanken:

Diese Geschichte von den Bäumen – kein sehr freundlicher Text, um damit in die Stille entlassen zu werden, ich weiß; ein Text von ungewöhnlichem Zynismus.

Habt ihr etwas wiedererkannt, etwas, was sich auf die jetzige Situation beziehen ließe? Ich bin gar nicht sicher, dass wir die jetzige Situation überhaupt gleich beschreiben würden. Vielleicht sind wir jedoch darin einig: Die Schießerei ist zum Ende gekommen, der Konflikt ist ungelöst. Manche meinen sogar, mit dem Irak-Krieg habe der Dritte Weltkrieg eben begonnen. Das sagen die Zeitgenossen, die den Konflikt nicht allein in Ölpreisen, Beseitigung eines Diktators, Wettrüsten und der Sicherheit Israels sehen, sondern im hegemonialen Anspruch der US-Regierung. – Hegemonie, Vorherrschaft, eine Vokabel aus halb vergessenem Geschichtsunterricht, nicht wahr? – Ich selbst hoffe, dass 2004 ein neuer Präsident in den USA gewählt wird. Dazu sagte allerdings eine Freundin: '*Wenn* es 2004 eine demokratische Wahl in den USA gibt!' Brauchen die USA vielleicht internationale Wahlbeobachter?

Es hat sich etwas verändert in der Welt, nicht nur im Osten, sondern auch im Westen. Und vieles an diesen Veränderungen wirkt bedrohlich. Die Beziehung zwischen Regierenden und Regierten ist vielen Menschen so fragwürdig geworden, dass sie gar nicht mehr an Wahlen teilnehmen. Denn welchen Sinn haben Wahlen, wenn die Entscheidungen, die unser Leben prägen, nicht im Parlament, sondern an der Börse, in der Weltbank, im Internationalen Währungsfonds, in großen Konzernen und Versicherungen getroffen werden, wenn wir den Politikern nur noch als Konsumenten wichtig sind?

So war es doch nicht gedacht von den Menschen. die die Modelltexte der Demokratie formuliert haben, immer nach Zeiten empörender Unterdrückung oder verheerender Kriege. Ich denke unter anderem an die amerikanische Unabhängigkeitserklärung von 1776, (die sogar das Streben nach Glück zu einem Menschenrecht erklärt) und an die Gettysburg Address. Diese Rede hielt Abraham Lincoln im amerikanischen Bürgerkrieg.

Die Frage der Sklavenbefreiung hatte die Einheit der amerikanischen Staaten schon aufzubrechen begonnen. Am Abend der grausigen Schlacht von Gettysburg erinnerte Lincoln an die Grundsätze der Staatsgründer: Freiheit und Gleichheit und eine Regierungsform, in der das Volk zu seinem Wohl durch das Volk selbst regiert werden solle; dafür seien die Toten der Schlacht gestorben. Amerikaner kennen den Wortlaut dieser Rede. So wirkte es sicher anheimelnd auf sie, als sie Präsident Dornbusch ... neulich aus dieser Rede zitieren hörten und aufgefordert wurden zu glauben, ihre Soldaten hätten soeben im Irak für den Erhalt der Demokratie gekämpft, Regierung des Volkes, für das Volk durch das Volk. Demokratie? Ist sie denn nicht längst verkauft an WTO, IWF, Weltbank und Konzerne? Jetzt will man sie noch einmal verkaufen? Das geht doch gar nicht, dieselbe Sache zweimal zu verkaufen. Na ja, nicht wahr, man kann's ja versuchen, vielleicht merkt's der Kunde ja nicht und zahlt mit Öl.

Wo liegt der Fehler? Wer hat im Gleichnis vom König der Bäume etwas falsch gemacht? Der Dornbusch, versteht sich, ist ein Schurke. Das vertrauensvolle Angebot des Königtums nutzt er zu einer Drohung: Wenn ihr euch nicht in meinem Schatten bergen wollt, dann werde ich die Zedern des Libanon verbrennen. Den Schatten eines Dornbuschs stelle ich mir so angenehm wie den Schatten von einer Rolle NATO-Draht vor. – Liegt der Fehler bei Ölbaum, Feigenbaum und Weinstock, die ihre eigentliche Eigenschaft nicht dem Königsamt opfern wollen?

Das Richterbuch, aus dem das Gleichnis stammt, sieht den Fehler bei den Bäumen, die unbedingt einen König haben wollen, bis sie die Bedingungen diktiert bekommen. Macht es nicht wie andere Völker, ist die Warnung an Israel, wählt euch keinen König. Ihr braucht ihn nicht, denn ihr habt Jahwes Weisungen, die euch sagen, wir ihr gerecht, geschwisterlich und nachbarschaftlich zusammen leben könnt.

Und wir? hier und heute?

Wir ...

Wir sind ...

Wir sind das Salz der Erde. Darüber lasst uns ein anderes Mal nachdenken, wenn ihr mögt.

Gebet:

Ewiger, unsere Wünsche sind riesig, du weißt es. Wir wenden uns zu dir, und vor dir erkennen wir, wie du uns in den Krisen vieler Jahre bewahrt hast. Warum sind wir verschont geblieben? Wir glauben, so selbstbestimmt zu leben, dass mir jetzt die Worte fehlen, dir zu danken, wie es dir gebührt.

Wir nehmen alle Kraft unserer Einsicht zusammen und legen sie in unsere Bitte für unsern schwierigen Bruder George W. Bush. Nicht wir, sondern du bist die Instanz, die über Recht und Unrecht urteilt. Erleuchte ihn und erleuchte uns, dass wir deinen Willen erkennen.

AMEN

Segen:

(aus den USA)

Der Ewige segne uns,
damit wir ohne Hast und Hetze
auf unserm Weg bei der Sache bleiben,
dass wir uns einsetzen,
ohne herrschen zu wollen,
dass all unser Tun seiner Ehre diene.

Shabbat Shalom

16. 5. 2003 Eingang:

Friede sei mit uns!
Hier ist ein Gedanke aus dem Bereich des Zen- Buddhismus:
Folge nicht den Spuren der Meister.
Suche, was sie gesucht haben.

Nicht aus 'Heiligenverehrung' also, sondern als langsame, humpelnde Weggenossin unserer Schwester und Lehrerin Dorothee Sölle lese ich jetzt ein paar Zeilen aus einem ihrer Gebete:

Und ist noch nicht erschienen was wir sein werden
o gott der du auftust und offenbar machst
wann wird es so weit sein
wann werden wir sichtbar?
wann wird die wahrheit an uns sichtbar
wann wird man an unsern städten sehen
hier wohnen die söhne und töchter gottes

Gedanken:

Neulich hatte ich euch schon angekündigt, ich würde einige Gedanken über 'das Salz der Erde' anstellen. Heute also. Dabei bitte ich um die Geduld derer, die gestern schon solche Ausführungen gehört haben.

'Ihr seid das Salz der Erde.' Matthäus lässt dieses Wort in der Bergpredigt unmittelbar auf die Seligpreisungen folgen.

Salz. Das Salz in der Suppe. Iss Brot und Salz und sprich die Wahrheit. So lieb wie das Salz.

Darf ich aus meiner eigenen Erfahrung dazu etwas anführen, banal aber unvergessen? Ich hatte meine erste eigene Wohnung mit eigener Küche. Als meine Mutter mich besuchen kam, kochte ich etwas – und es schmeckte nicht. Ich ließ meine Mutter kosten und fragte: was stimmt hier nicht? Und was sagte sie? 'Aha, fehlt Salz.'

Es gibt Märchen, in denen ein König seine drei Töchter fragt, wie lieb sie ihn haben. Die beiden älteren schmeicheln dem Vater mit hochtrabenden Vergleichen; die Jüngste sagt: 'Ich liebe dich wie das Salz.' Mit so Niedrigem wie Salz will der König jedoch nicht in Verbindung gebracht werden. Er versteht diese Liebesbeteuerung nicht und verstößt sein Kind; erst nach Jahren versöhnt sich der alte Vater mit dieser

Tochter.

Das Wort vom Salz der Erde erinnert mich auch an die letzte Zusammenkunft der Friedensgebetsgruppen in Ulm. Wir waren uns zu der Zeit – September 2002 – nicht einig, ob wir den Irak-Krieg schon als möglich denken müssten, hatten wieder von der Mühe und Geduld gesprochen, die regelmäßige Friedensgebete fordern. Zum Schluss rief uns Christian Führer diese Wort zu:

„Ihr seid das Salz der Erde!"

Und es war beides: Trost und Aufforderung.

Salz der Erde: Sind wir's? Bin ich's? Nun, **ich** bin es auf keinen Fall, ich als einzelne nämlich, aber zusammen mit andern Jüngerinnen und Jüngern können wir es wohl sein.

Allerdings sind nicht alle, die Jesus kennen, dieses Salz; sie bilden gewissermaßen die 'Volksmenge' derer, die zuhören; aber sie wissen, wo das Salz zu finden ist.

Ob wir zum Salz gehören, brauchen wir vielleicht gar nicht zu *wissen*. Wir müssen es nur sein, und im jeweiligen Augenblick, in der jeweiligen Situation wird man's schon erkennen. Tatsächlich knüpft Jesus an die Beschreibung seiner Jünger als 'Salz der Erde' keine Bedingung und keine Ermahnung. Indem er es ihnen zutraut, mutet er es ihnen auch zu.

Eine andere Frage ist, ob wir denn Salz sein wollen – oder doch lieber Zucker. Sicher ist es angenehmer, der Welt als Zucker zu dienen. Nur - Jünger und Jüngerinnen wären wir dann nicht mehr. Lasst uns da gut aufeinander Acht geben, bitte!

Unsere Gesellschaft kommt mir vor wie der König im Märchen, der seine Tochter verstößt. Wenn wir zustimmen, das Salz der Erde zu sein, riskieren wir auch, missverstanden und missachtet zu werden. (Wäre es nicht traumhaft, wenn der Innensenator von Hamburg eines Tages sagte: Aha, fehlt Salz! - ?)

Ob wir sein können, was uns als Möglichkeit geschenkt ist, wovon hängt es ab?

Ich möchte mit euch mit Dorothee Sölles Worten beten:

Gebet:

Und ist noch nicht erschienen was wir sein werden
o Gott die du uns besser kennst als wir uns selber kennen
wann müssen wir unser Gesicht nicht mehr verstecken
vor den Verhungernden
wann werden wir sichtbar
wann wird die Wahrheit durch uns hindurch leuchten
wann wird man an unsern Handelsbeziehungen sehen
hier wohnen die neuen Menschen die schwesterlichen
wann wird die Sonne der Gerechtigkeit über uns aufgehen
und die Ausplünderungsnacht zu Ende gehen
wann werden wir sichtbar Gott
Söhne und Töchter in deinem Reich
Gott freundin der menschen freund der erde
komm bald
maranatha beeil dich
mach uns sichtbar
töchter und söhne
in deinem reich

Ausgang:

Markus sagt es so:
Habet Salz in euch
und haltet Frieden untereinander!
Ja, möge uns der in rechtem Maße gesalzene Frieden ermutigen und zusammenhalten!

SHALOM!

4. 7. 2003 Eingang:

Friede sei mit uns!

Ich lese Psalm 146:

Halleluja. Lobe den Ewigen, meine Seele!
Ich will den Ewigen loben, solange ich lebe,
will meinem Gott singen, solange ich bin.
Verlasset euch nicht auf Fürsten,
nicht auf den Menschen, bei dem doch keine Hilfe ist.
Fährt sein Odem aus, so kehrt er wieder zur Erde,
und alsbald ist's aus mit seinen Plänen.
Wohl dem, dessen Hilfe der Gott Jakobs,
dessen Hoffnung der Ewige, sein Gott, ist,
der Gott, der Himmel und Erde gemacht hat,
das Meer und alles, was in ihnen ist,
der ewiglich Treue hält,
der Recht schafft den Unterdrückten,
der dem Hungernden Brot gibt.
Der Ewige erlöst die Gefangenen,
der Ewige öffnet den Blinden die Augen,
der Ewige richtet die Gebeugten auf,
der Ewige liebt die Gerechten,
Der Ewige behütet den Fremdling,
Waisen und Witwen hilft er auf,
doch in die Irre führt er die Gottlosen.
Der Ewige wird herrschen in Ewigkeit,
dein Gott, o Zion, von Geschlecht zu Geschlecht!

So hat es der Psalmist gesagt. Und was denken und beten wir?

Gedanken:

Hatte ich nicht einmal gesagt, ich wolle ein Friedensgebet über das Danken halten? Ich fragte mich, ob ich meine eigene Sprache zum Lob des Ewigen finden könnte, ein 'neues' Lied.

Ich frage mich noch immer: Wie geht DANKEN?

Gern und mit Freude lese und singe ich Psalmen, Motetten, Lieder, nur meine eigenen Worte finde ich nicht – Gott sei's geklagt! Ja, eben, zu klagen scheint viel leichter zu sein als zu danken. Aber Manfred Ode hat uns mehr als einmal gezeigt, wie falsch wir oft klagen. Unsere eigenen Versäumnisse, unser Unverständnis und unsere Trauer machen wir Gott zum Vorwurf; und wir maßen uns an, ihm Irrtümer bei der Zumessung von Unglück vorzurechnen: 'Wie konntest du ...!'

Ebenso können wir, wie ihr wisst, falsch bitten. Oh, die halbe Welt möchten wir mit unsern Bitten verändern und verbessern. Aber darin sind wir wohl schon empfindlich geworden: wir zögern zu bitten, wo wir unsere eigene Rolle erkennen, Umstände zu verändern. Darum übernehmen wir ja Verantwortung in der Welt in dieser oder jener Form.

Und nun denke ich: wir können auch falsch loben und danken. Wenn wir's denn überhaupt tun – während ein fromm erzogener Jude kein Glas Wasser trinken kann, ohne zu denken: Gelobt sei der Ewige, der uns das Wasser gegeben hat! Noch bei der Beerdigung der Eltern wird bei den Juden der Name des Ewigen erhoben und geheiligt und gepriesen und gerühmt und hoch erhoben, hoch über jedem Lob.

Ja, ich danke Gott für Frieden und Wohlergehen, aber nicht für einen Frieden, den ich auf Kosten anderer genieße; ich danke Gott für meine Gesundheit, aber ich beziehe meine Ärzte in meine Dankbarkeit ein; für Frieden in Europa, aber ich beziehe Michael Gorbatschow mit ein.

Wenn ich also Gott danke, heißt das zuerst: ich werde mir bewusst, wie gut es mir geht. Habe ich überhaupt schon erfasst, wie weit und in wie vieler Beziehung es mir gut geht? Und weiß ich, dass ich ein trockenes, warmes Haus, Wasser, Nahrung, Kleidung, Bücher und Kenntnisse, Freunde in der Nähe und in der Ferne – dass ich das alles nur zu einem geringfügigen Teil meiner Tüchtigkeit zu verdanken habe, dass ich das alles nicht in höherem Maße verdient habe als ein Mensch, der in Johannesburg oder Rio auf der Straße lebt?

Da liegt es nahe, Verantwortung zu entwickeln. Denn wie will der Ewige, um auf den Psalm zurückzukommen, etwa den Hungernden Brot geben, wenn nicht durch Menschen? Die Reihe seiner Wohltaten liest sich wie eine Liste der Aufgaben, die sich Nicht- Regierungsorganisationen gestellt haben:

Er schafft Recht den Unterdrückten – UNO Menschenrechtskommission;

Er gibt den Hungernden Brot – Brot für die Welt, FIAN;

Er erlöst die Gefangenen – amnesty international;

Er öffnet den Blinden die Augen – Christoffel Blindenmission;

Er behütet den Fremdling – PRO ASYL, Freundeskreis Flüchtlinge, Diakonieverein Migration;

Er hilft Waisen und Witwen auf – Andheri, AIDS-Initiativen

Warum sollte ich also eure Aufmerksamkeit nicht auf ein weiteres Feld der Not lenken? Tatsächlich hatte ich das vor, hatte mir sogar schon Unterlagen besorgt. Aber da ist dieser Satz in Vers 8 des Psalms: Der Ewige liebt die Gerechten. Das steht da einfach, mitten in der Aufzählung der Wohltaten Gottes. Das Lob des Schöpfers und seiner Schöpfung stellt der Psalmist nahtlos neben die guten Erfahrungen, die Menschen in ihrem Leben machen, und dazu gehört, wie Brot und ein soziales Netz, „Der Ewige liebt die Gerechten." Hier ist keine Frage, unter welchen Bedingungen wir diese Liebe verdienen, oder ob wir uns überhaupt je zu den Gerechten zählen dürfen. Auch wenn ich mir vorkomme wie eine Erweckungspredigerin, wiederhole ich diesen Satz: **Der Ewige liebt die Gerechten.** Denn wenn wir diesen Gedanken auslassen, verschwindet alle Freude aus unserm Dank, dann werden wir nur noch unter der Last unserer Verantwortung stöhnen. „Es ist schwer, sich lieben zu lassen", sagte Fulbert Steffensky neulich. Dieser Psalmist muss sich in hohem Maße geliebt gefühlt haben, im Einklang gewusst haben mit dem Schöpfer, der Schöpfung und den Weisungen. Warum also lassen wir uns nicht lieben von unserm Schöpfer?

Gebet:

Ewiger, wir verstehen nicht, warum die einen Unglück leiden und den andern Glück gewährt wird. Du weißt, wie gern wir deine Pläne manchmal ein bisschen verbessern würden. Verzeih uns diese Anmaßung! Verzeih, dass wir vor lauter Eifer deine Liebe zu Sündern und Gerechten übersehen.

Wir danken dir für alle Freude, die uns begegnet, für das Grün des Sommers, für das Vertrauen unserer Freunde, für neues Leben und für endendes Leben und für die Gewissheit, dass du bist alles in allem. AMEN

Segen:

Geh jetzt
mit Frieden im Herzen
und geh
mit der Zusage, dass
Gott dir Vater und Mutter ist,

und geh
in der Kraft,
dass du ein Segen sein kannst
für Menschen, die dir begegnen.
Geh jetzt
und lass dich von Gott umarmen.

SHALOM

18. 7. 2003 Eingang:

Friede sei mit uns!

Warum ich hier stehe. Abschied nehmen ...

Ich nenne einen Vers aus dem Lukas-Evangelium, den ihr kennt, den wir in jedem Gottesdienst hören und singen:

Ehre sei Gott in den Höhen

und Friede auf Erden

unter den Menschen, an denen Gott Wohlgefallen hat.

Gott und Menschen, die himmlischen Höhen und die Erde – wie entfernt sind sie voneinander! Und wie können sie in heilsame Beziehung zueinander treten? Durch die Ehre, die Gott gezollt wird, und den Frieden, der unter den Menschen entsteht. Vermutlich kann er nur dort entstehen, wo Menschen Gott ehren – und nicht ihr eigenes Gutdünken zum Grundsatz ihres Handelns machen.

Gedanken:

Der Zusammenhang, in dem der Vers steht. Geburt eines besonderen Kindes, eines umständlich angekündigten, nun endlich geborenen Kindes. Seine Geburt ist den Engeln Anlass, Gott zu loben: Ehre sei Gott in den Höhen und Friede auf Erden unter den Menschen, an denen Gott Wohlgefallen hat. non-defining relative clause

Es gibt in der Bibel noch andere Ankündigungen der Geburt besonderer Männer, wundersame Geschichten. Sie sagen uns, dass Gott diese Menschen in der Geschichte wirken lassen will. Sie sind Gottes Wunschkinder.

Ich denke an Sarah, die den Erzvater Isaak zur Welt bringt. Sie lacht, als sie hört, sie werde schwanger werden, denn sie ist viel zu alt, denkt sie. Da ist Hanna, die sich sehnlich ein Kind wünscht und Gott verspricht, sie werde ihm ihr Kind weihen, wenn er ihren Wunsch erfüllt. Und ihr Sohn Samuel leitet und lehrt das Volk und salbt seine ersten Könige. Zacharias erhält gegen alle Wahrscheinlichkeit die Zusage eines Sohnes, und auch dieser Sohn wird ein Gott Geweihter, Johannes, den wir den Täufer nennen. Und schließlich Maria, zu jung oder zu wenig in der Gesellschaft etabliert, um ein Kind zur Welt zu bringen. Aber Gott hatte es wohl eilig mit der Geburt des Kindes Jesus. Seine

Geburt löst Jubel unter den Engeln aus. Gottes Liebe verbindet Himmel und Erde, wo Menschen Gott ehren, kann Frieden wachsen.

Ihr wisst alle, dass junge Paare es ablehnen, Kinder 'in die Welt zu setzen', wie sie es ausdrücken, denn 'diese Welt' ist ihnen zu gefährlich, ihre Unordnung scheint ihnen heillos, der Egoismus der Mächtigen zu bedrohlich, und was der verständlichen klugen Gründe mehr sind. Umgekehrt sage ich manchmal zu jungen Eltern: ihr leistet Hoffnungsarbeit, habt Dank!

Einmal feierten wir auf einer Tagung einen 40. Geburtstag. Eine der Teilnehmerinnen fragte das Geburtstagskind: Bist du ein Wunschkind? Seine Antwort war: Nein, aber das macht nichts, denn meine Mutter hat mich so geliebt ...

Seid ihr Wunschkinder? Eine sehr persönliche Frage, auf die ich jetzt auch gar keine Antwort erwarte. Aber ich nehme an, dass es jede und jeder von sich weiß. Und manchmal ist es ein Schatten im Leben eines Menschen zu wissen, dass er oder sie eine Störung im Leben der Eltern war. Aber alle, möchte ich glauben, sind Wunschkinder Gottes. Nicht nur die wenigen ausgesucht bedeutenden Männer in der Geschichte Israels waren göttliche Wunschkinder, glaube ich, sondern weil sie mit Gottes Geist so Wichtiges leisteten, hat man die wundersamen Geburtsgeschichte über sie erzählt.

Ihr versteht, worauf ich hinaus will. Ich wünsche mir, dass wir Gottes Geist in uns wirken lassen. Ja, die Welt ist verwirrend, der Zynismus der Mächtigen enorm, die Verflechtung der Probleme undurchschaubar, unsere Wirkungsmöglichkeiten mini-mini-minimal – aber lasst uns doch Gott die Ehre geben, in ihm den Mittel- oder Angelpunkt der Welt sehen, und nicht in Washington oder der Vorstandsetage von IWF und Weltbank, lasst uns nachdenken über die Weisungen, die Israel uns aufgeschrieben hat, und lasst euch stärken durch die Gemeinschaft unter uns Friedenssuchern! Sagt nicht, die Wirrnis der Welt übersteige euren Verstand, sei nicht auszuhalten, sei emotional nicht zu verkraften, denn der Friede Gottes, der allen Verstand überragt, wird eure Herzen und eure Gedanken bewahren in Christus Jesus.

Gebet:

Ewiger, hab Dank für die Gemeinschaft, die du unter uns stiftest. Du bist es, an dem wir unsere Wünsche messen wollen. Gib uns mit der Geburt eines jeden Kindes die Lust, dich zu ehren, die Möglichkeit des Friedens und die Gewissheit deiner Liebe.

AMEN

Segen:

Öffnen wir uns dem Frieden Gottes! Er wird unsere Vernunft übersteigen, unser Herz erfüllen und unsere Wahrnehmung wach halten.

SHALOM.

Shalom, Shalom, wo die Liebe wohnt, da wohnt auch Gott.

19. 9. 2003 Eingang:

Shalom, liebe Freunde. Was ist geschehen, was hat euch bewegt, seit ich im Juli mit euch zusammen war? Vieles, das ich höre und lese, beziehe ich auf unsere Friedensgebete, zum Beispiel den Tod von Edward Teller, dem ungarischen Physiker, der den Amerikanern die Wasserstoffbombe baute und nach dem Krieg die Kernforschung der Universität Berkeley förderte. Er hatte 1945 darauf bestanden, dem Flugzeug, das seine Bombe transportierte, einen Namen zu geben: er wählte den Namen seiner Mutter, Enola Gay.[1] Lebengeberin – Todbringerin. Edw. Teller, RIP. Lieber möchte ich ein Wort Jesu bedenken, über das Ergehen und die Rolle der Jünger in der Welt:

Siehe, ich sende euch wie Schafe mitten unter die Wölfe. Darum seid klug wie die Schlangen und ohne Falsch wie die Tauben!

Gedanken:

Wie ihr wisst, war ich vor zwei Wochen in Dresden bei dem Treffen der Friedensgebetsgruppen. Was zu erzählen, wäre für euch sinnvoll? Christian Führers Sonntagspredigt über die Heilung des Taubstummen habe ich in wenigen Exemplaren abgelichtet. Ebenso ein Dresdner Credo und ein Gebet.

Christian erzählte Kurioses: das amerikanische Konsulat lud ihn im vergangenen November ein zum gemeinsamen Christbaumschmücken. Er erhielt auch eine Einladung zu einer Sendung im NDR, Flug würde bezahlt. Wann? Dienstag. Nun, da hat Christian Konfirmandenunterricht. Selbst geschaffene Öffentlichkeit ist etwas ganz anderes. Von der Berliner Demo im Februar wurde überhaupt nicht gesprochen, so selbstverständlich wurde sie wohl als „unsere" Sache betrachtet. Wohl wies Christian auf die enorme Zahl der Demonstranten in Europa hin, und ebenso wie die Einmütigkeit, mit der unsere Kirche den Krieg abgelehnt hat, sieht er darin Grund zu Dankbarkeit. Noch immer versuchen er und Friedrich Schorlemmer, den 9. 10. zum Nationalfeiertag erklären zu lassen, den Jahrestag der gewaltfreien Demonstration

---

[1] Hier irrte Christiane Höfmann. Zwar trug das Flugzeug Enola Gay tatsächlich den Namen einer Mutter, allerdings nicht den der Mutter von Edward Teller. Benannt wurde es hingegen nach der Mutter des Piloten Colonel Paul W. Tibbets, der den Bombenabwurf über Hiroshima durchführte.

1989 in Leipzig, „ein Wunder biblischen Ausmaßes" nennt Christian das Ereignis.

Andere Tagungsteilnehmer erzählten von Demonstrationen oder Blockaden, die Festnahme und Geldstrafen zur Folge hatten. Gregor Böckermann vom Orden der Weißen Väter wurde einmal zu einem Bußgeld zugunsten des Ordens der Weißen Väter verurteilt. Das löste natürlich Heiterkeit aus. Er meinte auch, der Ehrgeiz, vollkommene Kompetenz zu erlangen, könne uns am Handeln hindern. „Wir sind kompetent genug", sagte er und ging mit uns vor der Deutschen Bank demonstrieren mit zwei Transparenten: 'Unser Wirtschaftssystem geht über Leichen' und 'Die BRD war schlauer / das **Geld** ist jetzt die Mauer.' Wir fanden unsere PACE-Tücher ganz hübsch dazu.

Der ehemalige Ministerpräsident von Sachsen-Anhalt referierte. Wer Basisarbeit tue, arbeite am Eigentlichen; Politiker brauchten diese Rückenstärkung. Und fast sei es wichtiger, Journalisten zu gewinnen als Politiker, denn Politiker würden manches nicht tun, wenn sie nicht die Prügel der Presse fürchten müssten. Nun, das fand ich problematisch.

Insgesamt sind wir etwas politischer geworden, denke ich. Wir haben an Dorothee Sölle gedacht und zwei Texte von ihr gelesen und haben uns ermahnt, nicht wie verwöhnte Kinder Gott um die Erledigung unserer eigenen Aufgaben zu bitten. Beim Gottesdienst am Sonntag konnte, wer wollte, seine Fürbitte vorbringen und dazu eine Kerze anzünden. Die Fürbitte der Rosel Maaß hat sich mir eingeprägt: ich bete für Präsident Bush, seine Seele und sein Herz; ich bete für Scharon, seine Seele und sein Herz; ich bete für Arafat, seine Seele und sein Herz.

Schafe, gar Lämmer, unter Wölfen? Sind wir das? Sind wir klug wie die Schlangen und ohne Falsch wie die Tauben? Mir fiel dieses Jesuswort ein, nachdem wir im Friedenskreis zusammen gesessen hatten und über das allgegenwärtige Übel des neuen Kapitalismus gesprochen hatten. Die Wölfe können uns schon Angst machen, nicht wahr? Manchmal schlängeln wir uns nur mit gesenktem Blick zwischen ihnen hindurch. Aber nicht schlängelnd, sondern *klug* wie die Schlangen sollen wir sein. Ich wäre gern klug und wissend. Und lerne auch gern von euch. Was zum Beispiel wissen wir über Menschenrechtsorganisationen (im Plural)? Können wir den Ortsnamen Guantanamo geläufig aussprechen? Was wissen wir über Kindersoldaten und Kleinwaffenhandel? Schon mal etwas über private Militärfirmen gehört? Wer versteht Cancún? Wofür stehen die Weltsozialforen ein?

Und: **was nützt es, wenn wir das alles wissen?** Wir können argumentieren, können zu Parlamentariern (die ja heute auch nicht mehr zu den Mächtigen gehören) sagen: Hören Sie, ich weiß da was; wissen Sie das auch und finden Sie das auch so empörend? Unser Referent Höppner sagte, es sei gut, wenn der Schmerz formuliert werde. Und das können wir tun.

Wölfe und Lämmer: ich denke nicht, dass wir die Wölfe in Schafe verwandeln sollen oder es zu tun brauchen.

Noch ein Wort zum 'Wissen'. Dorothee erwähnt Karl Marx. „Er hat mich etwas gelehrt, das ich sonst nirgendwo in der gleichen Klarheit und Tiefe verstanden habe. Er verlangt unnachgiebig, Wissen und Hoffen miteinander zu verbinden: ein Wissen nicht als Wissen anzuerkennen, wenn es keine Hoffnungsperspektive enthält. Ein Hoffen sich nicht zu leisten, wenn es dem Wissen nicht standhält." Nun, ich glaube schon, dass unser Hoffen dem Wissen standhält. Sind wir nicht vielmehr in einer unvergleichlich glücklichen Lage, indem wir von den schreienden Ungerechtigkeiten in der Welt von solchen Menschen hören, die schon an Veränderungen arbeiten?! Ich schöpfe meine Hoffnung aus denselben Quellen wie mein Entsetzen.

Gebet:

Du, der du es bist, nach dem wir uns ausstrecken, du der du dich nach uns ausstreckst.

Es gibt so viel Leid auf der Welt – und wir können es nicht wegwünschen. Deine Welt – unsere Welt. Lass uns nicht allein bei unsern Versuchen, das Leiden aufzuhalten, hier und da, ein bisschen nur, aber nie weniger, als unsere Kräfte zulassen.

Wir öffnen uns für das Gute, das du uns geben willst: deinen Geist, Freundschaften, Weggefährten, neue Gedanken.

Gieße deine Gnade in unsere Wut und verwandle sie in Mut.

AMEN

Ausgang:

Seid fröhlich in der Hoffnung,
geduldig in der Trübsal,
beharrlich im Gebet -

so rät uns Paulus, so lasst es uns halten!

Und die Liebe Gottes begleite uns!

SHALOM

Dresdner Credo:

Wir verbinden uns

Im Glauben an Gott, den Vater, den Schöpfer aller Dinge
verbinden wir uns, diese Erde als Gottes Schöpfung zu bewahren
und die Güter der Erde gerecht mit allen Menschen zu teilen.

Im Glauben an Gott, den Sohn Christus, der unser Friede ist,
verbinden wir uns, dem Geist gegenseitiger Bedrohung und
Abschreckung zu widerstehen,
und in unseren Entscheidungen und in unserem Verhalten den
Frieden zwischen den Menschen und die Verbindung zwischen
den Völkern zu fördern.

Im Glauben an Gott, den Heiligen Geist, der Leben im Angesicht
des Todes schenkt,
verbinden wir uns, unsere Angst vor der Zukunft durch Vertrauen
und Hoffnung zu überwinden in der Gewissheit,
dass Gottes Kraft in den Schwachen mächtig ist.

Im Glauben an die Einheit der Kirche, die Gott will und stiftet,
verbinden wir uns, aufeinander zu achten, füreinander offen zu
sein und miteinander eine Antwort zu geben auf die Liebe Gottes.

Im Glauben an den Bund Gottes, den er in Christus für alle
Menschen erneuert hat,
verbinden wir uns, miteinander aufzubrechen in der Erwartung,
dass Gott unsere Füße auf den Weg des Friedens richtet.

aus Dresden

Gott,
gib uns Einsicht und Mut zum Handeln,
dass wir nicht das Schicksal oder die Mächtigen

für das Unglück der Welt verantwortlich machen:
den Hass, die Ungerechtigkeit,
den Hunger, die Kriege
und unsere Trägheit,
an alledem nichts zu ändern -
sondern uns selbst,
denen Christus die Augen öffnet
für das,
was wir sind
und was wir vermögen.

17. 10. 2003 Eingang:

Friede sei mit uns,

Shalom und Salaam, Pace, Paz und Peace mit allen, die für ihre Länder Gutes schaffen wollen und sollen!

Wir sind wenige. Das ist bedauerlich. Das Wort klingt, als ob wir nur eine Zeit von kleiner Dauer zu warten brauchten, um es wieder besser werden zu sehen.

Wissen wir nichts mehr zu sagen und zu beten?

Ich frage mich und euch: Dienen unsere Zusammenkünfte – eine halbe Stunde Andacht, eine Viertelstunde liebevolles Geschwätz – dienen sie dem Frieden, welchem Frieden auch immer? Vermutlich lässt sich das überhaupt nicht messen. Aber mit der Einrichtung des Friedensgebets haben wir doch eine gewisse Zuständigkeit übernommen, ein Versprechen gegeben: hier werde mindestens einmal in der Woche um Frieden gebetet.

Warum ist das manchmal so schwer?

Mit Dankbarkeit denke ich an Inge Bünz, die uns vorgeschlagen hat, gemeinsam zu schweigen. Lasst uns das wieder tun, wortlos, ohne gedankliche Anstrengung, uns üben im Vertrauen auf Gott, uns öffnen für seinen Geist.

Gedanken:

Um Frieden zu beten, heißt für mich: ich wünsche mir etwas, das ich selbst nicht herstellen kann; heißt: ich suche den Einen, bei dem alle Sehnsüchte zusammentreffen, Sehnsüchte, die einander manchmal widersprechen oder auch Törichtes verwirklicht sehen wollen. Immer suche ich den Einen oder das Eine, von dem aus wir Überblick gewinnen und Wesentliches erkennen. Und

Jedes Mal, wenn ich Friedensgebet zu halten bereit bin, frage ich mich: was und wen meine ich, wenn ich 'Gott' sage?

Immer haben unsere Zusammenkünfte diese zwei Teile: wir gehen in uns und wir gehen aus uns heraus. Und weil ich heute gerade bei den Grundsätzlichkeiten des Friedensgebets bin, sage ich euch, was ich mir für die nächsten Monate vorgenommen habe. Ich möchte versuchen, einmal Überlegungen zum Weg nach innen anzustellen und die anderen Male über den Weg nach außen, oft ist es der Weg, den das Außen zu uns findet. Bei der Beschäftigung mit dem Außen werde ich keine Lösungsvorschläge machen. Die kann ich gar nicht entwickeln. Und dennoch glaube ich, wir können es uns zur Aufgabe machen, dies oder das zu *wissen*.

Fragt ihr jetzt: Was nützt uns Wissen, wenn wir es nicht im Sinne irgendeiner Befriedung anwenden können? Und sagt ihr: Wir wissen ohnehin, dass es viel Böses auf der Welt gibt? Ich denke und ich gebe euch zu überlegen, ob Friedensgebet zu halten nicht auch heißen kann, sich dem Wissen über schlimme Zustände auszusetzen, es vielleicht mit dem Wissen über andere Umstände zu verknüpfen und es, mit Glück, zum Bestandteil eines politischen Urteils zu machen.

Jetzt erzähle ich etwas teils Bekanntes, teils vielleicht Neues. Ihr habt mich schon über GATS sprechen hören, ich habe einige von euch auch zu Unterschriften veranlasst, mit denen 'attac' die Bundesregierung anspricht. Es geht um das 'Allgemeine Abkommen über Handel und Dienstleistungen', 'General Agreement on Trade in Services', eben G-A-T-S, vereinbart hinter den Türen der WTO, der Welthandelsorganisation. Laut 'attac' öffnet GATS „weite Bereiche der öffentlichen Dienste (z.B. Bildung, Gesundheit und Wasserversorgung) weltweit dem uneingeschränkten Wettbewerb. GATS trägt dazu bei, dass die Versorgung mit lebenswichtigen Diensten zunehmend eine Frage des Geldbeutels wird. (...) Dies ist eine klare Verletzung unserer Demokratie!"

Bildung, Gesundheit, Wasserversorgung sind nur Beispiele für verschiedenartige Dienstleistungen. Von einem weiteren Beispiel hörte ich neulich in der Sendung 'Streitkräfte und Strategien', wo man einen Beitrag unseres Freundes Herbert Wulf las. Herbert W. weiß, wie die Bundeswehr ihre vielfältigen Aufgaben bewältigt. Ich dachte, ich hörte nicht recht. Tatsächlich übernehmen private Firmen Teilaufgaben im Wehrbereich. – Ich stolpere fast über dieses Vokabular, das ja nicht zu meiner Alltagssprache gehört. – Die Soldaten, so war zu lernen, konzentrieren sich auf die 'Kernkompetenz' der Bundeswehr, d.h. auf den Kampf. Was von Nicht-Soldaten geleistet werden kann, ist keine Kernkompetenz und kann daher von privaten Firmen erledigt werden: Wartung von Gerät, Nachschub an Wasser, Nahrung, Munition und anderes. Wie die Rüstungsindustrie arbeiten diese Firmen profitorientiert. Wer seine Lohnsteuerkarte mitbringt, kann in einer solchen Firma angestellt werden und verdient 80 Euro pro Tag. Je mehr Aufgaben solche privaten Militärfirmen übernehmen, desto niedriger kann der

Wehretat angesetzt werden. Unter finanziellem Gesichtspunkt leuchtet es also ein, dass die Bundeswehr den privaten Militärfirmen immer mehr Aufgaben überträgt. Kam früher (vor 10 bis 20 Jahren) auf 50 Soldaten 1 privater Arbeiter, so kommt jetzt auf 10 Soldaten 1 Arbeiter. Ich habe sie eben 'Arbeiter' genannt. Herbert W. spricht von 'Söldnern' und 'Söldnerfirmen'.

Es ist bei dieser Tendenz zu fragen, wer die Verantwortung trägt für das Personal, das im militärischen Bereich tätig ist. Wer ist zuständig, wenn eine Sache nicht in der vorgesehenen Weise läuft, das Militär oder die private Militärfirma? In dieser juristischen Unsicherheit liegt vermutlich einer der Gründe, aus denen Präsident Bush der Einrichtung eines internationalen Militärgerichtshofs nicht zustimmen mag.

Macht wird privatisiert. Militär und Geschäft kungeln. Recht und Demokratie fallen zwischen ihnen zu Boden.

Was zu Boden fällt, geht leicht kaputt.

Gebet:

Ewiger, lass das, was ich gesagt habe und was sich die Freunde angehört haben, als vor DIR gesagt gelten. Sieh unser Erschrecken und unsere Sorgen an. Nicht unsere Demokratie ist meine erste Sorge. Sie ist gut – aber sie ist nicht dein Reich. Dennoch danken wir dir, weil wir die Möglichkeit haben, uns klug zu machen über diesen und jenen Zustand auf der Welt, und weil wir unsere Kritik ohne Angst äußern können. Wie unverdiente Geschenke kommen mir diese Freiheiten vor.

Dass Macht nicht in die Hände der Brutalen und Rücksichtslosen gelange, das ist unser Wunsch – und dass nicht andere UNS zu den Brutalen und Rücksichtslosen zählen, das ist unsere Bitte. Antworte doch auf unser Vertrauen! Arbeite in unsern Köpfen und Herzen!

Sei du die Brücke, über die unsere Gedanken zu Krischan und Ruth gehen, zu Peter Opitz, zu Ingrid und Wolfgang Neitzel, zu Ingeburg Lüthje und Ingeborg Bunck, zu Elke Herntrich und Elke Bessler, zu Karl-Jörg Heinze und Horst Fricke, zu Claudia und Jochen Hilbert, zu Uwe Beckmann und Maria Rawe.

AMEN

Segen:

(ein Segensspruch aus dem Raum des Pazifik)

Geht in der Kraft, die euch gegeben ist,
geht einfach,
geht unbeschwert,
geht heiter
und haltet Ausschau nach der Liebe,
und Gottes Geist geleite euch!

SHALOM

5. 12. 2003 Eingang:

Friede sei mit uns!

Friede, der höher ist als das Recht, eine Plutoniumfabrik zu verkaufen, höher als die Vernunft, Mini-Nukes zu entwickeln.

Die erste Anrufung Gottes in diesem neuen Raum sprach Gott als den „Herrn, stark und mächtig", den „Herrn, mächtig im Streit" an, der Tradition des Ersten Advents entsprechend.

Ach, Ewiger, ich rufe zu dir als zu dem menschensuchenden Gott, der uns in seine Hände gezeichnet hat und uns so wenig vergisst wie eine Mutter ihr Kind. Finde uns, Ewiger, hier in diesem Raum oder in unserm Alltag, wie du Amos bei seinen Schafen gefunden hast und Levi beim Zoll und mich durch das tröstende Wort meiner Nachbarin auf der Schwelle des Fahrstuhls. Vergib uns alle Undankbarkeit und nimm unsere Bitten als Ausdruck unserer Sehnsucht.

AMEN

Warten auf Trost, bitten um Klarheit, das möchte ich heute mit euch. Ich werde es mit einem Text von Dorothee Sölle tun. Auch wenn ihr den Text schon gut kennt, werdet ihr es hoffentlich sinnvoll finden, ihn wieder zu hören und wieder zu beten.

Was uns hindern könnte zu spüren, wie Gott uns anrührt,

das lasst uns im Schweigen ablegen.

Gedanken:

Warten auf Trost – Vorfreude auf Sehen und Erkennen. Im 1. Jh. Brief finden wir solche Gedanken zu **noch nicht** und **schon jetzt**. Schon wandeln wir im Licht Gottes, noch verdunkeln wir sein Licht. In Kap 3, 1.2 heißt es:

Sehet, was für eine Liebe uns der Vater geschenkt hat, dass wir Kinder Gottes heißen sollen; und wir sind es. Deshalb erkennt uns die Welt nicht, weil sie *ihn* nicht erkannt hat. Geliebte, jetzt sind wir Kinder Gottes, und noch ist nicht offenbar geworden, was wir sein werden. Wir wissen, dass wir, wenn es offenbar geworden ist, ihm gleich sein werden; denn wir werden ihn sehen, wie er ist.

Dorothee schloss dieses Gebet daran:

Dorothee S.: Ein gebet nach dem ersten johannesbrief 3 vers 2

Und ist noch nicht erschienen was wir sein werden
o gott der du auftust und offenbar machst
wann wird es so weit sein
wann werden wir sichtbar
wann wird die wahrheit an uns sichtbar
wann wird man an unsern städten sehen
hier wohnen die söhne und töchter gottes
die schwarze nicht von weißen apart halten
und türken nicht von deutschen separieren
und frauen nicht von der wahrheitsfindung ausschließen
wann werden wir sichtbar gott
als deine töchter und söhne

Und ist noch nicht erschienen was wir sein werden
o gott die du leben hervorbringst und lachen
wann wird es so weit sein
wann werden wir offenbar
wann wird die wahrheit uns sichtbar
wann wird man an unserm fernsehprogramm erkennen
hier wohnen die freunde gottes
sie schrecken niemanden ab sie laden ein
sie spielen handball mit denen
die sie früher feinde nannten
und trauen ihnen die deine kinder sind wie wir
wann werden wir sichtbar gott
als deine töchter und söhne

Und ist noch nicht erschienen was wir sein werden
o gott die du uns besser kennst als wir uns selber kennen
wann müssen wir unser gesicht nicht mehr verstecken
vor den verhungernden
wann werden wir sichtbar
wann wird die wahrheit durch uns hindurchleuchten
wann wird man an unsern handelsbeziehungen sehen
hier wohnen die neuen menschen die schwesterlichen
wann wird die sonne der gerechtigkeit über uns aufgehen
und die ausplünderungsnacht zu ende gehen
wann werden wir sichtbar gott
söhne und töchter in deinem reich

Und ist noch nicht erschienen was wir sein werden
o gott der du alles geschaffen hast

wann wird es so weit sein
daß wir es sehr gut nennen wie du
wann werden wir sichtbar
wann wird die wahrheit scheinen
wann wird man an unsern gärten und feldern sehen
hier wohnen die sanften kinder der erde
die das vergewaltigen nicht gelernt haben
und das plündern verlernten
hier wohnen kleine menschen
die die türme nicht in den himmel bauen
und die tiere nicht zu tode testen

Gott freundin der menschen freund der erde
komm bald
maranatha beeil dich
mach uns sichtbar
töchter und söhne
in deinem reich

Segen: (aus Afrika)

Der Ewige segne dich. Er erfülle deine Füße mit Tanz
und deine Arme mit Kraft.
Er erfülle deine Augen mit Lachen.
Er erfülle deine Ohren mit Musik
und deine Nase mit Wohlgerüchen.
Er erfülle deinen Mund mit Jubel und dein Herz mit Freude.
Er gebe dir die Kraft, der Hoffnung ein Gesicht zu geben.

SHALOM

6. 2. 2004 Eingang:

Friede sei mit uns.

Heute wäre unser Freund Christian Dethleffsen 82 Jahre alt geworden. So schlage ich euch vor, dass wir uns noch einmal in Gedanken mit ihm verbinden. Dazu leihe ich mir Worte von Anton Rotzetter:

Du
der Du da bist
Ein Gott mit uns
mitten im Tod
Dich erfahren
mitten in der Geschichte
Dein Licht sehen
mitten in der Nacht
Deine befreiende Hand ergreifen
mitten in der Gefangenschaft
Deine Gerechtigkeit durchsetzen
mitten im Unrecht
Deine Güte kosten
mitten im Bösen
Deine Vergebung leben
mitten in der Schuld
Deinen Frieden stiften
mitten im Hass
Deine Liebe bezeugen
mitten in der Welt
Das ist es, was ich will
Du
Gott mit uns
mitten im Tod.

Gedanken:

Ihr wisst, ich möchte beides vorkommen lassen bei unsern Zusammenkünften: Meditatives und Politisches, nie unverbunden, aber doch einmal mit diesem, einmal mit jenem Akzent.

Heute bitte ich euch, mit mir an den Völkermord an dem Volk der Herero und dem der Nama zu denken. Ich will kurz über Wer-Wo-Wann sprechen und dann versuchen, auf die Auswirkungen der Ereignisse hinzuweisen.

Vor 100 Jahren begannen Unruhen in der deutschen Kolonie Deutsch Südwest Afrika. Ihr werdet in den Medien vielleicht mehr gehört und gesehen haben als ich. Einen kolonialen Musterstaat strebte man an, in dem die Machtstellung des weißen Mannes (von Frauen ist nicht die Rede) und die Reinerhaltung deutscher Rasse (ach so, da brauchte man vielleicht doch weiße Frauen) und Gesittung gewährleistet wären. Arbeitszwang und totale Kontrolle sollten diese Ziele verwirklichen. Mit einem plötzlich aufflackernden Widerstand hatte man nicht gerechnet. Kleinere Unruhen hatte man bisher immer schnell beilegen können. Zunächst waren die Herero erfolgreich; aus dem Deutschen Reich mussten Ersatztruppen angefordert werden. Im August 1904, ein gutes halbes Jahr nach dem Beginn der Unruhen, kam es zu einer Schlacht, bei der sich die deutschen Truppen durchsetzten. Nun waren die Afrikaner zu bestrafen; man wollte auch Rache an ihnen nehmen und ein Exempel statuieren und nutzte die Gelegenheit nicht nur zur Entwaffnung, sondern auch zur Enteignung von Land und Vieh. Man nahm ihnen außerdem den Status deutscher Untertanen. Um den Erfolg der Waffen zu vollenden – und hier begann der eigentliche Völkermord – trieb man die Herero, Männer, Frauen, Kinder, Vieh, in die Wüste und ließ sie verdursten und verhungern.

Die Nama – nach denen das Land heute Namibia heißt – vermieden eine offene Feldschlacht und wehrten sich nach den Methoden der Guerilla-Taktik. Sie konnten aber der Kriegsgefangenschaft in Konzentrationslagern nicht entgehen. Zwangsarbeit, mangelhafte Versorgung und Ernährung brachten auch hier -zig Tausenden den Tod.

Und als man in Deutsch Südwest neu entdeckte Bodenschätze ausbeuten wollte, fehlte es an afrikanischen Arbeitskräften. Natürlich konnte dies nur eine grobe Skizzierung der Ereignisse sein. Es was der erste Völkermord im 20. Jahrhundert und er wurde von Deutschen begangen. Und der zweite Völkermord, den die Türken an den Armeniern begingen, wurde von den Deutschen gebilligt. Der dritte Völkermord des 20. Jahrhunderts ist uns in Gedanken ohnehin gegenwärtig. Ob und welche Zusammenhänge zwischen diesen Verbrechen bestehen, ist für mich schwer darzustellen. Sicher folgen diesen Untaten immer Versuche der Verdrängung, der Relativierung, der Projizierung der eigenen Schuld auf die Opfer. Wer emigrierte Juden kennt und über sie gelesen hat, weiß etwas von der tiefen Verunsicherung, den nicht endenden Träumen und der bleibenden Heimatlosigkeit. Hinzu kommt, etwa bei den Armeniern, die Trauer, dass man das Schicksal ihres Volkes nicht kennt. Ein Betroffener, eine Betroffene braucht aber die Anerkennung des besonderen Ausmaßes ihrer Leiden. Allein deshalb sollten wir von solchen Geschehnissen wissen.

Wir sollten davon wissen, um unser Gewissen zu schärfen. Es kann nicht scharf genug sein und wird vielleicht einmal zum Schneiden benötigt werden.

Wir sollten davon wissen, um uns im Mitleid zu üben.

Die UNO hat eine Definition des Phänomens 'Völkermord' formuliert. Nützlich, wenn wir zur Beurteilung dieses oder jenes Ereignisses einen Maßstab brauchen. Hutus und Tutsis, Russen und Tschetschenen, Russen und Afghanen, Juden und Palästinenser – es scheint nicht aufzuhören ...

Gebet:

Was kann ich jetzt beten, Du, der du es bist, du, nach dem wir unser Wollen und Urteilen ausrichten? Wie stehen wir da vor dir? Wir fühlen uns belastet von dem, was wir von der Geschichte wissen. Wir fühlen uns unsicher, weil wir nicht wissen, ob wir Ähnliches verhindern könnten. Vergib uns, wenn wir die Möglichkeiten zum rechten Tun nicht sehen. Denn du gibst uns ja diese Möglichkeiten.

Dank sage ich Dir, Ewiger, für unsere Verbundenheit in dir. Wie ein Wunder ist uns diese Verbundenheit vor unsern Augen erschienen, als Krischan gestorben war, das Weizenkorn, das im Sterben viele Früchte trägt. Ich lobe dich, Dich, der du da bist und uns diese Verbundenheit hast erfahren lassen, ein Geschenk, das du uns anvertraut hast. Eine Ahnung österlicher Freude in unserer Trauer.

AMEN

Segen:

(formuliert nach einem Psalmwort, das meine Tochter für mich gefunden hat)

Der Ewige behüte uns wie den Stern im Auge,

im Schatten seiner Flügel wolle er uns bergen.

SHALOM

11. 6. 2004 Eingang:

Friede sei mit uns!

aus Psalm 130:

Aus der Tiefe rufe ich, Ewiger, zu dir,
höre auf meine Stimme!
Lass deine Ohren merken
auf mein lautes Flehen!
Ich hoffe auf dich, o Ewiger,
meine Seele hofft auf dein Wort.

Du bist hier, Ewiger, bereit zu hören. Du wartest auf uns, auf unsere Bereitschaft, dich bei uns einzulassen. Du bist hier – wir aber haben dies und das mitgebracht, das uns den Weg zu dir verstellt: unsere Unzufriedenheit mit uns selbst, unser Bewusstsein für das, was wir versäumt haben, unsere Ungeduld, unseren Zorn, Sorgen ob das Geld reichen wird, ob unsere Gesundheit uns noch eine Zukunft lässt. Wir versuchen jetzt, all das wegzuräumen, Raum zu schaffen für deine Gegenwart; denn du bist es, nach dem wir uns ausrichten, du bist es, dem wir unsere armselige Liebe entgegenbringen. Komm, Ewiger.

Gedanken:

„Da kann einem Hören und Sehen vergehen" – oder wie heißt die Redewendung? Hören oder sehen, wie nehme ich die Welt besser wahr? Man sagt, Menschen, die taub sind, seien ihren Mitmenschen gegenüber misstrauischer als Blinde. Mein Philosophielehrer an der Uni gab dem Auge eindeutig den Vorzug vor dem Ohr; das Auge sei der Sinn der Erkenntnis. Aber das will ich jetzt gar nicht entscheiden.

Die Psalmisten und andere Autoren der Bibel gehen davon aus, dass Gott durch die menschliche Stimme zu erreichen sei, dass er uns sein Ohr zuneigt und dass er auf das Gehörte mit Hilfe antwortet.

Wie sollen sich nun Gebetserhörungen vollziehen, wenn nicht durch **unsere** Wahrnehmung der Nöte unserer Mitmenschen, der nahen und fernen Nöte?

Wie oft habe ich bei Berichten über Gewalttätigkeiten – sei's in der Schule, zwischen Gruppen, zwischen El Qaida und dem Westen – wie oft habe ich gedacht: Können die sich nicht **sagen**, was ihnen nicht passt, müssen die gleich so brutal zuschlagen? Und jetzt lerne ich, dass es nicht reicht, etwas zu **sagen**, wenn der, dem es gesagt wird, nicht **zuhört**. Weil nicht zugehört wird, werfen Palästinenser mit Steinen, weil nicht zugehört wird, werden die USA einen hohen Preis für Guantanamo zahlen müssen.

Warum hören wir – Einzelne und Regierungen – warum hören wir nicht zu? Mir scheint, es gibt eine gewisse Angst vor den Ansprüchen des Gesprächspartners. Bevor er oder sie mir etwas Neues erzählt, etwas, das bei mir eine Umstellung erfordert, rede ich lieber schnell dazwischen, behaupte gar Einmütigkeit, auch wenn sie noch gar nicht festgestellt worden ist. Bitte, keine unvorhergesehenen Gedanken, Informationen oder Schwierigkeiten! Lieber den andern nur halb wahrnehmen, als Anforderungen an mich stellen zu lassen.

Denn ich – ich – ich habe am wenigsten abbekommen; ich – ich – ich bin kränker als alle anderen; mir – mir – mir ist das größte Unrecht geschehen; ich – ich – ich habe das Wichtigste zu sagen; **Ich** möchte der Größte im Himmelreich sein.

Es wäre wohl sinnvoll, sich von solcher Leidenskonkurrenz freizumachen und stattdessen geduldig zuzuhören.

Oder was müssen andere tun, um sich bei uns Gehör zu verschaffen? Es geht nun doch noch einmal um hören oder sehen. Die Frankfurter Rundschau räumte neulich einem Vertreter von amnesty international einen Platz auf Seite 2 ein. amnesty international, so war zu lesen, wusste schon seit Frühjahr 2003, dass es in den Gefängnissen des Iraks und Afghanistans unter amerikanischer Leitung nicht menschenrechtlich zugeht. amnesty international ließ die zuständigen Stellen ihre Erkenntnisse wissen, ohne allerdings eine Reaktion hervorrufen zu können. Erst jetzt, nach der Veröffentlichung der Bilder aus Abu Ghraib wird Empörung laut, werden uns Erklärungen vorgelogen. Der Artikel in der Frankfurter Rundschau weist auf die „völlige Abwesenheit von jeglichem Unrechtsgefühl" in den Mienen der Folterer hin; der Autor fügt hinzu: „man wird den Eindruck nicht los, als verlängere sich dies in die Chefetagen hinein."

Es waren **Bilder**, nicht **Worte**, die einen gewissen Protest hervorgerufen haben. Und ich weiß nicht, was mich mehr erschreckt, die Folter, die in Guantanamo und Abu Ghraib praktiziert wird, oder die Achtlosigkeit der dafür Verantwortlichen. Aber mit dem Finger auf die im kleineren oder größeren Maße Verantwortlichen zu zeigen, das ist für uns zu billig. Ich will aber nicht mit euch nach Cuba fliegen und das Lager in Guatanamo befreien. Ich rufe uns dazu auf zu hören - **bevor** wir Bilder sehen, Zeitung zu lesen, zu wissen und wissen zu lassen, so gut wir 's eben können. Der Zweite Jesaja schreibt:

Der Ewige hat meine Zunge gelehrt, dass ich wisse, mit dem Müden zu rechter Zeit zu reden. Er weckt mich alle Morgen; er weckt mir das Ohr, dass ich höre wie ein Jünger.

Gebet:

Ewiger, du, der du hörst, wenn wir denn in deiner Welt mitarbeiten dürfen, so öffne uns das Ohr.

AMEN

Ausgang:

Der Ewige gebe uns einen neuen gewissen Geist. Er tröste uns wieder mit seiner Hilfe und mit einem freudigen Geist rüste er uns aus!

SHALOM

10. 9. 2004 Eingang:

Friede sei mit uns!

Was machen wir hier eigentlich? fragte ich mich neulich, frage ich jetzt euch. Glaubt ihr, unsere Gebete können etwas ändern? Darauf komme es erst in zweiter Linie an, sagen manche, wichtiger sei unsere eigene Veränderung. Gut. Klug. Aber **wann** bin ich verändert genug, um auch für die Veränderung der Verhältnisse beten zu dürfen?

Als ich mich das neulich einmal fragte, nämlich was wir hier eigentlich tun, fiel mir ein Satz ein. Der hatte sich mir vor Jahren eingeprägt. Es brauchte dann noch fast zwei Tage, bis die Stimme und die Geste, die mit dem Satz verbunden waren, wieder aus meinem Gedächtnis stiegen. Dies die Situation: Man sitzt an einem Tisch; einer lehnt sich halb über diesen Tisch seinem Gesprächspartner zu und fragt: **Glauben Sie an die Kraft des Gebets?** Diese Frage war eine Antwort auf die Bemerkung, eine gewisse Erfahrung und Leistung sei ja unmöglich. Liebe Freunde, glauben wir an die Kraft des Gebets?

Ein Text aus dem Bereich des Zen-Buddhismus:

Von der Erleuchtung sagte der Mönch, man fühle sich eins mit dem All, und er illustrierte das mit den Worten: „Wenn ich der Zikade dort", die wir gerade zirpen hörten, „sagte, sie solle schweigen, würde sie sofort still sein."

Und Lukas schreibt in seinem Evangelium:

Die Apostel sagten zum Herrn: Mehre uns den Glauben! Der Herr aber sprach: Wenn ihr Glauben hättet wie ein Senfkorn, so würdet ihr zu diesem Maulbeerfeigenbaum sagen: Entwurzele dich und pflanze dich ins Meer, und er würde euch gehorchen.

Bei Matthäus ist es gar ein Berg, der sich vom Senfkornglauben verpflanzen ließe.

Glauben wir an die Kraft des Gebets?

Gedanken:

Wisst ihr jetzt, welchen Maulbeerfeigenbaum ihr verpflanzen, welchen Berg versetzen wollt? Oder geht es euch wie mir, und wollt ihr auch gleich ein ganzes Gebirge versetzen? Allmachtsphantasien nennen das die Psychologen – und finden die ziemlich kindlich.

'He's got the whole world in his hand' – GOTT hält die ganze Welt in seiner Hand, nicht wir.

Aber all diese Berge zwischen den Menschen bekümmern mich. Sollte ich mich etwa nicht bekümmern lassen von Terror da und dort, Islamismus, der Mauer zwischen Israel und Palästina, von Armut, AIDS, Verschuldung und der Politik des IWF und der USA?

Ich möchte uns heute gern an ein Phänomen erinnern, das wir hier noch kaum erwähnt haben: Kindersoldaten. Es gibt sie zu -zig Tausenden, im Kongo, wo sie ein Drittel der Kämpfenden ausmachten oder noch ausmachen, in Sri Lanka, in Liberia. Kinder, noch nicht 14 Jahre alt, und Jugendliche. Ein 17-Jähriger ist ja tatsächlich kein Kind mehr. Auch unsere Bundeswehr stellt Jugendliche ein, die ihr 18. Lebensjahr noch nicht vollendet haben. Und 16-Jährige, 15-, 14-, gar 13-Jährige? Ja, auch sie können Waffen tragen, denn es gibt Massen von Kleinwaffen, mit denen die Kinder die Bewohner eines Dorfes in Angst und Schrecken oder gar eine kleine Stadt erobern können. Die Kleinwaffen werden unter der Hand geschmuggelt und unter Missachtung von Kriegswaffenkontrollgesetzen verschoben. Gutes Geschäft, das! Die Kinder werden zum Teil unter Zwang rekrutiert, viele sind Waisen, etwa AIDS- Waisen, und das Leben bei den Milizen bietet ihnen zwar kein Zuhause, aber eine wenn auch brutale Ordnung, in der sie einen Platz haben. Wenn die bewaffneten Konflikte beendet sind, steht die Rückkehr in das zivile Leben an. Die Kinder können ihre Waffen ablegen, aber nicht ihre Erfahrungen. Manche vermissen ihre Waffe, die ihnen Autorität verliehen und geholfen hat, ihre Bedürfnisse zu befriedigen: Nahrung, einen Schlafplatz, Drogen. Opfer, die andere zu Opfern gemacht haben.

Aus der sicheren Entfernung einer sauberen Kirche in einer kleinen nordeuropäischen Stadt habe ich diesen 'Berg' betrachtet.

Ich komme auf meine Eingangsfrage zurück: Glauben wir an die Kraft des Gebets? Ich habe bei meinen Überlegungen gemerkt, wie ähnlich ich den Jüngern bin, nämlich fasziniert von der möglichen Wirkung meines Glaubens und Gebets und wie nachlässig bei der Übung des Glaubens. Es kommt nicht darauf an, etwas zu **können**, etwas besser zu machen als Ärzte oder Politiker. Und es hieße, Gott zu einem Hexenmeister machen, wenn ich durch mein Gebet versuchte, die Milizen-Chefs zu veranlassen, die Kindersoldaten zu entlassen und ihnen Schuluniformen zu kaufen.

Ich lese euch jetzt den Zusammenhang des Bergeversetz-Wortes bei

Matthäus vor. Jesus hatte einen Mondsüchtigen von seinem Dämon geheilt. „Da traten die Jünger für sich allein zu Jesus und sagten: Warum konnten wir ihn nicht austreiben? Er aber sagte zu ihnen: Um eures Kleinglaubens willen. Denn wahrlich, ich sage euch: Wenn ihr Glauben habt, auch nur so groß wir ein Senfkorn, werdet ihr zu diesem Berg sprechen: Hebe dich weg von hier dorthin! und er wird sich hinwegheben, und nichts wird euch unmöglich sein." Paulus, glaube ich, hilft mir, den Senfkorn-Glauben zu verstehen. Er schreibt: Und wenn ich alle Geheimnisse weiß und alle Erkenntnis und wenn ich allen Glauben habe, sodass ich Berge versetze, habe aber die Liebe nicht, so bin ich nichts. Wenn ich nichts beabsichtige, ganz von mir absehe, ganz bei der Sache bin, dann kann es gelingen, dass ich eins werde mit der Liebe, geliebt und liebend, und dass etwas von dieser Liebe zum andern fließt.

Gebet:

Ewiger, so beten wir nun nicht, du möchtest uns den Glauben mehren. Ein Senfkorn? Ach, mindestens so groß wie eine Haselnuss oder eine rote Bohne würden wir ihn uns wünschen. Unsere Aufmerksamkeit auf Menschen, unsere Kenntnisse von Problemen, unsere Sehnsucht nach Versöhnung und Frieden – damit mühen wir uns sehr. Vergib uns törichten Ehrgeiz! Immer treten wir vor dich und wünschen uns, was du längst gegeben hast und was wir nicht wahrnehmen, weil wir es nicht als unsere eigene Leistung erkennen. Wir danken dir für die Liebe, die uns mit dir eins sein lässt.

AMEN

Segen:

Kurz, frei formuliert

8. 10. 2004 Eingang:

Heute erzähle ich euch von dem Treffen der Friedensgebetsgruppen, das in diesem Jahr in Bühl in der oberrheinischen Tiefebene stattfand. Von Mannheim kommend sieht man an einer Stelle links die ersten Hügel des Schwarzwalds, rechts die riesigen Kühltürme von Biblis. Irgendwie ist es immer so, nicht wahr? Immer ist die Spannung zwischen liebevoll vorbereiteter Tagung, freundlichen Menschen und diesmal schönem Rahmen einerseits und widerwärtiger Politik andererseits auszuhalten. Und immer hoffen wir, dass das Schöne hilft, das Widerwärtige auszuhalten.

Wir tagten zu Füßen des Schwarzwalds im Exerzitienhaus eines Frauenklosters, wo uns Nonnen unauffällig achtsam bedienten. Die Freundinnen, die wir schon von andern Treffen kennen, spannten diesmal auch ihre Männer ein, sorgten mit Reizen für Augen und Ohren für eine besondere Atmosphäre. Themen, die uns beschäftigten, waren: **Wer teilt, mehrt Leben** und **Der Gewalt gewaltfrei begegnen**. Dazu referierte uns ein Michael Schmid vom „Lebenshaus Schwäbische Alb". Dort lebt die Familie Schmid im Namen und im Auftrag eines Vereins nach den Grundsätzen von Gerechtigkeit, Frieden und Ökologie; sie öffnen das Haus auch für Hilfsbedürftige.

Gruppenarbeit entwickelte sich an gut ausgewählten biblischen Texten, die dazu anregten, über Gerechtigkeit nachzudenken.

Natürlich haben wir auch Christian Führer zu Wort kommen lassen. Vielleicht berichte ich ein anderes Mal über seine Auseinandersetzung mit sich selbst und den Erwartungen, die an ihn gestellt werden. Jetzt nur einzelne Formulierungen: Nicht Thron und Altar, sondern **Straße** und Altar müssten wir aufeinander beziehen. Und: Nicht Wohlstand für alle, sondern Gerechtigkeit für alle ist zu fordern. Nicht Hartz IV muss weg, sondern Arbeit muss her! Immer wieder fragt sich Christian: Was würde Jesus tun? Er würde zuhören, wenn die Unterdrückten reden, er würde neben ihnen gehen. Christian führte auch Paul Gerhardt an, eine Zeile aus dem Lied 'O Haupt voll Blut und Wunden', die Zeile:

Ich will hier bei dir stehen.

Gedanken:

Gerechtigkeit – Frieden – Bewahrung der Schöpfung. Wie ihr wisst, mussten die Christen der Ersten Welt diese Reihenfolge erst von den Christen des Südens erlernen. Jetzt sagen manche, in der Reihe dieser Ziele fehle **Versöhnung**. Einleuchtend, finde ich. Wo würdet ihr sie einordnen, an die erste Stelle rücken oder der Gerechtigkeit folgen lassen? Wie auch immer, ich möchte jetzt über ein Zeichen der Versöhnung berichten.

In der Nähe von Bühl steht auf einer kleinen Anhöhe ein 14m hohes Kreuz. Es erinnert an ein Verbrechen der deutschen Wehrmacht, begangen an den Bewohnern des Dorfes Oradour in Frankreich.

Die SS rächte damit Aktionen des politischen Widerstands. Nach dem Krieg veranlassten die Franzosen, dass alle Angehörigen der entsprechenden deutschen Einheit zum Tode verurteilt wurden. Geduldigen Verhandlungen und dem Sinneswandel eines französischen Ministers ist es zu verdanken, dass die Urteile nicht vollstreckt wurden. In diesem Zusammenhang ist das Friedenskreuz entstanden, errichtet aus Betonbrocken kriegerischer Bollwerke. Es steht in der Mitte eines runden Platzes, auf dem sich wohl an 1000 Menschen versammeln können; an der äußeren Begrenzung des Platzes sind die Namen von Orten der Shoah und von Menschen des Widerstands zu lesen. Ein Ort der Erinnerung, der Mahnung und der Versöhnung. Wenn das Wetter nicht ganz so trüb ist wie an dem Wochenende unseres Treffens, kann man nach Frankreich hinüber sehen. Schon immer haben einige Berge der Vogesen und des Schwarzwalds die gleichen Namen getragen.

Versöhnung. An wen denkt ihr dabei? Mütter und Töchter, Väter und Söhne, Geschwister, Kollegen, Täter und Opfer, Volk und Volk. Bittere Gedanken.

Ich möchte uns an eine Versöhnungsgeschichte aus dem ersten Buch der Bibel erinnern (Kap. 42-45): Joseph und seine Brüder. Die Versöhnung vollzieht sich in mehreren Schritten. Joseph, dem Unrecht geschehen ist, kann denen, die ihm das Unrecht angetan haben, bei ihrer ersten Begegnung nach langen Jahren nicht einfach um den Hals fallen. Er muss ihre Einstellung prüfen, und er tut das, indem er sie bedroht und provoziert.

Er bezichtigt sie der Spionage und eines frevelhaften Diebstahls, er nimmt einen der Brüder als Geisel; gleichzeitig tut er ihnen Gutes. Erst als er erkennt, dass sich die Brüder ihres Unrechts bewusst sind, kann er sich zu erkennen geben. Der tränenreichen Versöhnung folgt die Übersiedlung des alten Vaters und der ganzen Sippe nach Ägypten. Es bleibt eine Narbe: Als Jakob, das Haupt der Sippe, stirbt, sind sich die Brüder nicht sicher, ob die Versöhnung über den Tod des Vaters hinaus gelten wird, und Joseph muss sie trösten.

Versöhnung ist kein Gegenstand, den man einmal herstellt und irgendwann als fertig bezeichnet; Versöhnung ist ein Prozess und eine Geduldsprobe, bei der ich mich der Wahrheit aussetze, eine Geduldsprobe, bei der ich eventuell mehr über mich selbst erfahre, als mir lieb ist. Soll ich mich darauf einlassen?

Der Weltgebetstag im März ist von Polen vorbereitet worden. Auf der Tagung sagte ein Teilnehmer: ein Versöhnungskreuz wie das in Bühl wäre auch zwischen Deutschland und Polen angebracht; ebenso zwischen Deutschland und Tschechien.

Von den Juden lerne ich, Gott lasse die Versöhnung mit seinem Volk Israel um seiner selbst willen zu. Der Ewige sucht die Menschen und die Gemeinschaft mit ihnen. Denn ja, Versöhnung schafft neue Gemeinschaft, und neue Gemeinschaft schafft neue Freude und Kraft.

Gebet:

Ewiger, manchmal sind wir die Verletzten, manchmal haben wir andere verletzt, oft unbedacht. Du weißt, wie leicht uns die Rolle der unschuldig Verletzten fällt. Unsere Selbstliebe steht uns im Weg. Wir versuchen, uns deiner Liebe anzuvertrauen, und bitten dich um Kraft und erneuerte Liebe und die Freude, die aus der Verbundenheit mit dir und der Verbundenheit mit Menschen entspringt. Wir danken dir für die Verbundenheit mit anderen Friedensbetern. Segne sie um ihretwillen und um deinetwillen!

AMEN

Segen:

Der Herr des Friedens selbst aber gebe euch den Frieden

allezeit auf alle Weise! Der Ewige sei mit euch allen!

AMEN

3. 12. 2004 Friedensgebet, Christuskirche Pinneberg

Eingang:

Friede sei mit uns!

Aus dem 4. Kapitel des Propheten Micha: „... und sie werden den Krieg nicht mehr lernen. Sie werden ein jeder unter seinem Weinstock und unter seinem Feigenbaum sitzen, ohne dass einer sie aufschreckt."

Ihr erwartet vermutlich, dass ich etwas aus Südafrika erzähle, und das möchte ich wirklich gern tun. Warum dann dieses Wort vom Propheten Micha? Etwa, weil sich in Lusitania, diesem kleinen Dorf ganz hinten in KwaZulu-Natal, diese Utopie schon verwirklicht hätte? Ach nein, liebe Freunde, noch gibt es bittere Armut, Unwissenheit, Mutlosigkeit, Krankheit. Und doch habe ich eine Illustration des einen Verses entdeckt: auf zwei 'homesteads' habe ich Weinstöcke gesehen, deren Zweige so gebunden sind, dass sie ein Schattendach bilden. Auch die Hitze habe ich erlebt, bei der man einem Besucher den Stuhl unter dieses Schattendach rückt. Und neben dem Wohnhaus unseres Gastgebers steht sogar ein duftender Feigenbaum.

Den Ort, die Berge, die rötliche Farbe des Bodens zu beschreiben, von unsern Besuchen an Gräbern und bei weißen Farmern zu berichten, den Bundesschluss-Gottesdienst mit über 800 Teilnehmern zu schildern, etwas von den vielen Gesprächen wiederzugeben, die wir geführt haben – das würde den Rahmen von einem halben Dutzend Friedensgebeten sprengen; und ich fürchte, auch mit Fotos könnte ich nicht die Bilder vermitteln, die ich beim Erzählen vor mir sehe. Ich werde euch von wenigen Menschen unseres Dorfes erzählen, zum Beispiel von Daniel, einem jungen Mann, der uns oft begleitete und einmal bat, ein Abendgebet mit ihm zu halten, dieses:

Thank you, Jesus, amen,

thank you, Jesus, amen,

thank you, Jesus, amen.

hallelujah, amen.

- Schweigen –

Gedanken:

Daniel kam schon am ersten Tag zu Besuch. Er sei der Bruder von Nonhlanhla, unserer verstorbenen Freundin. Wir brauchten den halben Abend zu verstehen, dass seine 'Schwester' eigentlich seine Cousine war und seine 'Mutter' seine Tante ist. Unsere umständliche Unterscheidung zwischen Mutter und Tante, Cousine und Schwester muss für ihn schwer nachvollziehbar gewesen sein. „Ja", sagte mir die afrikanische Koordinatorin unseres Programms lachend, „wir haben alle mehrere Mütter." Das ist eine andere, aber keine schlechte Kultur, in der der Begriff **Ubuntu** gelebt wird: ein Mensch ist ein Mensch durch andere Menschen.

Daniel ist etwas über 20 Jahre alt, spricht gut Englisch, hat eine Ausbildung zum Sicherheitsfachmann und ist vor kurzem aus der Armee ausgeschieden – aus Gründen, nach denen wir nicht genau gefragt haben. Es hatte wohl eine Auseinandersetzung gegeben. Nun wohnt er bei Mutter und Tante, die von seiner Schwester oder Cousine bedient werden.

Daniel ist der Vater eines vierjährigen Jungen, der bei seiner Mutter in der Stadt, d.h. Ladysmith, lebt. Warum Daniel nicht mit der Mutter seines Kindes verheiratet ist, braucht man nicht zu fragen: Lobola, der Brautpreis. Seine Liebste hat einen nicht unqualifizierten Beruf als Gefängniswärterin. Da werden ihre Eltern sie nicht ohne eine materielle Anerkennung ihres sozialen Standes in eine Ehe geben: mindesten ein Dutzend Kühe oder ein paar tausend Rand. Bei vielen führt die Sitte des Brautpreises dazu, dass die Heirat lange aufgeschoben wird. Derweil wird die sexuelle Frustration oft in anderen Kontakten befriedigt – dies einer der Gründe für die Ausbreitung von AIDS. Als wir eines Tages mit Daniel in der Stadt waren, nahm er die Gelegenheit wahr, seine Liebste von unserm Handy aus anzurufen. Ich hoffe, es klingt nicht kitschig, wenn ich sage, dass er glücklich aussah beim Telefonieren.

Bei einem Besuch bei einem benachbarten weißen Bauern erfuhren wir, dass dieser im Dezember Arbeiter aus Lusitania anlernen und dann für sechs Monate einstellen will. Wir machten Daniel auf diese Verdienstmöglichkeit aufmerksam und phantasierten gemeinsam, wie er sich dem Nachbarn vorstellen könnte, in das Programm aufgenommen und sich da bewähren und vielleicht auch seine Qualifikation als Sicherheitsfachmann einbringen könnte. Daniel setzte das Gespräch dann mit seinem Freund fort, auf isiZulu, dem wir nicht folgen können. Aber das machte nichts. Es wurde uns auch so klar, dass Daniel seine Gedanken und Möglichkeiten sortierte. Am nächsten Morgen erzählte er seinen Müttern, es habe ein sehr gutes Gespräch an unserm Tisch gegeben.

Am letzten Abend sprachen wir noch einmal von Entwicklungsmöglichkeiten im Dorf. Ich sagte: „Small steps, kleine Schritte", und Daniel ergänzte „and patience, und Geduld" und fügte noch einen Begriff hinzu, der mir entfallen ist, mich aber denken ließ: er hat etwas begriffen!

Daniel, beides, gefangen und gut aufgehoben in der Tradition seines Volkes, intelligent, liebenswürdig, nach einem Weg suchend. Er nutzte unsern Besuch, sich mit seiner Situation auseinanderzusetzen. Dass er uns schon am zweiten Tag bat, mit ihm das Abendgebet zu halten, rührt und beschämt mich.

Lasst mich noch zwei weitere Menschen erwähnen: Herr Shabalala kam in der vergeblichen Hoffnung, unsere Koordinatorin bei uns zu finden. Er wollte sie um Rat fragen, was für eine Satzung man der kleinen Dorf-gebundenen Organisation geben müsste, um Zugang zu öffentlichen Geldern zu erhalten. Hier arbeiten acht Menschen des Ortes zusammen in der ganzheitlichen Fürsorge für Kranke. Den gesuchten Rat konnten wir ihm nicht geben, konnten nur fragen und zuhören. Es war ihm offensichtlich peinlich, 'die Deutschen' zu besuchen, er schien sich unter der Darstellung der Situation geradezu zu winden, aber er tat es für seine Sache, für die für uns unsichtbaren Kranken. Er hat meine Hochachtung gewonnen.

Zu seiner Gruppe gehört auch unsere Freundin Zuzu. Ich denke, es tat uns beiden gleichermaßen gut, einander wiederzusehen und uns zu umarmen.

Diese Menschen sind mir ein Vorbild. Im Rahmen ihrer Möglichkeiten haben sie eine Initiative ergriffen und tun, was sie können; sie versuchen nicht, die ganze Welt zu erlösen, sondern tun, was sie können; sie klagen nicht, sondern tun, was sie können. Ich bitte euch, mit mir für sie zu beten.

Gebet:

Ewiger, du, Ziel unserer Wünsche, du, in dem wir miteinander verbunden sind, vor dir gieße ich aus, was mich in Gedanken bewegt: meinen Dank für die Freunde hier, die mich mit ihren Gebeten begleitet haben, und meinen Dank für die Freundschaft mit Menschen in Lusitania. Lass ihnen aus unserer Verbundenheit in dir Weitsicht und Geduld entstehen, Gelingen und neue Hoffnung. Siabona, Papa; danke, Vater.

AMEN

Segen:

(aus der Ökumene)

Gott der Kraft,
möge die Kühnheit deines Geistes uns verwandeln,
möge die Güte deines Geistes uns leiten,
mögen die Gaben deines Geistes uns fähig machen,
dir zu dienen und dich anzubeten
jetzt und immerdar .

SHALOM

4. 2. 2005 Eingang:

Friede sei mit uns!

Ich plane, heute zweimal ein paar Gedanken auszuführen und ihnen jeweils Stille folgen zu lassen.

Ich wäre euch dankbar , wenn ihr meinen Kummer über meine Kirche mit mir teilen wolltet, Kummer über die geringe Klarheit ihrer Aussagen zum Tsunami, auch wenn ihr meint, es müssten allmählich wieder andere Themen Eingang in unser Friedensgebet finden. Auch finde ich mich selbst ungerecht, wenn ich jeden und alle besserwisserisch kritisiere. Ich weiß es ja gar nicht besser. Aber das Ausmaß dieses Unglücks veranlasst mich doch, tapferer nachzudenken als bisher – wie uns ja auch unsere Kenntnis der Shoah veranlasst hat, solches Unrecht in unser Denken einzubeziehen.

Ich beginne mit einer uralten Vorstellung. „Und Gott sprach – am 3. Schöpfungstag –: Das Wasser unter dem Himmel sammle sich an *einem* Ort, dass das Trockene sichtbar werde! Und es geschah also. Und Gott nannte das Trockene Land, und die Ansammlung der Wasser nannte er Meer. Und Gott sah, dass es gut war. ... Und Gott sprach – am 6. Schöpfungstag –: Lasset uns Menschen machen nach unserm Bilde, uns ähnlich; die sollen herrschen über alle Tiere. ... Und Gott vollendete am siebenten Tage sein Werk und er ruhte am siebenten Tage von all seinem Werk, das er gemacht hatte." Am achten Tag sprachen die Menschen: Lasset uns Gott machen nach unserm Bilde, uns ähnlich! Und sie schufen Gott nach dem Idealbild ihrer selbst: allmächtig, allwissend, unsterblich, allgegenwärtig, gerecht, zuverlässig, streng und gütig.

Bald klagten die Menschen: 'Die Ereignisse unseres Lebens passen nicht zu dem Gott, von dem hier geredet wird; der verwechselt ja den 3. und den 6. Schöpfungstag! Er ist ungerecht und willkürlich.' Flugs bearbeiteten die Priester das Gottesbild mit den Werkzeugen der Theologie und stellten es in den Dom ihrer Dogmatik. Denn ein Bild seiner selbst brauche Gott schon, so meinten sie, um den Menschen begreiflich zu bleiben.

Ich weiß nicht, ob Gott lächelt oder weint bei der Betrachtung dieses Bildes – wenn er denn überhaupt ein lächelnder oder weinender Gott ist; ich meine nur: er würde eine Ähnlichkeit mit sich selbst nur schwer finden.

Ohne Bild an Gott zu glauben – Israel hat es versucht und von der Unbeschreibbarkeit Gottes gesprochen. „Siehe, der Himmel und aller Himmel Himmel mögen dich nicht fassen, wie viel weniger dieses Haus, das ich gebaut habe!" betet König Salomo bei der Einweihung des Tempels. Gott umschließt uns, er folgt uns, wenn wir auf den Flügeln der Morgenröte vor ihm fliehen, er ist in der Hölle, er ist das Licht in der Finsternis.

- Stille –

Gedanken:

Als mir das Ausmaß des Tsunami klarzuwerden begann, dachte ich als erstes an eine Formulierung von Camus, dem französischen Existenzialisten. Der Mörder in seinem Buch *Der Fremde* ist sich im Augenblick des Verbrechens bewusst, dass er die Balance der Welt gestört hat; am Abend vor seiner Hinrichtung schickt er den Priester fort; er nimmt „Düfte aus Nacht, Erde und Salz" wahr, und er wird „empfänglich für die zärtliche Gleichgültigkeit der Welt." Nun war die Gleichgültigkeit des Tsunami zwar eher brutal als zärtlich, aber auch in zärtlicher Weise mögen wir der Welt nicht gleichgültig sein, nicht wahr? Was tun Menschen, wenn ihr Leben und ihr Gottesbild nicht zusammenpassen? Ich glaube, wir können nicht über Gott nachdenken, ohne gleichzeitig über den Menschen nachzudenken. Es scheint eher möglich, über den Menschen nachzudenken, ohne Gott in die Überlegungen einzubeziehen. Ob das sinnvoll ist, ist eine andere Frage. Was also tun Menschen, wenn ihr Leben und ihr Gottesbild nicht zusammenpassen? Entweder ändern sie das Gottesbild – oder sie erklären das Modell, nach dem das Gottesbild geschaffen wurde, existiere nicht.

Unsere Angst vor unserer eigenen Bedeutungslosigkeit lässt uns in die Idee einer Schöpfung fliehen, in der wir uns dann eine hervorragende Rolle zuschreiben. Die Philosophen finde ich ehrlicher. Sie basteln nicht am Bild Gottes herum, sie kommen gleich zur Sache, und das ist die Sache des Menschen. Allerdings scheinen sie mir denselben Fehler zu machen wie die Religionen: immer wieder und tausendmal **wieder verwechseln Menschen Gott mit ihrer Vorstellung von Gott und verpassen dabei die Erfahrung Gottes**, in der es dann gar nichts mehr zu erklären, zu argumentieren und zu formulieren gibt.

Ich will euch gar nicht vorschlagen, alle Gottesvorstellungen aus euren Köpfen zu werfen. Das wird uns schwer gelingen, tut auch weh. Ich will aber Gott Gott sein lassen und mich mit den Philosophen nach meinem Ort in diesem Leben fragen. Mein Ort ist ganz banal mein Hochhaus, mein Supermarkt, mein Telefon, und in diesem Augenblick dieses Lesepult in dieser Kirche. Nehme ich wichtige Dinge wichtig? Stehe ich über unwichtigen?

Jetzt frage ich mich, wie ich im Bewusstsein meiner Winzigkeit, an Gott glaubend, mir aber kein Bild von ihm machend, mir nichts Göttliches anmaßend – wie ich da mit euch beten kann, gar für den Frieden der Welt?!

Lasst es uns dennoch tun! Eine jede, ein jeder unter uns möge jetzt an einen Menschen denken, dem er Gutes wünscht, vielleicht einen Menschen, der politische Verantwortung im Nahen Osten trägt, der in dieser oder jener Initiative arbeitet, an Kofi Annan, an eine kranke Freundin. Geht ganz in euer Gebet ein; gießt euch aus in euer Gebet, lasst nichts anderes da sein als euren brennenden Wunsch.

- Stille -

AMEN

Möge unser Gebet der Tropfen sein, der das Fass göttlicher Gnade zum Überlaufen bringt.

Segen:

Geht in der Kraft, die euch gegeben ist,
geht einfach,
geht unbeschwert,
geht heiter
und haltet Ausschau nach der Liebe,
und Gottes Geist geleite euch!

SHALOM

11. 3. 2005 Eingang:

Friede sei mit uns!

In unserer Fußgängerzone kniet manchmal ein Bettler; er sitzt oder steht oder hockt nicht irgendwie, nein, er kniet. Auch wenn ich gerade mildtätig gestimmt wäre, diesem Mann kann ich nichts geben. Ich finde seine Demutshaltung schwer erträglich. Einmal kniete eine Frau an derselben Stelle. Als ich sie ansprach, zeigte sich, dass sie meine Sprache nicht verstand. Nun könnte ich mir sagen: andere Länder – andere Sitten. Dennoch: ich finde mich in dieser Anordnung von Oben und Unten nicht wieder.

Manchmal frage ich mich, ob unsere Haltung beim Beten nicht der Haltung dieses Bettlers ähnelt. Ich spreche jetzt einmal 'menschlich' von Gott: vielleicht nimmt Gott eine passive Demut bei uns wahr, auf die er nicht reagieren mag. Dabei wartet er auf unsere *Sehnsucht*. Gott steht (Offenbarung) vor der Tür und klopft an. Er überlässt es uns, ob wir öffnen. Wollen wir sagen: brich in mein Haus ein! Vergewaltige mich!? Oder: Ich habe schon darauf gewartet, dir die Tür zu öffnen. In der Sprache der Mystik: Komm herein, Geliebter, und vereinige dich mit mir.

Ich wünsche euch die Wärme, die er durch eure geöffnete Tür hereinbringen will.

- Schweigen -

Gedanken:

Neulich habe ich euch vielleicht etwas erschreckt, als ich sagte, wir Menschen hätten Gott nach unserem Bild erschaffen, und damit sagen wollte, Gott sei größer, tiefer, umfassender und überhaupt anders als unsere Vorstellung. Jetzt, dachte ich, sei ich euch als Ergänzung eine Christologie, oder doch 'meine' Christologie, schuldig. Aber in welcher Hirn-Schublade liegt sie denn?

Ich rief Heinz Fast an. 'Hastu mal 'ne Christologie für mich?' In den Skripten, die er mir gab, fand ich Gedanken, die ich ohnehin schon in meinem Kopf beherberge, Jüdisches, Textkritisches, Politisches. Weil aber unser Friedensgebet keine theologische Werkstatt sein soll, beschränke ich mich auf eine Frage: Was bedeutet der Tod Jesu für mich?

Wieso muss ich das fragen? Habe ich nicht genügend Predigten gehört? Fehlt es mir an Glauben? Will ich mit dem Verstand erfassen, was nur der Glaube geben kann? So ist es, glaube ich, nicht. Ich *will* ja vertrauen – aber manchmal ist mir Unterwerfung gepredigt worden. Darum frage ich weiter: Was hat Jesu Tod für ihn selbst bedeutet? Die Evangelisten und Apostel haben uns eine Antwort vermittelt: Jesus war der Knecht Gottes, der an des Menschen Statt die Todesstrafe auf sich nimmt. Das Opfer, das Abraham nicht zu bringen brauchte, bringt Gott selbst. Oh, grausamer Gott, der auf der Erfüllung einer solchen Bedingung besteht, um sich mit den Menschen zu versöhnen!

--- Im jüdischen Verständnis ist der Knecht Gottes das Volk Israel, eine Auffassung, die in der Deutung des großen Unglücks, das Israel im Dritten Reich widerfuhr, zum Ausdruck kommt: Holocaust, Brandopfer, bei dem das Opfertier vollständig verbrannt wird. ---

Denken wir weiter über Jesus nach, so erkennen wir in den Evangelien auch die Erzählung von der festlichen Passahmahlzeit mit Lamm und Brot und Wein. Jeder, der mit am Tisch sitzt, ist eingeladen, sich durch das Ritual der Mahlzeit mit der Befreiung des Volkes Israel aus dem Sklavenhaus Ägypten zu identifizieren. Und wir verstehen uns ebenso aufgefordert, uns mit den Befreiten zu identifizieren, weil unser Meister sich mit dem gebrochenen Brot und dem Wein identifizierte. *Mein* Leib, *mein* Blut, der *neue* Bund. Im Gedenken haben wir Teil.

Noch ist meine Antwort auf die Frage nach dem Sinn des Sterbens Jesu unvollständig. Bleibt wohl auch unvollständig. Ihr habt mich sicher verstanden: ich glaube nicht, dass Gott den Foltertod des Jesus von Nazareth brauchte, um sich uns zuzuwenden. Aber **wir** brauchen diesen Tod. Blut und Wasser hat Jesus in Gethsemane geschwitzt, um sich zu diesem Opfer durchzuringen. Dieser Tod hat ihn glaubwürdig gemacht und seine Worte gültig. Jesus ist das Weizenkorn, das viel Frucht bringt, weil es in der Erde erstirbt.

Ihr wisst auch, dass Jesu Opfer nicht das letzte in der Geschichte gewesen ist. Karfreitag ist für mich gewissermaßen **der** ai-Tag. Dorothee Sölle schrieb 1979 in einem Text über Argentinien:

D sagt mir
es ist eine regel im untergrund
dass du zwei tage schweigst unter der folter
das gibt den genossen zeit
zwei tage heißt frage ich auch zwei nächte
ja sagt sie sie arbeiten schicht

--- So Dorothee Sölle; ein schier unerträglicher Text, während uns die Leidensgeschichte Jesu wenig berührt; wir kennen sie halb auswendig. Wie beziehen wir Nachrichten und Kenntnisse über Menschen, die sich opfern, auf uns? Dietrich Bonhoeffer, Nelson Mandela, Oscar Romero und andere. Wir **gedenken**, wir versuchen, ihre Überzeugungen nachzuvollziehen; vielleicht führen wir ihr Werk weiter; auch das kann mit 'gedenken' gemeint sein.

Ich könnte mir sagen: Gott hat den Kreuzestod Jesu veranlasst, und Jesus hat die Versöhnung zwischen Mensch und Gott geleistet, ein für allemal. Dann wäre ich wie der passive Bettler in der Fußgängerzone, der ich nicht sein will.

Gebet:

Ewiger, dass du dich für uns zugänglich machst, erkennen wir als Wunder, als unverdient, wie alle Geschenke der Liebe unverdient sind. Und doch leben wir in Unsicherheiten, in Ängsten und Krankheit. Rühre uns an mit deinem Geist! Gib uns in der Mitte von Unsicherheit, Angst und Krankheit eine Ahnung von der Freude und Zuversicht und Tatkraft, die die Jünger nach dem Tod Jesu erfasste. Und so, mit kleinem Dank und großer Bitte, sagen wir

AMEN.

- Schweigen –

Ausgang:

Ingeburg Lüthje schrieb mir das folgende Gedicht von Reinhold Schneider ab. Es spricht von der Teilhabe. Und wir können hier auch Gedanken an Hiltrud Waltsgott einschließen:

Du bist das Brot,
vom Altar strömt Dein Leben
in unser irdisch Leben ein.
Willst Du dem Tische Deinen Segen geben,
soll auch der Tisch geheiligt sein.
Was wir empfangen, wollen wir erheben,
wie Du beim heil'gen Mahl getan.
Laß alle leben, Herr,
von Deinem Leben,
nimm auch die Toten gnädig an.

Gott segne uns!

SHALOM

29. 4. 2005 Eingang:

Mein vietnamesischer Freund Khanh hat auf seine Fensterbank eine Spirale aus Kieselsteinen gelegt; in ihrer Mitte ragt das Haus einer Weilhornschnecke auf.

Weg nach innen. Weg nach außen.

- „Die längste Reise ist
die Reise nach innen." –
das schrieb Dag Hammarskjöld. Sein Name ist euch als der des Generalsekretärs der UNO vertraut, vermutlich gezielt ums Leben gebracht im Kongo, 1961. Geboren wurde er in Schweden vor 100 Jahren; wir werden also in diesem Jahr noch von ihm hören in den Medien. Auf jeden Fall wird ein Verlag seine *Zeichen am Weg* neu herausgeben.

In den Überlegungen, Zitaten und Gebeten dieser Aufzeichnungen spricht uns nur indirekt ein Politiker an, deutlich wird ein Mensch, der alle Gaben und Erfolge als Aufforderung zu Verantwortung versteht, ein durch seine Homosexualität einsamer Mensch, ein Dichter, ein Mystiker, der zum Beispiel sagt: „Ich bin das Gefäß. Gottes ist das Getränk. Und Gott der Dürstende."

Und dies: „In dem Glauben, der »Gottes Vereinigung mit der Seele« ist, bist du *eins* mit Gott
und Gott ganz in dir ,
gleichwie er ganz für dich ist in allem, was dir begegnet.
In diesem Glauben steigst du im Gebet hinab in dich selbst, um den anderen zu treffen,
im Gehorsam und Licht der Vereinigung; ..."

- und er wusste etwas vom Reichtum der Stille.

Gedanken:

Wir müssen nicht Generalsekretär der UNO sein oder Märtyrer einer Aufgabe werden, um uns von Dag Hammarskjöld zu intensivem Beten anregen zu lassen, zu diesem sich ausstreckenden Beten. Unser Beten: ich denke, es kann, soll, darf über die Äußerung von Wünschen hinausgehen. Erinnert euch, ein senfkorngroßer, ein senfkornkleiner Glaube kann den mächtigen Maulbeerfeigenbaum ins Meer verpflanzen. So eine Fähigkeit traut Jesus uns zu. Gibt es nicht? Könnt ihr nicht?

Auf die Gefahr hin, mich zu wiederholen, erzähle ich jetzt noch einmal die Geschichte meiner Cousine. Polyarthritis, neues Kniegelenk, viel Cortison, neues Hüftgelenk. Beim Betten brach der Rest von eigenem Knochen zwischen Knie- und Hüftgelenk. Ein Vierteljahr lang lag sie auf dem Rücken und wartete, dass der Knochen wieder zusammenwachsen würde. Viele haben in den Wochen für sie gebetet. Ich kann noch heute die winterliche Mondsichel nicht über den Himmel schwimmen sehen, ohne mich an meine Korrigierpausen zu erinnern, in denen ich meine Gedanken zu ihr schickte. Der Knochen wuchs zusammen. Als sich meine Cousine nach einem Jahr wieder in der Klinik vorstellte, empfing sie ihr Arzt mit den Worten: „Ah, da kommt unsere Wunderpatientin!" Er gestand ihr, dass er eine Amputation in Betracht gezogen hatte. Nicht ihm, dem Arzt, solle sie danken, sondern ... sie werde schon wissen, wem.

Worum immer ihr jetzt bitten wollt, dass Präsident Bush von seiner Angst vor dem Iran befreit werde, dass Israel und Palästina einen Weg zur Gewaltfreiheit finden, um Gesundheit für unsern Freund Wolfgang – betet nicht halbherzig! Nicht mit der falschen Demut, die sich selbst nichts zutraut.

„Glauben ist Gottes Vereinigung mit der Seele", so zitiert Hammarskjöld den Heiligen Johannes vom Kreuz. Wie das geschieht? Ich weiß es nicht. Sicher ist es gut, Sorgen und Klugheiten beiseite zu räumen, Gott Raum zu geben – denn in der Verbindung mit ihm wird sich der Maulbeerfeigenbaum in das Meer pflanzen. Atmet ruhig, atmet tief, überlegt nichts, lasst eure Sehnsucht durch euch hindurchgehen, von den Füßen aufsteigen, über das Rückgrat laufen, mit dem Atem aus eurem Inneren nach außen gelangen.

Gebet:

Dag Hammarskjöld betete:

Du, der über uns ist,
Du, der einer von uns ist,
Du, der *ist* –
auch in uns;
dass alle dich sehen – auch in mir ,
dass ich den Weg bereite für dich,
dass ich danke für alles, was mir widerfuhr.
Dass ich dabei nicht vergesse der anderen Not.
Behalte mich in deiner Liebe,

so wie du willst, dass andere bleiben in der meinen.
…
Vor dir, Vater,
in Gerechtigkeit und Demut,
mit dir, Bruder,
in Treue und Mut,
in dir, Geist,
in Stille.

AMEN

Segen:

Auch in Worten Hammarskjölds:

Geheiligt werde Dein Name
nicht der meine,
Dein Reich komme
nicht das meine,
Dein Wille geschehe
nicht der meine,
Gib uns Frieden mit Dir
Frieden mit den Menschen
Frieden mit uns selbst
und befreie uns von Angst.

SHALOM

20. 5. 2005 Eingang:

Bei aller Unruhe und trotz allen Auseinandersetzungen:
Friede sei mit uns!

Auch wenn ihr's schon kennt, zitiere ich noch einmal das Motto unserer Südafrika-Arbeit. Nachher will ich erklären, warum ich es anführe. Sicher wird es um **Befreiung** gehen.

„Wenn du gekommen bist,
um mir zu helfen,
dann vergeudest du deine Zeit.
Wenn du aber gekommen bist,
weil deine Befreiung mit der
meinen zusammenhängt,
dann lass uns zusammen arbeiten."

Gedanken:

- Wenn aber deine Befreiung mit der meinen zusammenhängt, dann lass uns zusammen arbeiten.

Mit **wem** zusammen? Wer kann uns befreien? Wir uns selbst?

Ihr habt mich nach meiner Rückkehr aus Südafrika nicht nach Anregungen aus der Theologie der Befreiung gefragt. Also bekommt ihr ungefragt ein paar Überlegungen dazu zu hören.

In der Zweigstelle des Südafrikanischen Kirchenrats in Kwa Zulu Natal, so erfuhren wir, hat ein Pfarrer bei einer Zusammenkunft von Pfarrern und kirchlichen Mitarbeitern eine kleine Ansprache über die Berufung des Mose gehalten. Wie genau kennen wir die Geschichte? Der brennende Dornbusch, die Aufforderung, ohne Schuhe heranzutreten, Gottes Auftrag an Mose, verbunden mit der Offenbarung des Gottesnamens, ICH BIN'S. Ich wiederhole hier Stoff aus dem Kindergottesdienst, ich weiß, aber lasst es euch, bitte, gefallen.

Mose weiß eine Reihe von Einwänden gegen Gottes Auftrag vorzubringen. Ich? Wer bin ich, dass ich zum Pharao gehen sollte? Dann: Woraufhin soll das Volk Israel überhaupt glauben, dass du mich beauftragt hast, du namenloser Gott? Und: Wie überzeuge ich dann erst die Ägypter von meinem Auftrag? Denn gut reden kann ich schon gar nicht. Obwohl Gott ihm Hilfe leistet und weitere Hilfe verspricht, will Mose die Begegnung beenden; er sagt: Ach Herr, sende doch, wen du senden willst! Damit erregt er Gottes Zorn, der ihn aber nur auf seine Mittel aufmerksam macht: seinen Hirtenstab und seinen Bruder Aaron, der ihm schon entgegenkommt.

Für jenen südafrikanischen Pfarrer ist es keine Frage, dass er diese Geschichte auf sein Amt und das Amt seiner Zuhörer beziehen soll. Wie Mose weiß er sich dazu berufen, das Volk zu befreien. Und weil ich keinen absoluten Unterschied zwischen den Amtsträgern und uns sehe, beziehe ich die Geschichte auch auf uns.

Ich soll das Volk in die Freiheit führen? Ich doch nicht! Weder Freund noch Feind werde ich überzeugen können. Besser geht doch jemand anderer voran. Gott fragt Mose auf einen seiner verzweifelten Einwände hin: *Was hast du da in der Hand?* Na, was hat der Schafhirte wohl in der Hand? Seinen Hirtenstab natürlich. Es folgt dann die Geschichte von dem Stab, der sich, auf die Erde geworfen, in eine Schlange verwandelt. Mose erschrickt vor dem, was er mit Gottes Hilfe bewirkt hat, und weicht zurück, packt die Schlange aber auf Gottes Wort hin beim Schwanz – und hält wieder seinen Hirtenstab in der Hand.

Das Mirakelhafte an dieser Geschichte gefällt mir nicht besonders, wohl aber diese Frage: Was hast du da in der Hand? Auch das Erschrecken vor dem eigenen Vermögen scheint mir sehr treffend und menschlich.

Jeder und jede hat etwas anderes in der Hand: dein Namensgedächtnis, dein Flötenspiel, dein Bankkonto, deine Sprachbegabung, deine Furchtlosigkeit und Entschlossenheit, dein Verständnis für komplizierte Zusammenhänge, dein Blick für andere, dein Haus und dein Auto – eben das Gerät deiner täglichen Arbeit.

Oder brauchen wir etwa keine Befreiung? Sind wir denn zufrieden in dieser fragwürdigen Republik, wo uns mit dem Argument von Diktatoren versichert wird, es gebe „keine Alternative" zur gewaltbereiten Verfassung Europas, sind wir zu Frieden in dieser todkranken Kirche?

Meine Befreiung und deine Befreiung und unsere Zusammenarbeit. Zusammenarbeit erlegt uns nichts auf, Zusammenarbeit befreit. Und es ist Arbeit, sich gut informiert zu halten, zu argumentieren, eindeutig zu sein, ohne aggressiv zu werden. Aber wenn uns unsere Arbeit nicht befreit, dann sind wir noch nicht zusammen.

Und wie ist Freiheit? In der Sendung „Shabbat Shalom" hörte ich neulich Überlegungen über die Wahrnehmung der eben gewonnenen Freiheit. Israel ist Pharao und seiner Verfolgung entronnen, aus der

Sklaverei in die Wüste gelangt. Wohin jetzt? Es hieß: „Alles, was wir haben, ist die Wüste selbst." Jede Richtung scheint die richtige zu sein. Die Richtung ist nicht vorgegeben, sie ist eine Sache der eigenen Entscheidung. „Vor uns: die Aufgabe, unsere Freiheit zu entdecken."

Dazu fielen mir Worte eines Liedes ein: „Wollen wir Gott *bitten,*/ dass auf unsrer *Fahrt*/ Friede unsre *Herzen*/ und die Welt *bewahrt.*/ Kyrie eleison,/ sieh, wohin wir *gehn.*/ Ruf uns aus den *Toten*/ lass uns *auferstehen.* ... Denn die Erde jagt *uns*/ auf den Abgrund *zu.*/ Doch der Himmel fragt *uns:*/ Warum zweifelst *du?*/ Kyrie eleison,/ sieh, wohin wir *gehn.*/ Ruf uns aus den *Toten,*/ lass uns *auferstehn.*"

Was habe ich da in der Hand? Eine Unterschriftenliste und einen Kugelschreiber.

Gebet:

Ewiger, Du, Einer und alles. In dir sind wir verbunden. Das erfüllt uns das Herz, und wir sind dankbar.

Wir gehen selbstgewählte Wege und wissen nicht, ob sie die richtigen sind. Das kostet uns Mut.

Manchmal beten wir und glauben nicht an die Wirkung unseres Gebets. So schwächen wir uns selbst und machen es dir unmöglich, in der Welt zu wirken.

Wir bitten um die Erfahrung deiner Gegenwart.

AMEN

Segen:

Ein Segen, aus Afrika mitgebracht:

Segne uns, o Gott,
Den Mond über uns,
Die Erde unter unseren Füßen,
Die Freunde um uns,
Dein Bild tief in unserm Inneren,
Die Ruhe, die vor uns liegt.

AMEN

19. 8. 2005 Eingang:

Friede sei mit uns, sein Geist sei mit uns! Er möge uns offen finden für das, was wir erkennen sollen.

Wahrscheinlich haben sich unsere Gedanken in den letzten Tagen beim Tod von Roger Schütz, bei den Berichten vom kath. Weltjugendtreffen und auch bei der Räumung des Gazastreifens getroffen. Zur Politik Israels kann ich nichts Kluges sagen. Zur Bruderschaft von Taize und zum Jugendtreffen möchte ich nachher ein paar Bemerkungen machen.

Bei meiner Unzufriedenheit und meinen Fragen fiel mir das Hohepriesterliche Gebet ein, das wir im Joh.-Evangelium finden. Jesus betet im Kreis seiner Jünger: „Nicht für diese allein aber, sondern auch für die, welche durch ihr Wort an mich glauben, bitte ich, dass alle eins seien, wie du, Vater, in mir bist und ich in dir, ja, dass auch sie in uns eins seien, damit die Welt glaubt, dass du mich gesandt hast."

Gedanken:

Zuerst möchte ich etwas erzählen. In Frankreich gibt es die Organisation CIMADE, eine Abkürzung, von der ich nur weiß, dass das C für 'christlich' steht. In der Zeit der Judenverfolgung betreuten sie Flüchtlinge aus Deutschland. Wer unter den Juden das nötige Geld hatte, versuchte, wenigstens bis nach England zu gelangen oder gar in die USA. Frankreich, d.h. auch die CIMADE, hatte es also mit den ärmsten Flüchtlingen zu tun. – Nach dem Krieg unterstützte die CIMADE den Bau des Hauses der Ev. Studentengemeinde in Bonn, des Dietrich-Bonhoeffer-Hauses. Es war ausgemacht, dass die CIMADE nach Inbetriebnahme des Hauses den Heimleiter stellen würde. Als es so weit war, fehlte der CIMADE aber eine geeignete Person für diese Aufgabe. Man wandte sich darum an die Bruderschaft von Taize, und Roger Schütz schickte Frere Laurent in Begleitung von einem Novizen, Frere Marc. Es war 1956/57, als ich den Brüdern im ökumenischen Kleinkreis der Bonner Studentengemeinde begegnete.

Sie erklärten uns, warum die großenteils protestantischen Brüder nach den klassischen drei Mönchsregeln leben: Gütergemeinschaft, Ehelosigkeit und Gehorsam. Erfahrung lehrte sie, dass sie handlungsfähig wurden, wenn sie sich von persönlichem Besitz, von der Sorge um eine Familie und Entscheidung über eigene Wege befreiten.

Wie ihr wisst, zieht Taize seit Jahren viele Jugendliche an, auch junge

Menschen aus unserer Gemeinde.

Jetzt hat das Weltjugendtreffen in Köln und Umgebung viele Jugendliche angezogen.

Ich gönne den Teilnehmern ihre Freude am Zusammensein, die Bestätigung ihres Glaubens und die Ermutigung, die gemeinsames Hören und Beten vermitteln. ... Ihr hört dabei aber schon meine Skepsis, nicht wahr. Diese Skepsis stellt sich auch ein, wenn ich die Begeisterung bei ev. Kirchentagen wahrnehme.

Was für ein Geist ist es denn, der da 'begeistert'? Ist es das Ach-nimm-mir-ab-ich-selbst-zu-sein, das Lass-mich-stark-in-der-starken-Menge-sein, das Sättige-mich-mit-Emotionen-an-denen-mein-Leben-so-arm-ist? Solche Wünsche erfüllen auch Sportveranstaltungen. Die bieten auch verehrungswürdige Leute an. Aber einen Papst – den haben sie nicht. Das ist unvergleichlich! Bundespräsident und Bundeskanzler haben den Papst begrüßt – wo war eigentlich Bischof Huber? Dialog mit anderen Religionen? Gut! Gehören wir Protestanten auch dazu?

Die übergroße Verehrung für einige Wenige haben schon die ersten Gemeinden gekannt. Nach Mt sieht Jesus die Gefahr, die Jünger könnten wie die Pharisäer und Schriftgelehrten werden, edel reden, sich aber nicht entsprechend verhalten. Mt lässt Jesus sagen: *Ihr dagegen sollt euch nicht Rabbi nennen lassen; denn einer ist euer Meister, ihr alle aber seid Brüder. Nennet auch niemand auf Erden euren Vater; denn **einer** ist euer Vater, der himmlische. Auch sollt ihr euch nicht Lehrer nennen lassen; denn einer ist euer Lehrer, Christus.*

Roger Schütz wurde in seiner Gemeinschaft 'Notre Frere' genannt. Herr Ratzinger wird 'Heiliger Vater' genannt.

Das klingt jetzt, als ob ich die Regale füllende Theologie des Papsttums auf einen Punkt bringen könnte. Das kann und das darf ich nicht. Aber meine Wünsche will ich sagen.

Gebet:

Ewiger, du bist da und wir kommen zu dir.

Sind wir anmaßend, wenn wir so kritisch über deine große Kirche reden? Unsere eigene Kirche scheint uns ja erbärmlich – du weißt es. Wie könnten wir die eine Kirche gegen die andere abwägen! Tust du es denn?

Wenn wir zu dir kommen, so treibt uns die Sehnsucht nach der Einheit mit dir – und in dieser Einheit suchen wir die Einheit mit den ungezählten vielen und vielfältigen Brüdern und Schwestern auf deiner Welt.

Wir beten für die Priester, die im Zusammenhang mit dem Weltjugendtreffen anleiten, sprechen und beten sollen. Dass sie nicht leichtfertig mit ihrer großen Verantwortung umgehen, ist meine Bitte. Wenn sie Angst vor ihrer eigenen Rolle bekommen, so gib ihnen den Mut zu Skepsis und klaren Gedanken. Gib ihnen die Souveränität, die den Kardinal Ratzinger befähigt hat, Frere Roger das Brot des Abendmahls zu reichen.

Ewiger, Lebendiger, rühre uns an mit deinem Leben. Unser Lob mache dich für andere Menschen erkennbar.

AMEN

Segen:

Die Gnade Gottes,
tiefgründiger als wir sie uns
vorzustellen vermögen,
die Kraft Jesu Christi,
stärker als wir ihrer bedürfen,
und die Gemeinschaft des Heiligen Geistes,
umfassender als unser Zusammensein,
leite und begleite uns heute
und alle unsere Tage, die da kommen.

SHALOM

2. 9. 2005 Eingang:

Antikriegstag, gestern – Zerstörung im Mississippi-Delta – Sunniten gegen Schiiten und Panik in Bagdad –

und uns geht's gut? Meine Bank verspricht mir einen Boom der Aktienkurse, wenn A. Merkel erst gewonnen haben wird und die Fußball-Weltmeisterschaft die deutsche Wirtschaft belebt. Mein Zahnarzt prophezeit mir für Deutschland südafrikanische Verhältnisse, wo ehrenwerte Leute in ehrenwerten Berufen ungeniert mit großen Zahnlücken herumlaufen.

Wir versuchen hier – so verstehe ich uns – wir versuchen, uns in Zusammenhängen zu sehen, uns, so gut wir können, Zusammenhänge klar zu machen in der Hoffnung, ein so gewonnenes Bewusstsein könne irgendwie dem Frieden dienen.

Was ist denn zu denken, wenn wir die Gegensätze von Wohlergehen und Elend wahrnehmen? Was ist zu denken? Was ist zu danken? Lasst mich aus dem Morgengebet für den Sabbat zitieren:

Der Ewige macht beredt die Stummen, befreit die Gefesselten, stützt die Fallenden, richtet auf die Gebeugten. Dir allein danken wir, wäre unser Mund voll des Gesanges wie das Meer und unsere Zunge des Jubels wie das Rauschen seiner Wellen und unsere Lippen des Lobes wie die Weiten des Himmels und unsere Augen leuchtend wie Sonne und Mond und unsere Hände ausgebreitet wie Adler des Himmels und unsere Füße rasch wie Hirsche – wir vermöchten doch nicht dir genug zu danken, Ewiger, unser Gott und Gott unserer Väter, und deinen Namen zu loben.

Christian Führer zum 21.9.1998

An die „Montagsgemeinde" gerichtet:

Führer erinnert an 1989. „Damals saßen wir in einer aussichtslosen und scheinbar zukunftslosen Situation hier beieinander.

Wir wussten uns keinen anderen Rat, als uns unter den ausgebreiteten Armen unseres gekreuzigten und auferstandenen JESUS CHRISTUS zu versammeln, zu denken, zu hören, zu beten; und danach auf die Straße zu gehen als 'stummer Schrei' gegen die, die nichts ändern wollten und konnten.

So mischte sich unter die Angst Hoffnung, bis die Hoffnung die Oberhand gewann und das Unmögliche möglich wurde.

Nun sitzen wir wieder hier (...), weil wir heute nicht weniger ratlos sind" und Führer nennt kurz die Problemkreise Arbeit und Menschenwürde, Inländer und Ausländer, die Politik der Parteien, der Umgang mit Kapital.

„Doch eins wissen wir trotz aller Ratlosigkeit.
- Es bewegt sich nichts ohne uns hier unten, ohne das Volk.
- Und es bewegt sich nichts ohne GOTT.

So rufe ich den Menschen im ganzen Land zu:

'Mensch, richte dich doch auf!
Wie soll dich GOTT erheben,
wenn du mit ganzer Macht
bleibst an der Erde kleben?' (Angelus Silesius)"

aus dem Faltblatt der Nikolaikirche, Leipzig:

Genau 450 Jahre nach Einführung der Reformation in Leipzig, 176 Jahre nach der Völkerschlacht bei Leipzig – nun wieder Leipzig.

Seit dem 8. Mai 1989 wurden die Zufahrtsstraßen zur Nikolaikirche durch Polizei kontrolliert und blockiert. Später wurden dann schon die Zufahrtsstraßen und Autobahnabfahrten nach Leipzig großräumig unter Kontrolle gehalten bzw. für die Zeit des Friedensgebetes gesperrt. Die staatlichen Behörden verstärkten ihren Druck auf uns, die Friedensgebete abzusetzen oder wenigstens von der Nikolaikirche weg an den Stadtrand zu verlegen. Montag für Montag Verhaftungen bzw. "Zuführungen" im Zusammenhang mit den Friedensgebeten. Dennoch steigender Andrang der Besucher, bis die 2000 Plätze unserer Kirche nicht mehr ausreichten. So kam der **alles entscheidende 9. Oktober** heran. Was für ein Tag! Ein schauriges Gewaltszenario von Armee, Kampfgruppen, Polizei und zivilen Beamten war aufgeboten. Aber der Auftakt war ja bereits am 7. Oktober erfolgt, dem 40. Jahrestag der DDR, der als Volkstrauertag in die Geschichte der DDR eingegangen ist. An diesem Tag schlugen 10 Stunden lang Uniformierte auf wehrlose, sich nicht wehrende Menschen ein, transportierten sie ab in Lastwagen. Hunderte von ihnen wurden in Markkleeberg in Pferdeställe gepfercht. Auch war rechtzeitig ein Artikel in der Zeitung erschienen, daß nun endlich mit der "Konterrevolution" Schluß gemacht werden müsse, wenn es sein muß, mit der Waffe in der Hand. So sah es dann am **9. Oktober** auch aus. Im übrigen hatte man noch etwa 1000 SED-Genossen in die Nikolaikirche beordert, von denen bereits gegen 14 Uhr etwa 600 das Kirchenschiff füllten. Sie hatten ihre Aufgabe wie die regelmäßig und zahlreich in Friedensgebeten vorhandenen Stasileute. Aber was man nicht eingeplant, woran man nicht gedacht hatte: Man setzte ja damit diese Menschen zugleich dem Wort, dem Evangelium und seiner Wirkung aus! Ich habe es immer auch positiv gesehen, daß die zahlreichen Stasileute Montag für Montag die Seligpreisungen der Bergpredigt hörten. Wo sollten sie diese sonst hören können?

Und so hörten diese Menschen alle, unter ihnen die SED-Genossen, das Evangelium von JESUS, DEN sie nicht kannten, in einer Kirche, mit der sie nichts anfangen konnten. Sie hörten von JESUS,

DER sagte: "Selig die Armen"! Und nicht: Wer Geld hat, ist glücklich.

DER sagte: "Liebe deine Feinde!" Und nicht: Nieder mit dem Gegner.

DER sagte: "Erste werden Letzte sein!" Und nicht: Es bleibt alles beim alten.

DER sagte: "Wer sein Leben einsetzt und verliert, der wird es gewinnen"! Und nicht: Seid schön vorsichtig.

DER sagte: "Ihr seid das Salz"! Und nicht: Ihr seid die Creme.

So ist dieses Friedensgebet in einer unglaublichen Ruhe und Konzentration vonstatten gegangen. Kurz vor dem Schluß, vor dem Segen des Bischofs, wurde noch der Appell des Gewandhauskapellmeisters Professor Masur und anderer verlesen, der unsere Aufrufe zur Gewaltlosigkeit unterstützte. Wichtig auch diese Gemeinsamkeit in einer solch bedrohlichen Situation, die Verbundenheit zwischen Kirche und Kunst, Musik und Evangelium. So ging dieses Friedensgebet zu Ende mit dem Segen des Bischofs und der eindringlichen Aufforderung zur Gewaltlosigkeit. Und als wir, mehr als 2000 Menschen, aus unserer Kirche kamen – den Anblick werde ich nie vergessen –, warteten Zehntausende draußen auf dem Platz. Sie hatten Kerzen in den Händen. Und wenn man eine Kerze trägt, braucht man beide Hände. Man muß das Licht behüten, vor dem Auslöschen schützen. Du kannst nicht gleichzeitig noch einen Stein oder Knüppel in der Hand halten.

Und das Wunder geschah.

Der GEIST JESU der Gewaltlosigkeit erfaßte die Massen und wurde zur materiellen, zur friedlichen Gewalt. Armee, Kampfgruppen und Polizei wurden einbezogen, in Gespräche verwickelt, zogen sich zurück.

Es war ein Abend im GEIST unseres HERRN JESUS, denn es gab keine Sieger und Besiegten, es triumphierte niemand über den anderen, keiner verlor das Gesicht. Es gab nur das ungeheure Gefühl der Erleichterung.

Nur wenige Wochen dauerte die gewaltlose Bewegung und brachte doch die Partei- und Weltanschauungsdiktatur zum Einsturz. "ER stürzt die Gewaltigen vom Thron und erhebt die Niedrigen". - "Es soll nicht durch Heer oder Kraft, sondern durch MEINEN GEIST geschehen, spricht der HERR": Das haben wir miterlebt. Tausende in den Kirchen. Hunderttausende auf der Straße um das Stadtzentrum. Nicht eine zerstörte Schaufensterscheibe. Die unglaubliche Erfahrung mit der Macht der Gewaltlosigkeit. Sindermann, der dem Zentralkomitee der SED angehörte, sagte vor seinem Tod: "Wir hatten alles geplant. Wir waren auf alles vorbereitet. Nur nicht auf Kerzen und Gebete."

Die Friedensgebete gehen weiter. Eine Kirchliche Erwerbsloseninitiative an der Nikolaikirche ist entstanden. So bleibt die Nikolaikirche, was sie war:

Ein Haus des JESUS CHRISTUS,

ein Haus der Hoffnung,

Refugium und Zelle des Aufbruchs.

Pfarrer C. Führer

Segen:

Führe uns zur Ruhe, Ewiger, unser Gott, in Frieden und lass uns aufstehen, unser König, zum Leben, breite über uns das Zelt deines Friedens aus.

SHALOM

9. 9. 2005 Eingang:

An ungewohntem Ort.

Manfred hat den Michelangelo mitgebracht als Meditationshilfe. Gott entlässt Adam in das Leben.

Friede sei mit uns. Unfriede herrscht in der Welt ...

Der Zerstörung im Mississippi-Delta ist eine Wiederholung des Unglücks im sozialen Bereich gefolgt, Sunniten und Schiiten misstrauen einander in einem Maße, dass eine Panik Menschen in den Tigris treibt,

und uns geht's gut? Denn wir sind nicht schwarz, wir sind nicht fanatisch – oder wie erklärt ihr euch unser Glück? Meine Bank verspricht mir einen Boom der Aktienkurse, wenn Angela Merkel erst gewonnen haben wird und die Fußballweltmeisterschaft die deutsche Wirtschaft belebt. Mein Zahnarzt prophezeit mir südafrikanische Verhältnisse, wo ehrenwerte Leute in ehrenwerten Berufen ungeniert mit großen Zahnlücken herumlaufen.

Wir versuchen hier – so verstehe ich uns – wir versuchen, uns in Zusammenhängen zu sehen, uns Zusammenhänge klar zu machen in der Hoffnung, ein so gewonnenes Bewusstsein könne irgendwie dem Frieden dienen.

Was ist zu denken, wenn wir die Gegensätze von Wohlergehen und Elend wahrnehmen? Was ist zu denken? Was ist zu danken? Lasst mich aus dem Morgengebet für den Sabbat zitieren:

Der Ewige macht beredt die Stummen, befreit die Gefesselten, stützt die Fallenden, richtet auf die Gebeugten. Dir allein danken wir, wäre unser Mund voll des Gesanges wie das Meer und unsere Zunge des Jubels wie das Rauschen seiner Wellen und unsere Lippen des Lobes wie die Weiten des Himmels und unsere Augen leuchtend wie Sonne und Mond und unsere Hände ausgebreitet wie Adler des Himmels und unsere Füße rasch wie Hirsche – wir vermöchten doch nicht dir genug zu danken, Ewiger, unser Gott und Gott unserer Väter, und deinen Namen zu loben.

Gedanken:

Ich bewundere Israels Lob Gottes. Israel klagt und bittet – in überwältigendem Maße aber lobt es Gott, nennt seine Wohltaten und dankt. Noch am Grab der Eltern (des Vaters) wird ein Kind den Namen des

Heiligen preisen und rühmen und verherrlichen und erheben und feiern und hoch erheben. Denn das versteht Israel als seine Pflicht, den Namen – das heißt den Ewigen – mit Jubel zu verherrlichen, zu danken, zu rühmen, zu loben, zu feiern, zu segnen ...

Das ist nicht unsere Sprache. Seit Jahren bin ich mir bewusst, dass ich über keine eigene Sprache des Danks verfüge. Ich singe gern mit, Psalm 98 etwa, vertont von Schütz oder in der Form von 'Cantai ao Senhor un cantico novo'. Und viele andere Lieder. Lange habe ich mich davor gedrückt, meine mangelhafte Danksprache überhaupt zum Thema eines Friedensgebets zu machen. Ihr müsst ja meine Glaubensschwierigkeiten nicht zu den euren machen.

Aber ich gebe euch zu überlegen, ob unser Dank nicht manchmal billig ist. Viele Menschen sagen: „Wir sind sehr dankbar": für eine zahlbare Wohnung, für eine gute Arbeit, für die Geburt eines gesunden Kindes, für einen schönen Urlaub mit gutem Wetter. Wem sind sie dankbar? Das wird meistens nicht gesagt. Und ich finde, es ist genug, wenn Menschen ihr Wohlergehen nicht als Selbstverständlichkeit hinnehmen, und wenn sie Gott, dem sie dann eventuell bei der Taufe danken, nicht als den Ingenieur ihres Glücks auffassen.

Wenn es mir gut geht, so „ohn all mein Verdienst und Würdigkeit", wie Luther es ausdrückt. Ich denke, wir sind uns einig darin, dass das Wesen Gottes im Bild eines gerechten Königs, der hier belohnt und dort straft, nicht erfasst ist. So hätten wir Gott oft gern. Dann wüssten wir uns Wohlergehen zu verschaffen und bei ihm einzuklagen. Glück und Unglück sind aus tausend Fäden gewoben und verknotet. Manchmal erkennen wir einzelne Fäden und können sie zu unserm Heil verstärken oder herausziehen und wegtun. Wenn ich ehrlich bin, kann ich oft nur sagen: ICH VERSTEH ES NICHT! Wir verstehen nicht, warum meiner Freundin diese schwere Krankheit auferlegt wird und sie dennoch die Kraft hat, die Vorhölle der Therapie auf sich zu nehmen, statt diese Kraft in ihre Arbeit stecken zu dürfen. Ich verstehe nicht, warum mein Leben so leicht ist. Es wäre billig, zu sagen: 'Vielen Dank, lieber Gott', wie ein Kind sein Geburtstagsgeschenk entgegennimmt und fröhlich davon springt, um es Mutter zu zeigen. Ein Kind hat vielleicht einen gewissen Anspruch auf ein Geburtstagsgeschenk. Aber mein Dank?

Bei unfassbaren Katastrophen heißt es oft: Warum hast du das zugelassen, oh Gott? Wir sind uns einig, dass wir das Gottesbild solchen Denkens nicht teilen. Aber es gibt eine billige Dankbarkeit, die im Grunde von einem ähnlichen Gottesbild ausgeht, insgeheim meint, für Klugheit und Frömmigkeit belohnt zu werden, aber keine Konsequenz aus dem jeweiligen Wohlergehen zieht. Welch andere Konsequenz könnte es sein als die der Verantwortung in der Welt, wenn wir denn uns und die Welt in Beziehung auf IHN verstehen. Banal?

Bei meiner Suche nach einer Sprache der nicht-billigen Dankbarkeit fiel mir ein Satz aus Ps 22 ein. Es ist der Psalm, den Jesus am Kreuz gebetet hat: Mein Gott, mein Gott, warum hast du mich verlassen, bleibst fern meiner Rettung und den Worten meiner Klage? ... Und doch bist du der Heilige, der thront über den Lobgesängen Israels. Nicht auf seiner Macht, sondern über den Lobgesängen Israels. Israel, dieses geschundene Volk, der Priester der Völker: sein Lob macht Gott für andere Völker sichtbar.

Gebet:

Ewiger, oft danken wir dir mit leichtfertigem Herzen, legen einen Dank ab, als ob wir uns damit einer Pflicht entledigen könnten. Dass du **bist,** anders als ein Mensch verstehen könnte, aber immer als Grund unseres Lebens erfahrbar bist – dafür danken wir dir. Dieses Bewusstsein möchten wir an uns sichtbar werden lassen. Dass es dem Frieden diene, ist unsere Bitte.

AMEN

Segen:

Auch aus dem jüdischen Gebetbuch:

Führe uns zur Ruhe, Ewiger, unser Gott, in Frieden und lass uns aufstehen, unser König, zum Leben, breite über uns das Zelt deines Friedens aus.

SHALOM

30. 9. 2005 (nach dem Treffen in Leipzig)

Eingang:

Friede sei mit uns!

Inge Bunck und ich erzählen euch heute etwas vom Friedensgebetstreffen in Leipzig, etwas vom Rahmen und etwas von den Inhalten, und wir möchten euch zum Beten einladen.

Wir waren etwa 50 Personen, die im Ökumenischen Gästehaus in Grünau zusammenkamen, alte Freunde und auch neue jüngere Leute, Ostdeutsche und Westdeutsche, Süddeutsche und Norddeutsche, Protestanten und Katholiken.

Es gab ein geplantes und ein ungeplantes Programm. Das ungeplante vollzog sich in den Gesprächen bei Tisch, wo wir ohne Umschweif und vertrauensvoll über unsere Probleme mit der Welt, der Kirche und unserer Frömmigkeit redeten. Das geplante Programm umfasste – am Freitagabend – eine Vorstellungsrunde, bei der die Kirchenälteste, die ich mitgebracht hatte, mit kleinem Applaus begrüßt wurde. Wieder hörten wir, (staunend und leicht beschämt), dass viele Friedensgebetsgruppen Katholiken und Protestanten vereinen. Am Samstag zeigte uns Pater Gregor Böckermann einen ZDF-Film zum Thema Reichtum / Kapitalismus; mit Christian Führer lasen wir dann die Seligpreisungen und andere Texte. Am Nachmittag gab es Gelegenheit, die Innenstadt kennenzulernen, z. B. zur Motette in die Thomaskirche zu gehen. Wir trafen uns wieder in der Nikolaikirche. Ich fand es bewegend, Christian Führer die Geschichten von damals, Okt. 1989, noch einmal an Ort und Stelle erzählen zu hören, wie er den Mut fand, die „mit Sicherheit" 2000 Teilnehmer an einem Friedensgebet zu begrüßen. Ihr hört die Doppeldeutigkeit der Wendung „mit Sicherheit"; bei solchen Anspielungen lachten die einen und saßen die andern mit versteinerten Mienen da und enttarnten sich selbst. Aber **willkommen** waren sie alle. **Nikolaikirche – offen für alle** gilt noch immer, die Kirchentür steht offen, und auf dem Altar brennt eine Kerze, damit Vorbeigehende und Besucher sehen: diese Kirche arbeitet. Im Altarraum, auch dieser offen für alle Besucher, eben da, wo die Friedensgebete begannen, hielten wir unser Friedensgebet. Wir beschlossen den Samstag im Gemeindesaal bei liebevoll hergerichtetem Abendbrot, Gespräch und meditativem Tanz.

Am Sonntag nahmen und waren wir Teil eines ökumenischen Gottesdienstes, wie ihn die Leipziger einmal im Jahr auf dem Marktplatz halten. Die Sonne strahlte, die Thomaner sangen wie die Engel, ein Katholik predigte, Katholik, Protestant, Reformierte und Orthodoxer sprachen den Segen.

Und wie rief Christian Führer vor der Agape-Feier?

„Jesus ist unter uns."

Gebet:

Ewiger, nur unklar erkennen wir dich; aber wir wissen, dass wir in dir und durch dich verbunden sind mit den Freundinnen und Freunden, die wie wir um Frieden bitten. Wir sagen dir Dank.

Ich danke dir besonders für die Leipziger Freunde, die immer wieder das Wunder bezeugen, das du getan hast, als du an jenem Montag 1989 mit ihnen die Kirche verlassen und mit ihnen auf die Straße gegangen bist.

An dir, Ewiger, messen wir, was wesentlich oder unwesentlich ist. Hier vor dir denken wir nach über das, was in der Welt geschieht und was uns Angst macht, und bitten dich um Hilfe.

Wir wissen vieles nicht, weil wir uns zu müde fühlen, auch nur die leicht zugängliche Information aufzufassen. Leicht, und oft nach starren Mustern, beurteilen wir Umstände und Menschen. Aber wenn es um unsere eigene Rolle geht, sprechen wir von unserer Ohnmacht – vielleicht in falscher Demut – während du, Ewiger, darauf wartest, dass wir deinem Geist Raum geben.

Nimm Raum in unserem Denken! Und nimm Raum im Denken der Verantwortlichen, die unser politisches Geschick lenken. Wir loben dich als den Gott, der Wunder tut.

AMEN

Segen:

In unsere Herzen,
in unser Tun und Wahrnehmen
dringe ein Dein Reich!
Ja, bald!

SHALOM

Gott,

Du willst, dass wir Fürbitte tun für alle Menschen.
Darum bitten wir dich heute ganz besonders für die,
die sonst oft vergessen werden.
Wir wissen nicht, wie ihnen geholfen werden kann.
Du weißt es.
Um des einen Gerechten,
um deines lieben Sohnes willen bitten wir für alle, die nicht glauben können, und auch für die, die nicht glauben wollen.
Wir bitten für alle, die sagen: Es gibt keinen Gott
Und auch für die, die es zwar nicht sagen, aber doch so leben, als wärst du nicht da.

Wir bitten dich für die kalten Rechner, die bedenkenlos ihren Vorteil wahrnehmen, und für die skrupellosen Gewalttäter.
Wir bitten dich für die Verblendeten, die meinen, mit Terror lasse sich die Gerechtigkeit durchsetzen, und für alle, die zu Verbrechern werden, weil sie ihren Trieben ausgeliefert sind.

Wir bitten dich für alle, die nie ihre eigene Schuld sehen, aber andere hart verurteilen;
Für alle, deren Frömmigkeit zur Heuchelei geworden ist.
Wir bitten dich für uns selbst, dass unsere Fürbitte nicht zum Hochmut wird; denn von allem, was wir an anderen sehen, steckt ein Teil in uns selbst.

Erhöre uns, Gott!
Öffne allen die Augen, damit wir dich in deiner Wahrheit erkennen und uns selbst mit deinen Augen sehen lernen;
Damit wir dich als unseren Herrn annehmen und frei von allem werden, was uns knechtet.
Zeige uns, wie wir einander helfen können.
Du kannst uns allen helfen.
Du bist unser Retter, heute und in Ewigkeit. Amen.

Nach einem Gebet aus
„Unser Vater Abraham"
Neukirchener Verlag

7. 10. 2005 Eingang:

Friede sei mit uns

und Wohlergehen mit den Freunden, die heute nicht unter uns sind!

Ihr wisst, wie Paulus die Liebe beschreibt, 1. Kor. 13, wie die Liebe an leichten und an schweren Tagen am Wirken ist. Zur Erinnerung: Die Liebe ist langmütig, sie ist gütig, sie bläht sich nicht auf, sie lässt sich nicht erbittern ... und schließlich: sie glaubt alles, sie hofft alles, sie erduldet alles.

In vergleichbarer Weise beschreibt Kurt Marti die Hoffnung.

die hoffnung

die hoffnung geht zu fuß
die hoffnung strampelt auf dem rad
die hoffnung fährt mit der bahn

die hoffnung guckt wolken nach
die hoffnung grüßt den mond
die hoffnung findet zeit

die hoffnung verteidigt igel und bäume
die hoffnung versteckt asylanten
die hoffnung kauft im drittweltladen ein

die hoffnung fällt und erhebt sich wieder
die hoffnung steigt über berge
die hoffnung durchschwimmt das meer

die hoffnung bleibt neugierig
die hoffnung entdeckt zusammenhänge
die hoffnung sucht verbündete

die hoffnung kann entbehren
die hoffnung weiß zu genießen
die hoffnung schürt das feuer der liebe

die hoffnung kann wütend werden
die hoffnung kann traurig sein
die hoffnung lacht subversiv

die hoffnung kämpft für das recht des andern
die hoffnung feiert und tanzt

die hoffnung macht zärtlich

die hoffnung hat nichts
die hoffnung will alles
die hoffnung betet um das reich gottes

Gedanken:

Habt ihr euch in dem Text von Kurt Marti wiedererkannt? Verkörpert ihr Hoffnung, oder **die** Hoffnung, die Kurt Marti charakterisiert?

Zuerst dachte ich, eine so lange Reihe von gleichförmigen, dennoch merkenswerten Sätzen könne ich nicht einfach vorlesen; zwischen der 4. und 5. Aussage würdet ihr abschalten. Aber dann war ich sicher, dass ihr eure Lebensweise mit Freude darin wiedererkennen würdet, ihr lieben Radfahrer, Asylantenverstecker, ihr, fähig zu entbehren und zu genießen, ihr, wütend und traurig für das Recht des andern kämpfend, um dann mit dem andern zu feiern und zu tanzen.

Ich habe überlegt, welche von den weniger geläufigen Formulierungen ihr euch anstreichen würdet. Nicht wahr, die Hoffnung, die fällt und wieder aufsteht, über Leitern steigt und das Meer durchschwimmt, erinnert uns an die Afrikaner zwischen Marokko und Spanien, an die Lateinamerikaner an der Grenze zu Kalifornien. Ich selbst mag 'Zusammenhänge erkennen, Verbündete suchen und subversiv lachen'. Aber würde ich subversiv lachen in dem Augenblick, in dem es gilt, den Mächtigen ihre Lächerlichkeit zu zeigen oder ihre Anmaßung und Widersprüche? Manchmal hat die Hoffnung Angst. Denn, wie im ai Journal für Oktober zu lesen ist: **töten nicht nur Menschen, sondern auch die Hoffnung**. Darum müsste ich immer den großen Bruder der Hoffnung, den **Mut**, an meiner Seite haben. Und euch.

Nun, Hoffnung, wenn du noch lebst, was hast du heute schon getan? Bist du mit betenden Gedanken an wenigstens *einem* Ort gewesen, an dem Menschen leiden? Kindersoldaten, AIDS-Waisen, minderjährige Prostituierte, Guantanamo; hast du den Himmel bestürmt, er möge Hirn vom Himmel schmeißen, besonders auf Washington?

                    die hoffnung hat nichts
                    die hoffnung will alles
                    die hoffnung betet um das reich gottes

Gebet:

Ewiger, wenn wir hoffen, machen wir dich wirklich. Um deinetwillen, mit dir im Rücken können wir die Hoffnung zur Wirkung bringen. Vielleicht wartest du darauf, dass wir deine Hoffnung erfüllen. Wenn wir das vergessen, blicken wir ohne Zuversicht in unsere Zeit, haben Angst vor Zumutungen – und versäumen damit die Freude am Gelingen und an der Gewissheit, dass Gutes möglich ist. Unsere Verzagtheit trennt uns von dir. Doch auch wenn wir als Hoffende dies und das tun – dein Reich lassen wir uns schenken. Wirst du es um unseretwillen aufrichten? Damit unter den Menschen doch nicht vergessen wird, was das sein kann: Reich Gottes.

Sieh die Sehnsucht unserer Herzen an.

AMEN

Ausgang:

Paulus im Römerbrief:

Denn aus ihm und
durch ihn und
zu ihm hin
sind alle Dinge.
Sein ist die Ehre
in Ewigkeit.

AMEN

2. 12. 2005 Eingang:

Friede sei mit uns!
Friede sei mit Susanne Osthoff und mit ihren Entführern!
Friede sei mit Ariel Sharon und Simon Peres!
Friede sei mit den Führern der Palästinenser!
Friede sei mit George W. Bush und seinen Beratern!
Friede sei mit Angela Merkel!
Friede sei mit Monika Schwinge!

Friede sei mit uns! Friede **ist** mit uns. Denn ER ist unser Friede, der beide Teile zu einem Ganzen gemacht und die Scheidewand des Zaunes, die Feindschaft, abgebrochen hat. Christus, so der Epheserbrief (2. Kapitel), hat in seiner Person Gegensätze verbunden und Frieden gestiftet.

Gedanken:

Der größte Teil meiner Überlegungen für unser Treffen heute war ziemlich theoretisch und nicht einmal neu. Ich fragte mich schließlich, ob es sinnvoll sein könnte und ob ihr es sinnvoll finden könntet, für George W. Bush zu beten. Wäre das nicht anmaßend? Als ob ich mir den Alltag und den Aufgabenkreis dieses Mannes vorstellen könnte! Aber der Mann macht mir Angst. Und was mir Angst macht, ist seine Angst. Wenn er sich bedroht glaubt und sich mit all den komplizierten Ländern und ihren Konflikten auseinandersetzen müsste, fängt er an, seine Flugzeuge, Bomben und Panzer zu zählen. Seine Macht verführt ihn dann zu den genau falschen Entscheidungen. Er produziert die Konflikte, vor denen er seine Nation und die sogenannte freie Welt schützen will. „Umgekehrt!" möchte ich ihm manchmal zurufen, nicht Misstrauen, sondern Vertrauen!

Misstrauen ist ein ganzer Berufszweig geworden: Nachrichtendienste, Geheimdienste, CIA. Sie arbeiten mit größter technischer Raffinesse. Bin ich jetzt froh, dass so gut auf uns Acht gegeben wird? Oder habe ich Angst vor der Verselbständigung dieser Arbeit, vor Menschen, die Verdächtige finden müssen, um ihre Planstelle und den Gebrauch der Technik zu rechtfertigen. Wolfgang und Ingrid kennen Geschichten, wie berufliches Fortkommen um den Preis des Asylrechts und der Wahrheit durchgesetzt wird.

Andererseits weiß ich gar nicht, wie oft ich durch das staatliche Misstrauen schon geschützt worden bin. Ich weiß eben nicht, wann Vertrauen, wann Misstrauen angesagt ist. Aber über eines bin ich mir sicher: meine Aufgabe ist es, Vertrauen zu üben und erkennen zu lassen, dass Vertrauen heilen kann.

Als ich so weit war, fiel mir eine Geschichte aus dem Ersten Testament ein, aus dem 2. Samuelbuch. Die möchte ich jetzt mit kleinen Kürzungen vorlesen – auch wenn das ein bisschen wie Kindergottesdienst wird:

Saul, der erste König Israels, ist eifersüchtig auf David, der siegreich kämpft und vom Volk bejubelt wird. Zu seinem Sohn Jonathan sagt er: So lang dieser David lebt, wirst du nie König. Den Jonathan stört das nicht, denn er liebt David wie sein eigenes Leben, und verhilft ihm zur Flucht vor dem König. David lebt mit einer Rotte kampflustiger Männer mal hier, mal da, nimmt sich diese und jene Frau – und stößt, ungesucht, auf König Saul. Bekannt ist die Geschichte, wie David den König in einer Höhle bei Engedi findet und ihm unbemerkt einen Zipfel seines Mantels abschneidet. In einer anderen Version geht's so:

Als David nun sah, dass Saul ihm in die Wüste nachgekommen war, sandte er Kundschafter aus und erfuhr zuverlässig, dass Saul da sei. Da machte sich David auf und als er den Ort sah, wo Saul mit seinem Feldhauptmann Abner lag – Saul lag nämlich in der Wagenburg, und die Leute waren rings um ihn her gelagert – da sprach David zu seinen Freunden: Wer kommt mit mir hinab zu Saul ins Lager? Abisai sprach. Ich komme mit dir hinab. Als nun David und Abisai bei Nacht zu den Leuten kamen, siehe, da lag Saul schlafend in der Wagenburg, und sein Speer stak in der Erde zu seinen Häuptern. Abner aber und die Leute lagen rings um ihn her. Da sprach Abisai zu David: Gott hat deinen Feind heute in deine Hand gegeben. So will ich ihn nun an den Boden spießen, mit *einem* Stoß; ein zweiter wird nicht nötig sein. David aber sprach zu Abisai: Bring ihn nicht um! Denn wer könnte Hand an den Gesalbten des Herrn legen und bliebe ungestraft? Und David sprach: So wahr der Herr lebt! Vielmehr wird der Herr ihn schlagen, oder es kommt seine Stunde, da er sterben muss, oder er zieht in den Krieg und wird weggerafft. Da sei Gott vor, dass ich Hand an den Gesalbten des Herrn legen sollte! So nimm nun den Speer zu seinen Häuptern und den Wasserkrug und lass uns gehen! Dann nahm David den Speer und den Wasserkrug zu Häuptern Sauls, und sie gingen weg. Und es war niemand, der es sah oder merkte; denn Tiefschlaf, vom Herrn gesandt, war auf sie gefallen.

Und David ging auf die andere Seite des Tales hinüber; dann rief er die Leute und Abner (den Feldhauptmann Sauls) an: Gibst du keine Antwort, Abner? Und Abner antwortete: Wer bist du, der du den König anrufst? David sprach zu Abner: Du bist doch ein Mann, und deinesgleichen gibt es nicht in Israel! Warum hast du deinen Herrn, den König, nicht behütet? So wahr der Herr lebt, ihr seid des Todes, weil ihr euren Gebieter, den Gesalbten des Herrn, nicht behütet habt. Und nun, sieh doch nach: Wo ist der Speer des Königs? und wo der Wasserkrug zu seinen Häupten?

Da erkannte Saul die Stimme Davids und sprach: Ist das nicht deine Stimme, mein Sohn David? David sprach: Es ist meine Stimme, mein Herr und König. Und er sprach: Warum verfolgt mein Herr seinen Knecht? Was habe ich denn getan? und was ist Böses an meiner Hand? (...) Der König Israels ist ausgezogen, auf mein Leben Jagd zu machen, wie der Geier das Rebhuhn jagt auf den Bergen.

Da sprach Saul: Ich habe gefehlt; komm zurück, mein Sohn David, ich will dir forthin kein Leid mehr tun, weil mein Leben dir heute teuer gewesen ist. Ja, ich habe töricht gehandelt und mich sehr schwer vergangen. David antwortete: Hier ist der Speer des Königs; es komme einer von den Leuten herüber und hole ihn. Und siehe, wie heute dein Leben mir wert gewesen ist, so möge mein Leben dem Herrn wert sein, und er möge mich aus aller Not erretten! Da sprach Saul zu David: Gesegnet seist du, mein Sohn David! Gewiss wirst du es vollbringen und obsiegen.

Danach ging David seines Weges, Saul aber kehrte zurück an seinen Ort.

Den Stämmen des Südlands gegenüber verhielt sich David anders, tötete Männer und Frauen und machte Beute. Uns, denke ich, sollte jeder Mensch wie der Gesalbte des Herrn gelten.

Ewiger – mit all unserm Vertrauen wenden wir uns zu dir, mit einem Vertrauen, wie wir es Menschen gegenüber nur selten aufbringen. Höre, wo Menschen zu dir rufen, wir bitten dich. Sprich, wo Menschen ihre Sicherheit verloren haben.

Du siehst unsere eigene Unsicherheit, unsern Wunsch, gut zu sein und dein Reich zu fördern. Und du siehst unsere Schwachheit. Und dennoch bitten wir: Mach uns zu Werkzeugen deines Friedens.

AMEN

Segen:

Geleite uns zur Ruhe in Frieden
und lass uns aufstehen in Gnade!
SHALOM

24. 3. 2006 Eingang:

Friede sei mit uns!

Ich möchte am Anfang einige Verse aus dem 17. Kapitel des Johannes-Evangeliums lesen und sie nachher in einen Zusammenhang stellen. Wenn ich das gesamte Kapitel lese, merke ich, dass mir die Denkweise des Johannes wenig vertraut ist. Aber ich bin dankbar für seine Sorge um die Einmütigkeit der christlichen Gemeinden.

Hören wir uns also einige Verse aus dem Hohepriesterlichen Gebet Jesu an; Jesus nimmt vor seinem Leiden von seinen Jüngern Abschied und betet für sie:

- Vater, ich bitte nicht, du wollest sie aus der Welt wegnehmen, sondern du wollest sie vor dem Bösen bewahren. Sie sind nicht aus der Welt, wie ich nicht aus der Welt bin. Heilige sie in der Wahrheit; dein Wort ist Wahrheit! Wie du mich in die Welt gesandt hast, habe auch ich sie in die Welt gesandt. ...

Nicht für diese allein aber, sondern auch für die, welche durch ihr Wort an mich glauben, bitte ich, dass alle eins seien, wie du, Vater, in mir bist und ich in dir, ja, dass auch sie in uns eins seien, damit die Welt glaubt, dass du mich gesandt hast. ... Ich habe ihnen deinen Namen kundgetan, damit die Liebe, mit der du mich geliebt hast, in ihnen sei und ich in ihnen.

Gedanken:

Amsterdam Vancouver

Evanston Canberra

New Delhi Harare

Uppsala Porto Alegre

Nairobi

Bei 'Porto Alegre' fällt euch vielleicht das Weltsozialforum ein. Aber in dieser Reihe steht es aus einem anderen Grund. Ich mag die Orte nicht in der richtigen Reihenfolge genannt haben, aber ihr habt vielleicht erkannt, dass diese Städte den Zusammenhang zu dem Text aus dem Jh-Evangelium darstellen. An diesen Orten haben Weltkirchenkonferenzen stattgefunden, die letzte im Feb. 2006, eben in Porto Alegre. Hier haben die Kirchen versucht, ihrem Verständnis von EINSSEIN Ausdruck und auch Gestalt zu verleihen. Schon Ende des 19. Jahrhunderts wurde den Kirchen bewusst, dass sie ihre Botschaft nicht vermitteln konnten, wenn sie – etwa in der Mission – hier als Anglikaner, dort als Methodisten oder Reformierte auftraten anstatt als *Christen*. Es entstanden Weltbünde: Weltmissionskonferenz, CVJM, SCM, Luth. Weltbund, man konferierte zu 'Faith and Order', Glaube und Kirchenverfassung, und zu 'Life and Work', Leben und Arbeit. Als man bereit war, diese Arbeitsstränge zusammenzufassen, verhinderte das Dritte Reich die Teilnahme der deutschen Vertreter, auf deren Mitwirkung man aber nicht verzichten wollte. Nach 1.900 Jahren Christentum und 400 Jahre nach der Reformation, nach Zweitem Weltkrieg und Nachkriegswirren gründete man 1949 in Amsterdam den Weltrat der Kirchen, den Ökumenischen Rat, mit Sitz in Genf.

Verzeiht, wenn ich euch heute Dinge sage, die ihr ohnehin schon wisst. Aber seit 50 Jahren bewegt mich das Thema, beides, kleinliche Enge und befreiende Weite in der Geschichte der Ökumenischen Bewegung. Der Weltrat war zunächst offen für alle Kirchen, die Jesus Christus als ihren Herrn anerkennen; als dann eine Formel von „Vater, Sohn und Heiligem Geist" an die Stelle der ursprünglichen einfachen Formulierung gesetzt wurde, verabschiedeten sich die Quäker von der Mitgliedschaft, weil sie so viel Dogma nicht mittragen mögen. (Selbstverständlich sind sie aber dem Weltrat noch als Beobachter verbunden). In New Delhi schlossen sich die Orthodoxen dem Weltrat an. Große Freude! Dass die Orthodoxen aber weibliche Pfarrer oder gar Bischöfe nicht anerkennen, hat Margot Käßmann veranlasst, ihre Mitarbeit in Genf aufzugeben. Ob ich als Lutheranerin am anglikanischen Abendmahl teilnehmen darf, war bis vor 20 Jahren noch fraglich. Andererseits hat die ökumenische Bewegung Unschätzbares geleistet für die Aufmerksamkeit der Kirchen füreinander, im Kampf gegen Rassismus und gegen postkoloniale Ausbeutung. Und heute?

Ihr lest andere Zeitungen und Zeitschriften als ich. Aber auch ihr werdet die Berichterstattung von Porto Alegre spärlich gefunden haben. Ich weiß auch gar nicht, ob hier in unserer Kirche Fürbitte für die Konferenz gehalten worden ist. Publik-Forum erwähnt in seiner letzten Nummer fleißige Sitzungen, auf denen viele Papiere verabschiedet wurden. Einstimmigkeit wurde angestrebt, Konsens hergestellt. Aber eine spezifische Botschaft an die Welt sei nicht besonders deutlich geworden. Sind uns andere Organisationen voraus?

Einssein, in der Wahrheit geheiligt sein, ist etwas anderes als Konsens.

Das wussten die Delegierten in Porto Alegre natürlich auch selbst. Einssein ist auch nicht das Hochgefühl gemeinsamer Begeisterung, beim Kirchentag nicht besser als beim Fußball. Der Evangelist lässt Jesus von einem stillen Einssein reden. Eins, wie Jesus mit dem Vater, so die Jünger mit Jesus und dem Vater. Damit die Welt glaubt, dass Jesus vom Vater ist.

Und jetzt frage ich: Hat Johannes gemeint, den Jüngern Jesu werde gelingen, was die Propheten nicht erreicht haben, nämlich die jeweilige Gesellschaft von ihrem selbstmörderischen Weg abzubringen? Was könnte es heißen, **in** der Welt, aber nicht **von** der Welt zu sein? Immer wieder finde ich für mich diese Antwort: allen Mut aufbringen, die Lage zu erkennen, und alle Zuversicht aufbringen, um den Menschen zugewandt zu bleiben.

Ich denke an die Urgemeinde. Lukas nennt die Namen der Apostel und fügt hinzu: „Diese alle verharrten einmütig im Gebet mit den Frauen und Maria, der Mutter Jesu, und mit seinen Brüdern." Wiebke, Gerhard, Ruth, Elke, Amo, Jutta ..., versuchen wir, einmütig miteinander zu beten:

Gebet:

Ewiger, mütterliche Geistin, geliebtes Du,

wer sind wir in deinem Weltganzen, wir, so klein und schwach in der großen vielfältigen Welt? Stark sind wir nur durch deine Kraft, manchmal, in Augenblicken der Absichtslosigkeit, wenn wir deinen Absichten Raum geben. Quälend oft haben wir aber das Gefühl, andern Menschen oder auch der Gemeinde und der Öffentlichkeit etwas schuldig zu bleiben. Wo wir nicht einmütig sind, verdunkeln wir dein Licht, deine Liebe zu uns. Wenn wir doch einander lieben könnten! Nicht das, was an uns bewundernswert ist, sondern das, was auch du an uns liebst, unsere gemeinsame Kindschaft, damit wir uns aneinander freuen können als an denen, die miteinander unterwegs sind, die miteinander das Brot teilen. Wir sind in der Welt, unsicher und voller Sorge. Aber du bist mit uns in der Welt. Gelobt seist du, Ewiger!

AMEN

Segen:

Der in unserer Mitte ist, geht mit uns hinaus.

Er vergewissere uns seiner Gegenwart in guten und schweren Augenblicken.

Sein Friede sei mit uns, sein Shalom!

Segen:

Wir sind Kirche, wir nehmen an der Sendung Gottes teil.
Wir gehen mit Hoffnung und Liebe hinaus in die Welt.
Gott, der mitten im Leben wohnt, sei tief in uns gegenwärtig.
Gott, der in Christus ist, sei in unserer Geschichte gegenwärtig.
Gott, der lebendig ist im Geist, gebe uns Kraft, Wahrheit und Frieden.

(Bärbel Wartenberg-Potter)

5. 5. 2006 Eingang:

Friede sei mit uns!

Ich lese aus dem 9. Kapitel des Propheten Daniel. Nachher will ich einen Text aus dem 20. Jahrhundert daneben stellen.

Ihr wisst, für welche Situationen die Propheten ihre Botschaften formuliert haben: Die Königreiche Israel und Judas haben ihre Souveränität verloren, und die Oberschicht ist gezwungen, im Exil zu leben. Die Propheten nun stellen einen Zusammenhang her zwischen der unaufrichtigen Religiosität des Volkes und dem Unglück, das über das Volk gekommen ist. Daniel:

Da wandte ich mein Angesicht zu Gott, dem Herrn, um unter Fasten in Sack und Asche zu beten und zu flehen ... und legte mein Bekenntnis ab und sprach: Ach, Herr , du großer und furchtbarer Gott, du bleibst im Rechte, wir aber müssen vor Scham erröten, weil wir wider dich gesündigt haben ... wir sind gottlos gewesen. ... Und nun höre, unser Gott, auf das Gebet und Flehen deines Knechtes und lass dein Angesicht über dein verwüstetes Heiligtum leuchten um deinetwillen, Herr! Neige, mein Gott, dein Ohr und höre, öffne deine Augen und schaue unsere Verwüstung! Nicht im Vertrauen auf unsre Verdienste bringen wir unser Flehen vor dich, sondern im Vertrauen auf deine große Barmherzigkeit. O Herr, höre! Herr, vergib! Herr, greife ein ohne Zögern um deinetwillen, mein Gott!

Hat's geholfen? Ja, Israel durfte zurückkehren und den Tempel erneuern. Und hat wieder alles verloren 40 Jahre nach Jesu Tod, hat 1948 einen neuen Staat am alten Ort gründen können – und lebt dennoch nicht in Frieden.

Wie sollen wir denn beten? Gott gebe uns Einsicht in das Wesentliche – und das ist er selbst – und den Mut, unsere Lage zu erkennen!

Gedanken:

Neben die Verse aus dem Buch Daniel stelle ich ein Gedicht aus dem Jahr 1936. Inge Lüthje hat's mir abgeschrieben; so ist das heutige Friedensgebet eigentlich das Friedensgebet der Ingeburg Lüthje. Reinhold Schneider:

Allein den Betern kann es noch gelingen,
Das Schwert ob unsern Häuptern aufzuhalten
Und diese Welt den richtenden Gewalten

Durch ein geheiligt Leben abzuringen.

Denn Täter werden nie den Himmel zwingen:
Was sie vereinen, wird sich wieder spalten,
Was sie erneuern, über Nacht veralten,
Und was sie stiften, Not und Unheil bringen.

Jetzt ist die Zeit, da sich das Heil verbirgt,
Und Menschenhochmut auf dem Markte feiert,
Indes im Dom die Beter sich verhüllen.

Bis Gott aus unsern Opfern Segen wirkt
Und in den Tiefen, die kein Aug entschleiert,
Die trocknen Brunnen sich mit Leben füllen.

Reinhold Schneider hat seine Gedanken in die strenge Form eines Sonetts gebracht: den 2 Strophen zu je 4 Zeilen folgen 2 Strophen zu je 3 Zeilen. Die Reime halten die Zeilen zu Sätzen zusammen.

Es gibt in dem Gedicht aber zwei Begriffe, die sich zwar reimen, die Schneider aber nicht als Endreim einsetzt. Denn der Reim sei ein Echo des Gedankens, so heißt es. Hier wird den Begriffen das Reimen versagt: Beter und Täter. Sie vertragen sich nicht, obwohl das Richtschwert über beiden hängt. Die Beter setzen sich mit den richtenden Gewalten auseinander, üben sich in einem geheiligten Leben, das auch Opfer bedeuten mag, leben in dem Vertrauen auf die Tiefe, die menschlichem Blick und Wirken nicht mehr zugänglich ist. Die Täter, die Macher, bringen diese(s) und jene(s) zusammen, gründen vermeintlich Neues, fassen die Zukunft in den Blick; aber unter ihrem Management wird schlimmer, was sie zu verbessern vorgeben; dennoch suchen sie stolz die Öffentlichkeit.

Das Gedicht hat mich stark angesprochen. Wie **unser** Gedicht mutete es mich an, auch wenn die Bedrohung heute eine andere Gestalt hat als 1936. Und sie heißt Hass der Islamisten auf den Westen, Hass der Armen auf die Reichen, Kampf der Reichen um ihre Vorrechte, Kampf um Energiequellen, Kampf um Macht, Verweigerung notwendiger Information. Wir identifizieren uns natürlich mit den Betern, wenn ich mir auch nicht sicher bin, ob wir 'ein geheiligt Leben' führen. Dennoch, nur uns, so Schneider, kann es glücken, Zerstörung und Chaos abzuwenden. Welche Verantwortung! Beten wir!

Aber wie? Beten wie Daniel? Wie Jesus? Oder eben wie wir? Denn ich frage mich: Ist dies wirklich **unser** Gedicht? Die Beter, die sich im Dom verhüllen, geben mir zu denken. Wir brauchen uns nicht zu verhüllen, nicht in Kirchen zurückzuziehen. Wir dürfen zum Schweigekreis in der Mitte der Stadt stehen, auf dem Markt einen Stand aufbauen, mit Kerzen vor und neben unsern Kirchen wachen. So fragt mich das Gedicht: Nutze ich meine Freiheiten?

Und wenn mir solche Freiheiten nicht eingeräumt würden? Uns dann im Dom verhüllen? Ich denke an Bonhoeffer, der die Herausforderungen des III. Reichs in das Bild eines verrückten Fahrers fasste, der über den Ku-Damm rast und alle in Gefahr bringt; dann gilt es nicht zu beten, sondern dem Rad in die Speichen zu fallen. Ja, das ist lebensgefährlich, ich weiß. Und Bonhoeffer hat es am eigenen Leib erfahren.

Ja, was denn nun? Sich im Dom betend verhüllen – oder dem Rad in die Speichen fallen? Ich weiß es nicht. Jede und jeder wird es selbst wissen müssen. Ich glaube auch nicht, dass wir alle die gleiche Aufgabe haben. Wer handelt, wird froh sein, dass im Dom gebetet wird, wer nach Südafrika fliegt, ist froh, dass Inge für sie betet. Die Wirkung unserer Gebete und Worte und Taten bleibt uns oft verborgen. Und das ist gut. So bleiben wir vor dem Stolz bewahrt, der uns von Gott trennt. Allerdings glaube ich wie Reinhold Schneider, dass wir Beter Kräfte freisetzen, die irgendwo, irgendwie zur Wirkung kommen.

Gebet:

Das überlassen wir dir, Ewiger. So gedrillt sind wir, immer alles richtig zu machen, dass ich auch jetzt das Bemühen spüre, 'richtig' zu beten, damit unser richtiges Beten richtige Resultate bringe. Vergib unsere Torheit! Wir gießen vor dir aus, was wir an Sehnsucht und Menschenliebe in uns spüren und stellen es dir zur Verfügung. Lass Versöhnung und Vertrauen wachsen!

Dankbar sind wir für die Befreiung von Thomas Nitzschke und Rene Bräunlich. **Dir** sind wir dankbar. Wir denken vor dir auch an Christian Führer. Behüte ihn – um unseres Gebetes willen - vor allem Stolz, der mit der Prominenz einhergehen will.

Wir danken dir für Paul Spiegel, den fairen Begleiter unserer gesellschaftlichen Entwicklung. Der du Frieden stiftest in deinen Himmelshöhen, stifte Frieden unter uns und ganz Israel.

AMEN

In Gedanken an Thomas Nitzschke und Rene Bräunlich und im Gedenken an Paul Spiegel Worte aus einem Gebet zum Sabbat:

Du ernährst die Lebenden mit Gnade, belebst die Toten in großem

Erbarmen, stützest die Fallenden, heilst die Kranken, befreist die Gefesselten und hältst die Treue denen, die im Staube schlafen. Wer ist wie du, Vater des Erbarmens, der du deiner Geschöpfe zum Leben gedenkst in Barmherzigkeit.

SHALOM

9. 6. 2006 Eingang:

Friede sei mit uns!

Paulus zitiert in Röm 12 aus den Sprüchen: «wenn dein Feind hungert, so speise ihn; wenn er dürstet, so tränke ihn; denn wenn du dies tust, wirst du feurige Kohlen auf sein Haupt sammeln.»

Nicht vor Scham wird den Spitzen von El Qaida der Kopf brennen, eher vor Wut über die listige Gewalt der USA. Ich weiß jetzt nichts Kluges dazu zu sagen, aber ich beklage die Hilflosigkeit auf allen Seiten.

Gedenken will ich heute anderer Menschen. Da war Anfang des Jahres der 100. Geburtstag von Dietrich Bonhoeffer, eine Gestalt, an die ich mich allerdings nicht heranwagte. Inge Bunck ist ihm wunderbar gerecht geworden. Dann gab es in geringem zeitlichem Abstand die Nachrichten vom Tod der Coretta King und dem der Rosa Parks. Beider Namen sind mit der Bürgerrechtsbewegung in den USA verbunden. Ich möchte nachher ein bisschen zu ihnen sagen.

Oft sind es Feiertage, manchmal Denkmäler, die uns an gemeinsame Erfahrungen oder bestimmte Menschen erinnern. Auch unsere kirchlichen Feste rufen Gedanken ins Gedächtnis, die uns verbinden können. Das Sabbatgebot ist sogar so formuliert: Gedenke des Sabbattages, dass du ihn heiligst.

Viele Feiertage oder Denkmäler haben einen Aufforderungscharakter: Sei dankbar für die Taten dieser Menschen! Nimm dir ein Beispiel! Handle entsprechend! Unsere Freundin Claudia Eisert-Hilbert könnte uns auch von fragwürdigen Beispielen erzählen, nachdem sie für eine Examensarbeit die Denkmäler des Kreises Pinneberg untersucht hat.

Lasst ihr euch gern ermahnen? Wir brauchen doch auch Zeiten und Räume, in denen einmal *nichts* von uns erwartet wird, in denen wir einfach nur *sein* dürfen. Unser gemeinsames Schweigen ist als eine solche Zeit, als ein solcher Raum gedacht.

Gedanken:

Erinnert ihr euch an den 10. 10. 81? Unser Sonderzug aus Hamburg setzte uns in Bonn-Beuel ab, und über die Beueler Brücke gingen wir über den Rhein. Ein junger Mann am Ende der Brücke dirigierte uns zum Hofgarten, staunend, weil der Strom der Demonstranten nicht abriss. Der Hofgarten war voll, die Stadt war voll, die Poppelsdorfer Allee war voll. Vom Podium vor dem Schloss hieß es: Wir sind 300.000. Jubel. Hubschrauber kreisten über unsern Köpfen. Und die 'Bots' sangen: „Wir wollen wie das Wasser sein. Das weiche Wasser bricht den Stein." Warum wir in Bonn waren? Gegen den Doppelbeschluss der NATO demonstrieren. Ich habe keine Erinnerung an die Reden bei der Kundgebung, nur an unsere Überzeugung, dass wir gegenseitige Bedrohung mit Waffen nicht Frieden nennen wollten. Und ich erinnere mich, wie Coretta King aufgerufen wurde und eine kurze Ansprache hielt. Coretta King, die Witwe von Martin Luther King, seine geduldige Mitstreiterin gegen den US-amerikanischen Rassismus. Ja, wer im Widerstand gegen Rassismus anfängt, gelangt schnell zu Kritik an gewalttätigen Strukturen. Kein Wunder also, dass sie unter uns war. Nun ist sie Anfang dieses Jahres gestorben. Sie ruhe in Frieden.

Ich will aber nicht plaudern. Ich will fragen: Dient eine gemeinsame Erinnerung an Menschen oder Ereignisse dem Frieden? Oder dienen wir damit nur uns selbst und unserer Eitelkeit und hoffen, etwas vom Glanz einer anderen Person auf uns zu lenken? Wie und in welcher Hinsicht könnte denn Coretta King mir ein Vorbild sein?

Ich erzähle jetzt noch etwas von Rosa Parks, Ma Parks. R.I.P., sie ruhe in Frieden. Auch sie starb Anfang des Jahres. Möglich, dass ihr Genaueres über sie wisst als ich; aber erinnern wir uns an sie! Ma Parks war schwarz, eine afrikanische Amerikanerin, und lebte in Montgomery / Alabama. Es war vor etwa 50 Jahren. Sie kam von der Arbeit. Im Bus saß sie in dem für Schwarze reservierten Teil. Im Feierabendverkehr wurde der Bus voll, und Ma Parks wurde aufgefordert, ihren Sitzplatz für einen Weißen freizumachen. Sie weigerte sich. Der Busfahrer holte die Polizei. Und so begann der Bus-Boycott, weil die Schwarzen lieber in Würde zu Fuß gingen als gedemütigt Bus zu fahren. Man bat den jungen Baptistenprediger, Martin Luther King, als Sprecher der Bewegung zu fungieren. So wurden Schritte zur verbesserten Gleichberechtigung der Schwarzen in den Südstaaten getan.

Ma Parks beeindruckt mich stark. Ungeplant hat sie eine einfache revolutionäre Tat vollbracht: Sie hat die Mächtigen an die Rechte der Unterdrückten erinnert. Und das können die Mächtigen manchmal schlecht aushalten. Ich empfinde ihr Beispiel nicht als übermäßig Ehrfurcht einflößend. Eher macht es mir Mut, die unendlich vielen Gelegenheiten zu erkennen und wahrzunehmen, bei denen ich sagen könnte und sollte: Hallo, Sie da, Sie beschneiden meine Rechte!

Zum Beispiel: Sehr geehrter Ökomanager Herbert Hainer, Adidas, das zweitgrößte Sportartikelunternehmen der Welt, erzielte im Vorjahr einen Umsatz von 6,5 Mrd Euro. Bei einem solchen Umsatz und der Bereitschaft, Millionen für Werbung und Marketing auszugeben, Stars zu Sponsoren und die Managergehälter um 89% zu erhöhen, frage ich mich als Kundin: Wieso erhalten die Näherinnen, die weltweit Adidas-Produkte herstellen, immer noch Löhne, mit denen sie hungrig schlafen gehen müssen? **Ich fordere von Adidas als Hauptsponsor der Fußball WM 'Fair Play auf allen Feldern'.** – Diese Forderung könnt ihr auf einer Postkarte unterschreiben.

Was wir tun können, das lasst uns tun!

Gebet:

Du, ewige Liebe, heute ist mein Gebet lauter Dank. So vieles können wir erfahren, Erschreckendes und Ermutigendes; so frei sind wir, uns zu äußern; so wenig Gewalt müssen wir fürchten. Darum versuchen wir immer wieder, den Mut aufzubringen, den mörderischen Zorn unter den Menschen wahrzunehmen – und zu verstehen. Du bist nicht unser Diener, den wir hierhin und dorthin schicken könnten mit dem Auftrag, die Folgen menschlicher Grausamkeit zu heilen. Aber deinem Geist vertrauen wir, deinem Geist, der in unserm Geist wirken kann. Klarheit und Kraft wünschen wir uns von dir. – Segne die vielen Verantwortlichen in Stadien, Verkehrsmitteln und vor den Großbildleinwänden, segne sie mit Humor und Witz und allem, womit sie schwierige Situationen meistern können.

AMEN

Segen:

Möge Gottes Angesicht leuchten über uns;
möge der Friede Jesu Christi wirken in uns;
möge das Feuer des Geistes brennen in uns,
wenn wir jetzt auseinandergehen in unsere Welt,
bis wir wieder hier zusammenkommen werden.

SHALOM

30. 6. 2006 Eingang:

Shalom, liebe Freunde, Friede sei mit uns!

Heute möchte ich zuerst einen Abschnitt aus dem Mt-Evangelium lesen und nachher an Beispiele seiner Anwendung erinnern. Um dem alten vertrauten Text eine Chance zu geben, wie neu gehört zu werden, habe ich einige Wendungen aus der Übersetzung von Jörg Zink übernommen.

Mt. 5, 21-22 und 38-42: Ihr habt gehört, dass euren Vätern gesagt wurde: Du sollst nicht töten. Wer tötet, soll vor ein Gericht gestellt und getötet werden. Ich aber sage euch: Wer seinem Bruder zürnt, verdient (in Gottes Augen) das Todesurteil durch ein Gericht. Wer zu seinem Bruder sagt: Du Null (wer ihn also durchstreichen will wie eine Zahl), verdient (in Gottes Augen) das Urteil des hohepriesterlichen Gerichts, das ihn ausschließt aus der Gemeinschaft derer, die Gott zugehören. Wer zu seinem Bruder sagt: Du Verdammter! (wer ihm also Gottes Barmherzigkeit entziehen möchte), verdient (in Gottes Augen) das höllische Feuer und die höllische Gottverlassenheit.

Und weiter heißt es:

Ihr habt gehört, dass für den, der Böses vergelten wollte, von alters her die Regel galt: Auge um Auge, Zahn um Zahn. Ich aber sage euch: Ihr sollt dem Bösen überhaupt keinen Widerstand entgegensetzen. Wenn dir jemand auf die rechte Wange schlägt, dann biete ihm auch die linke. Wenn jemand, dem du Geld schuldest, deinen Rock als Pfand nehmen will, dann gib ihm noch den Mantel dazu. Wenn dich jemand zwingt, ihn (zu seinem Schutz auf einem einsamen Weg) eine Meile zu begleiten, dann geh zwei mit ihm. Gib dem, der dich bittet, wende dich nicht ab von dem, der von dir leihen will.

Jesus, so dachte ich beim Abschreiben, sieht im Zornigen und im Rechthaberischen den Bedürftigen. Wer kann den solcherart Bedürftigen 'gerecht' werden? Etwa wir? Wäre das dann die Gerechtigkeit des Gottesreiches?

Gedanken:

Als ich letzte Woche sagte, diese Christiane habe wohl ein paar Gedanken für ein Friedensgebet im Kopf, dachte ich an eine Art Fortsetzung dessen, was ich über den etwas fragwürdigen Wert von Vorbildern gesagt hatte und über Ma Parks; ich hatte gemeint, wir könnten gemeinsam doch noch ein bisschen Martin Luther King betrachten und dazu diesen Text aus der Bergpredigt hören. Und nun? Jetzt frage ich mich beim Anschalten des Radios ängstlich, was für eine Nachricht wohl als erste zu hören sein wird: Fußball oder Gazastreifen?

Himmelschreiend, diese Torheit, diese Widersprüchlichkeit, diese Ungeduld, diese Gewalt, diese bewusst ausgelöste Not! Wenn ich Gott im Himmel wäre, würde ich mir die Ohren zuhalten bei so viel schreiendem Unrecht und würde hoffen, dass meine Menschen diese Schreie hörten und sich der Schreienden annähmen. ... Ich denke, ihr seid im Bilde: Entführung eines Soldaten, Tötung eines jungen Siedlers, Zerstörungen im Gazastreifen auf der Suche nach dem Entführten, Bedingungen auf beiden Seiten, Gefangennahme eines Drittels des palästinensischen Kabinetts. Dabei war schüchterne Hoffnung aufgekeimt. Das Gefängnispapier wurde immerhin schon erwähnt! Das sind Vorschläge zur Beilegung des Konflikts Israel/Palästina, formuliert von prominenten palästinensischen Gefangenen in israelischem Gewahrsam. ... Was ist zu all dem zu sagen an einem sonnigen Sommertag in einem fußballfeiernden Deutschland? – Was dazu zu sagen ist? Nichts – es sei denn relevante Information auszutauschen. Was zu tun ist? Schon eine bessere Frage! Aber auch darauf habe ich keine konkrete Antwort, es sei denn die Aufforderung, medico international eine Spende zukommen zu lassen. Da kann man nur noch beten!? Wollt ihr das vorschlagen? „Lieber Gott, mach, dass sich der friedliche Flügel der Hamas durchsetzt, dass Ehud Olmert die Schießerei im Gazastreifen aussetzt, dass Bush die Israelis nicht so selbstverständlich unterstützt, dass eine Lösung gefunden wird. Da hast du, lieber Gott, massig Probleme, wir schieben sie mal eben zu dir rüber, dann können wir vielleicht noch das Ende der zweiten Halbzeit gucken."

Verzeiht meinen Sarkasmus und versteht ihn als Ausdruck meiner ... was?, meiner Sorge, meiner Hilflosigkeit und der Gefahr meiner Resignation. Aber darum sind wir ja hier – um nicht zu resignieren. Und um zu beten – aber, bitte, nicht billig! Nicht so, als ob wir uns selbst aussparen könnten.

Martin L. King sagte, erst wenn wir das Joch unseres Meisters aufnehmen, können wir feststellen, wie sanft es ist, wie leicht seine Last. Das sagte er, als er schon die Erfahrung von Gefängnis und Todesdrohungen gemacht hatte.

Zunächst war er auf die Aufgabe, eine Protestbewegung zu vertreten und gar zu leiten, gar nicht vorbereitet. Aber er fand die notwendige Anleitung in der Bergpredigt und in Gandhis Methode des gewaltlosen Widerstands. „Christus stattete uns mit dem Geist aus, Gandhi mit der Methode." Und wir wissen, dass auch Gandhi die Bergpredigt gelesen hatte.

Diesmal fallen mir unsere Proteste des Jahres 83 ein. Mit Schülern lagen wir hier in der Kirche auf dem Boden, um große Buchstaben zu malen; mit denen stellten wir uns vor unserer Schule auf und baten: FRIEDEN SCHAFFEN OHNE WAFFEN. Den Waffen hatten wir wahrscheinlich eine blutrote Farbe gegeben ... sicher weiß ich nur, dass „SCHAFFEN" grün war, grün wie wachsende Pflanzen. Und ein Schüler, einer der schlausten des Jahrgangs, sagte bei den Vorbereitungen der verschiedenen Aktionen: 'Schön und gut, ich mache mit. Aber den Weg Jesu gehe ich nicht.' Und ich dachte: Junge, du hast es begriffen. Friede ist nicht billig zu haben. Er kann das Leben kosten. Er hat Jesus das Leben gekostet, er hat Gandhi das Leben gekostet, er hat Martin Luther King das Leben gekostet. Und glücklich der Märtyrer, der vor seinem Tod Früchte seiner Arbeit sehen darf.

Gandhis Methode kann ich hier nicht mehr wirklich gerecht werden. Ein paar Stichwörter müssen genügen: gewaltloser Widerstand, ziviler Ungehorsam, Boycott, Beschränkung auf ein einfaches Leben, Unabhängigkeit von entfremdender Technik und ausbeuterischem Handel, persönliche Askese. Er hat versucht, Hindus und Moslems zu versöhnen. Er hat geholfen, Indien auf den Weg der Unabhängigkeit zu bringen als der ersten Nicht-Weißen Kolonie des Britischen Empire.

Aber ich will noch einmal auf Martin Luther King zurückkommen. Letztes Jahr zeigte uns Christian Führer Regeln, die bei den Demonstrationen mit Martin Luther King galten. Weil wir in biblischer Tradition stehen, müssen es natürlich 10 Sätze sein. Leider fehlt die praktische Regel: Nimm immer deine Zahnbürste auf eine Demo mit – für den Fall, dass sie dich über Nacht einsperren! – Der Text lautet:

Ich verpflichte mich – meine Person und meinen Körper – der gewaltlosen Bewegung. Ich werde die folgenden zehn Gebote einhalten:

1. Jeden Tag über die Lehren und das Leben Jesu nachzudenken.
2. Nie zu vergessen, dass die gewaltlose Bewegung in Birmingham Gerechtigkeit und Versöhnung sucht, nicht den Sieg.
3. Im Geiste der Liebe zu gehen und zu sprechen, denn Gott ist die Liebe.
4. Täglich zu Gott zu beten, dass er mich dazu benutzen möge, allen Menschen zur Freiheit zu verhelfen.
5. Persönliche Wünsche zu opfern, um allen Menschen zur Freiheit zu verhelfen.
6. Im Umgang mit Freund und Feind die Regeln der Höflichkeit zu beachten.
7. Danach zu trachten, ständig anderen und der Welt zu dienen.
8. Mich der Gewalttätigkeit der Faust, der Zunge und des Herzens zu enthalten.
9. Mich zu bemühen, in geistiger und körperlicher Gesundheit zu leben.
10. Den Anweisungen der Bewegung und des Leiters einer Demonstration zu folgen.

Und unsere Rolle heute? Die Erfahrung, die Paulus gemacht hat, ist, dass der Geist unserer Schwachheit zu Hilfe kommt.

Gebet:

Du, der du bei uns bist und gleichzeitig unser unfassbares Gegenüber, wir wissen nicht, was wir beten sollen, wie sich's gebührt. Aber du Geist selbst trittst für uns ein mit unaussprechlichen Seufzern.

Im Vertrauen auf deine Kraft und im Bewusstsein unserer Verantwortung nenne ich vor dir, was uns bewegt: Weisheit wünschen wir den Führern von Fatah und Hamas und dem Israelischen Kabinett. Trost und Wohlergehen wünschen wir dem jungen Mann, der als Geisel gehalten wird. Mäßigung und Klarsicht wünschen wir dem Mann im Weißen Haus. Geduld wünschen wir den Führern im Iran. Den Politikern wünschen wir den Mut, mit Vertrauen aufeinander zuzugehen. Dem Vertrauen wünschen wir, dass es sich als berechtigt erweist.

Und während wir hier zusammen sind, verhungern Kinder und kommen Flüchtlinge um. Ich zweifle, dass wir genügend getan haben, um Unglück zu verhindern. Dürfen wir denn solche Sorgen vor dir nennen, bevor wir dir gedankt haben für die Freuden in unserem Leben, bevor wir eine glaubwürdige Lebensform gefunden haben? Nimm unser Gebet dennoch gnädig an.

AMEN

Segen:

Seinen Frieden hat er uns zurückgelassen,
seinen Frieden gibt er uns.
Nicht wie die Welt gibt, gibt er uns.
Unser Herz lasse sich nicht beunruhigen
und verzage nicht!

SHALOM

28. 7. 2006 Eingang:

Trotz aller Ängste, aller Ratlosigkeit, allem Entsetzen: Friede sei mit uns! Sein Friede.

Heute möchte ich mit einer persönlichen Erinnerung beginnen, später biblische Worte betrachten und im Gebet wieder eine Erinnerung mit dem Aktuellen verbinden.

Es war in den 70er Jahren. Wir kamen aus Nahariya und wollten weiter nach Kiryat Shmona. Das sind Ortsnamen, die jetzt wiederholt in den Nachrichten zu hören waren, Orte im Norden Israels. Wir waren in der Jugendherberge in Kiryat Shmona angemeldet. Straßensperre. Soldaten baten höflich, wir möchten doch in zwei Stunden wiederkommen. Wir guckten einander an und fragten uns, ob wir nun Angst haben müssten, beschlossen aber, die Angst zunächst zu verschieben, zurückzufahren und in Nahariya Eis essen zu gehen. Nach zwei Stunden war die Strecke frei. Am Abend fragten wir in der Jugendherberge: „Was war denn los?" Die lässige Antwort: „Ham sie ein bisschen hereingeschossen." Später, als es schon dunkel wurde, saßen wir noch draußen beisammen; wir hatten wohl ein kleines Feuer gemacht, sangen auch ein paar Lieder. Damit zogen wir die Soldaten an, die in den grenznahen Herbergen als Wächter fungieren. Noch heute wünsche ich, wir wären so beweglich gewesen, ein Friedenslied für diese jungen Kerle zu singen.

Das war vor 30 Jahren. Aber der Konflikt ist 3000 Jahre alt. Und nun? Wie kommen wir über ein billiges Urteilen und Frieden-Wünschen hinaus? Vielleicht hilft uns Jesaja: Als Israel als Schutz vor der einen Großmacht ein Bündnis mit der anderen Großmacht einging, sagte er: **In Umkehr und Ruhe liegt euer Heil; in Stille halten und Vertrauen besteht eure Stärke.** Lasst uns still werden und uns im Vertrauen üben.

Gedanken:

Als Losung für den letzten Freitag las ich aus Dtn 7; „Nicht hat euch der Herr angenommen und euch erwählt, weil ihr größer wäret als alle Völker – denn du bist das kleinste unter allen Völkern –, sondern weil er euch geliebt hat." Dieses Wort soll als Botschaft des Mose an das Volk Israel gelesen werden. Mich interessierte der Zusammenhang. Diesem tröstlichen, bestätigenden, Mut machenden Wort geht Folgendes voraus: „Wenn der Herr , dein Gott, dich in das Land bringt, dahin du nun ziehst, es zu besetzen, und viele Völker vor dir her vertreibt, die Hethiter, Girgasiter, Amoriter, Kanaaniter, Pheresiter, Hewiter und Jebusiter, sieben Völker, die größer und stärker sind als du, und sie der Herr, dein Gott, in deine Hand gibt und du sie schlägst, so sollst du an ihnen den Bann vollstrecken: du sollst keinen Vertrag mit ihnen schließen und sie nicht verschonen"; dann wird die Eheschließung mit Partnern oder Partnerinnen der fremden Völker verboten, und ihre Heiligtümer sollen zerstört, ihre Götterbilder verbrannt werden. „Denn du bist ein dem Herrn, deinem Gott, geweihtes Volk; dich hat der Herr, dein Gott, aus allen Völkern, die auf Erden sind, für sich erwählt, dass du sein eigen seiest." Und hier folgt dann die Losung des letzten Freitags.

Ihr wisst, dass solche Gedanken in der Bibel zu finden sind, ob's uns passt oder nicht – und sie passen uns ja tatsächlich überhaupt nicht. Ich will nicht gottgewollt und von Gott gegeben nennen, was auf Kosten anderer geschieht oder erworben wird. Es tut weh, zu lesen und zu erfahren, dass wieder und wieder ehemalige Opfer zu Tätern werden.

In diesen irritierenden Äußerungen sehe ich den Ausdruck des ständigen Überlebenskampfes eines kleinen Volkes, das sich gegen andere durchzusetzen versucht. Und wenn es gelingt, sagt es – wie viele unter uns auch: Es gibt keinen Zufall! Dieses Volk, das Gott nicht bei seinem Namen zu nennen wagt, dieses Volk, das Gott nicht im Bild darstellt, es erfährt die Nähe Gottes in seinem Wohlergehen und Gottesferne in seinem Unglück.

„Gott befreit mit starker Hand und ausgerecktem Arm" ist Israels Bekenntnis.

War sich der Verfasser des Deuteronomiums noch nicht der Einzigkeit Gottes ganz sicher, fürchtete er, das *Volk* sei sich der Einzigkeit Gottes noch nicht ganz sicher? Ein Gedanke fehlt: Israel lässt sich seine Geschichte ja nicht nur widerfahren, es hat auch selbst einen manchmal fragwürdigen Anteil an der Gestaltung seiner Geschichte. Was offenbart sich dann den anderen Völkern, wenn nicht ganz plattes menschliches Streben nach Land und Macht? „Gott befreit" als Rechtfertigung für eigenes kriegerisches Handeln?

Ich will jetzt nicht Gedanken auf Gedanken häufen. Ich kann euch nicht sagen, wie der dreitausendjährige Konflikt gelöst werden könnte. Schon werden Märtyrer gemacht. Was sollen wir beten?

Ich bitte euch, in Gedanken mit mir nach Beirut zu gehen. Ich habe mir neulich einen Stadtplan der Stadt gekauft und fand auf den ersten Blick den Namen des Viertels, wo Freunde leben. Das Viertel liegt südöstlich vom Hafen, ein gutes Stück entfernt vom Zentrum. Es zeigt einige Kirchen und zwei Moscheen. Eine der Kirchen muss die evangelisch-armenische sein. Dort ist Shogomon Pfarrer. Seine Frau Esther, Theologentochter und selbst Religionslehrerin, ist die Nichte einer Frau, die hier in Pinneberg gelebt hat und gestorben ist. Shogomon und Esther haben zwei Kinder. Der Sohn ist schon im Studium, die Tochter wohl noch Schülerin. Die Nachrichten der vergangenen Wochen haben mich an diese Familie denken lassen, so dass ich schließlich angerufen habe. Die Tochter war am Telefon. „We are safe", sagte sie. Ich habe dem kurzen Telefonat einen Brief folgen lassen. Ob er ankommen wird, sei dahingestellt. Aber in diesem Brief habe ich versprochen, dass wir heute für die Familie Kalighbian beten würden. Stellt euch Gott meinetwegen als Satelliten vor, über den unsere Gebete nach Beirut gelenkt werden; stellt euch Gott als ein Meer vor, in dem wir alle miteinander verbunden sind – und sendet Gedankenbündel aus!

Gebet:

Ewiger, du lässt uns in dir verbunden sein. So bitten wir dich um alle Seelenkräfte, die Shogomon und Esther jetzt brauchen. Sie werden Angst haben. Segne sie, wenn sie sich voll Vertrauen an dich wenden. Sie werden Wut verspüren. Segne sie, wenn sie deine Gedanken des Friedens denken. Sie werden klug sein müssen, wenn die Gemeinde in ihnen Vorbilder sucht. Segne sie mit dem jeweils hilfreichen Wort, mit dem sie Trost und Rat geben können. Segne die Kinder, dass sie in der christlichen Tradition ihrer Familie die sinnstiftende Ausrichtung für ihr persönliches Leben finden. Segne die armenische Gemeinde mit Einmütigkeit und guten Kräften, wenn sie Obdachlosen und Flüchtlingen helfen.

Ach, dass wir lernen könnten, miteinander zu teilen, Materielles und Sorgen und Einsichten und Vertrauen! Segne uns mit Gelassenheit und Zielstrebigkeit.

AMEN

Segen:

Möge Gottes Angesicht leuchten über uns;
möge der Frieden Jesu Christi wirken in uns;
möge das Feuer des Geistes brennen in uns,
wenn wir jetzt auseinandergehen in unsere Welt,
bis wir wieder hier zusammenkommen werden.

AMEN

22. 9. 2006 Friedensgebet nach der Tagung in Würzburg

Wir tagten in einem Kloster, einem Ort der Einkehr. Aber Orte der Einkehr sind auch Orte eines neuen Aufbruchs.

Jesus zum Beispiel zog sich nach seiner Taufe in die Wüste zurück und kämpfte mit sich und seiner Berufung. Was gab ihm den Anstoß, zurückzukehren in die Städte Galiläas? Um zu lehren und zu heilen. Mt erzählt es so: „Als er aber hörte, dass Johannes gefangengesetzt worden war, zog er nach Galiläa zurück. Und er verließ Nazareth und kam nach Kapernaum."

Es ist gut, wenn Kontemplation und Aktion nicht getrennt werden.

Schwester Katharina zum Beispiel, Franziskanerin in langer Hose und bunter Bluse, Leiterin des Bildungshauses, in dem wir uns trafen. Geübt, den meditativen Weg nach innen zu gehen, konnte sie in so einem wichtigen Augenblick auch den Weg nach außen finden; denn – wie die Franziskaner sagen –: die Welt ist unser Kloster.

Nicht, als ob sie etwas geleistet hätte, eher, als ob ihr etwas widerfahren wäre, erzählte sie von einer Mahnwache. Vor einer Würzburger Kirche gab es zum Jahrestag der Zerstörung der Stadt im März 1945 einen Schweigekreis, dem Gedenken und der Versöhnung gewidmet. Da entrollte die NPD ein Spruchband mit – etwa – den Worten: „Bomben auf Deutschland – kein Vergessen, keine Versöhnung".

Entschlossen schritt Schwester Katharina auf das Spruchband zu. Noch während sie die wenigen Schritte tat, wusste sie nicht, was sie sagen oder tun würde. Vor dem Transparent drehte sie sich einfach um und verdeckte mit ihrer Person ein paar Buchstaben des üblen Spruches. Und siehe, sogleich schlossen andere Teilnehmer des Schweigekreises rechts und links auf und entzogen die provokativen Worte den Blicken. Die NPD verzog sich wortlos und still.

Wenn ihr Glauben habt wie ein Senfkorn, so könnt ihr sagen zu diesem Berge: Hebe dich von hinnen dorthin! So wird er sich heben; und euch wird nichts unmöglich sein.

Gebet:

Du – in uns, du – unser Gegenüber.

Du warst in Würzburg unter uns, du bist jetzt unter uns und stärkst unser Vertrauen zueinander und unsere Zuversicht. Wir bringen dir unseren Dank und loben dich in der Gemeinde.

Und manchmal zweifeln wir trotzdem an unserem Glauben. Du traust unserem Glauben so viel Kraft zu – wir aber sehen nur die Unüberwindlichkeit des Berges; ja, ein ganzes Gebirge an Konflikten sehen wir: Afrika, Asien, naher Osten ...

Ich glaube, Ewiger, hilf unserem Unglauben! Ich glaube, du wirst den Weg zu dem Geist der Menschen finden, die mehr bewirken können als wir. Rühre ihren Verstand und ihr Herz an – um unseres Gebetes willen.

Oder sind wir selbst der Berg, den du bewegen willst durch deinen Glauben an uns?

Stärke uns mit deiner Gegenwart.

AMEN

13. 10. 2006 Eingang:

Friede sei mit uns,

Shalom und Salaam!

Möglich, dass ihr die folgende Beschreibung schon kennt; aber sie gehört noch einmal hierher. Die Szene ist Israel, Tel Aviv. Unser Reiseleiter war als Kind ins Land gekommen, aus Deutschland, zu einer Zeit, als Tel Aviv noch aus nicht mehr als ein paar Häusern auf sandigem Boden bestand. Es gab wenige Läden, und wer gar Obst essen wollte, musste sich etwas einfallen lassen, z.B. auf Maulbeerfeigenbäume klettern und sich die Früchte selber pflücken. Unser Reiseleiter wies auf so einen Baum am Rand unseres Parkplatzes hin: ein starker Stamm, der sich in mäßiger Höhe in kräftige Äste teilte. Arie erinnerte uns an Zachäus, der in Jericho auf einen solchen Baum geklettert war, um Jesus zu sehen.

Und ich erinnere euch jetzt an eine Textstelle bei Lukas, Lk 17, 5.6.: „Und die Apostel sagten zum Herrn: Mehre uns den Glauben! Der Herr aber sprach: Wenn ihr Glauben hättet wie ein Senfkorn, so würdet ihr zu diesem Maulbeerfeigenbaum sagen: Entwurzele dich und pflanze dich ins Meer, und er würde euch gehorchen."

Lasst uns still werden; sucht und findet das Senfkorn! Vielleicht findet ihr es in einer Kruste von Fragen. Vertraut darauf, dass ihr es findet!

Gedanken:

Von einem Zen-Mönch wird berichtet:

Von der Erleuchtung selbst sagte der Mönch, man fühle sich eins mit dem All, und er illustrierte das mit den Worten: »Wenn ich der Zikade dort« – die wir gerade zirpen hörten – »sagte, sie solle schweigen, würde sie sofort still sein.«

Und Lukas schreibt, Lk 17, 5f:

Und die Apostel sagten zum Herrn: Mehre uns den Glauben! Der Herr aber sprach: Wenn ihr Glauben hättet wie ein Senfkorn, so würdet ihr zu diesem Maulbeerfeigenbaum sagen: Entwurzele dich und pflanze dich ins Meer, und er würde euch gehorchen.

Zikade oder Maulbeerfeigenbaum, Erleuchtung oder Glauben – die Parallele ist offensichtlich. So bestätigt uns der Text aus dem Buddhismus, was wir ohnehin schon längst wussten: Jesus kannte Erleuchtung, er hat die Erfahrung des Einsseins mit dem All – in biblischer Sprache: Einssein mit dem Vater – gemacht und hat göttliche Kraft durch sich hindurchströmen lassen zu denen, die sich danach ausstreckten.

Einen ganzen Wald von Maulbeerfeigenbäumen möchte ich ins Meer verbannen. Ihr wisst, wie die heißen: koreanische Atombombe, irriger Kampf gegen Terrorismus, Völkermord, Gesundheitsreform. Lasst uns heute hören, was Jesus seinen Jüngern zutraut. Und warum nicht auch uns?

Jesus fordert keine Leistung; er ermutigt uns, das Wunder der Erleuchtung an uns geschehen zu lassen. Denn die Kräfte der Seele sind ungeheuer, und wie sie uns krank machen können, so können sie auch uns heilen.

Ich kann euch die Erfahrung der Erleuchtung nicht vermitteln; es gibt keinen Mechanismus: diese Körperhaltung, diese Musik, Licht und Farben, oder auch die sinnliche Erfahrung des Abendmahls. Das alles kann uns helfen. Wie die Mönche in asiatischen und europäischen Klöstern können wir üben, uns für die Erleuchtung bereit zu halten.

Sie ist eine Erfahrung von Ganzheit, die Vergewisserung, dass **ES** und **ICH** übereinstimmen. Sie ist die Erfahrung, die Liebende zueinander führt, die Erfahrung, dass sich die Grenzen zwischen **ICH** und **DU** auflöst.

Die Mystiker aller Religionen und Zeiten kennen diesen Weg – diesen Weg nach innen, wo Gott schon auf uns wartet.

Liebe Freunde, wenn ich mir der grenzenauflösenden Kraft des Glaubens nicht sicher wäre, käme ich nicht hierher, würde ich gar nicht zu beten anfangen.

Gebet:

Ewiger, du füllst das All,
du füllst unsere Herzen mit Sehnsucht.
Du selbst wendest dich uns mit Sehnsucht zu.
Unser Wille werde deinem Willen gleich.
Dann wäre unser Zusammenleben himmlisch.
Wir danken dir; wir loben dich mit unserm Warten auf dich.
AMEN

Abschluss und Segen:

Zum Abschluss ein paar Worte von Paul Celan:

Bete, Herr,
bete zu uns.
wir sind nah.

Und Segensworte aus der jüdischen Tradition:

Führe uns zur Ruhe, Ewiger, unser Gott, in Frieden und lass uns aufstehen, unser König, zum Leben, breite über uns das Zelt deines Friedens aus.

SHALOM

3. 11. 2006 Eingang:

Friede sei mit uns,

Shalom, Salaam.

In der vergehenden Woche ist in Südafrika Pieter Willem Botha gestorben. Von 1977 bis 1989 war er Präsident des Apartheid-Staates. Er erkannte zwar, dass man den schwarzen Bürgern des Landes mehr Rechte zugestehen musste, er fing zwar vorsichtig an, mit Nelson Mandela zu verhandeln – aber unter seiner Regierung und mit seiner Billigung geschah grausames Unrecht, selbst in seinem politischen Apparat verbreitete er viel Angst. Er ist nach der Wende nie zur Verantwortung gezogen worden, gesundheitshalber, so die Begründung.

Ich kann mir nicht vorstellen, dass Schwarze um ihn trauern. So viele sind umgekommen im Gefängnis, auf der Straße, in ihren Häusern, oder sind im Exil gestorben. Ich kann mir nicht vorstellen, dass Bothas Gebete und unsere Gebete sich je bei Gott getroffen haben. Aber ich gebe jetzt einen Rat aus den biblischen Sprüchen an euch weiter, Spr. 24,17: „Freue dich nicht über den Fall deines Feindes, und dein Herz frohlocke nicht, wenn er strauchelt."

Ewiger, war er nicht ein braver Christ, dein Pieter Willem Botha? Hat er nicht Worte derselben Bibel gehört und gelernt wie wir? Trotzdem hat er sich der schreienden Ungerechtigkeit der Apartheid zur Verfügung gestellt. Oder sind wir selbstgerecht, wenn wir uns über die Apartheid aufregen?

Oh, schärfe unser Gewissen! Klagen nicht eben Afrikanerinnen im Kongo oder Afrikaner in Darfur über uns Europäer? Wissen sie nicht bittere Klagen über unser sogenanntes Christentum mit seiner angeblichen Nächstenliebe zu formulieren? Wir wissen es ja, und es schmerzt uns, das zu wissen: wir können nicht glaubwürdig sein, solang wir selbstgerecht sind.

Du schärfst unser Gewissen mit deinem Wort.

Dich nah zu wissen, ist unsere Freude und Stärke.

AMEN

Gedanken:

Ja, es gibt politische Gegner, es gibt Feinde. Und wie reagieren wir auf sie?

Wie du mir, so ich dir. So ich dir, aber mein Schwert ist aus besserem Stahl. So ich dir, und ich krieg dich über mit Pfeil und Armbrust. So ich dir, Kanonen. So ich dir, Granaten, Bomben, Marschflugkörper.

Feinde werden einander erschreckend ähnlich. 20. Jahrhundert, Kämpfe im Nahen Osten. Die Sieger triumphieren, indem sie getöteten Feinden ein Ohr abschneiden, vielen Feinden viele Ohren, und sie auf einer Schnur auffädeln wie getrocknete Feigen. Und alle Welt regt sich auf über Soldaten, die sich mit Schädeln photographieren lassen. Nein, feinfühlig ist das wahrlich nicht. Aber erstaunlich auch nicht. Krieg brutalisiert.

Wer diese Brutalisierung vermeiden will, kann in unserm Land eine Gewissensprüfung ablegen. Gut.

Aber, großes **Aber**: müssten nicht die Berufssoldaten und Wehrdienstleistenden eine Gewissensprüfung ablegen? Ich denke ja.

Ein Weg, dem Gegner ähnlich zu werden oder diese Ähnlichkeit zu fördern, ist der Waffenexport. „Aber Frau Höfmann", höre ich kluge Leute sagen, „wissen Sie, wie viele Arbeitsplätze an der Rüstungsindustrie hängen? Wollen Sie die Stahlproduktion einstampfen? Wir wollen unsere politischen Partner in den Stand setzen, sich zu verteidigen. Schließlich geht es um den Kampf gegen den Terrorismus. Das ist doch auch in ihrem Interesse, Frau Höfmann!" ... Ja, antworte ich, fighting for peace is like fucking for virginity. Nicht ganz jugendfrei, darum auf Englisch.

Der Bundessicherheitsrat hat entschieden, der Lieferung von zwei U-Booten der Dolphin-Klasse sowie der Lieferung eines Testexemplars des gepanzerten Truppentransportfahrzeugs „Dingo 2" nach Israel zuzustimmen.

Gegen diese Entscheidung wird Beschwerde eingelegt in Form einer Petition. Die Lieferung dieser Rüstungsgüter verstößt nach Ansicht einiger renommierter Organisationen gegen den Verhaltenscodex der Europäischen Union für Waffenausfuhren und gegen die Politischen Grundsätze der Bundesregierung für den Export von Kriegswaffen und sonstigen Rüstungsgütern. Die Petition wird getragen z.B. von

Ohne Rüstung Leben
Friedensratschlag
deutsch-arabische Vereine
IPPNW
Jüdische Stimme für einen gerechten Frieden in Nahost
pax christi

Drei Unterschriften können noch geleistet werden. **Denn:** (noch einmal aus den bibl. Sprüchen):

Wenn deinen Feind hungert, so speise ihn,
dürstet ihn, so gib ihm zu trinken;
so wirst du feurige Kohlen auf sein Haupt sammeln,
und der Herr wird es dir vergelten.

Spr. 25, 21f.

17. 11. 2006 Eingang:

Friede sei mit uns!

Friede sei, werde, bleibe im Kongo!

Shalom werde zwischen Juden und Arabern!

Salaam werde zwischen Sunniten und Schiiten!

Friede sei mit denen, die in unserem Land um ihr Bleiberecht bangen! Zwei meiner Patentöchter sind Kinder von anerkannten Asylbewerbern. Ihre Eltern sind meine Freunde, nicht, wie die Medien sagen „diese Menschen".

Heute möchte ich eine biblische Geschichte erzählen und eine aus unserem Dorf in Südafrika, aus Lusitania. Nur weil mich die Geschichte aus Lusitania so freut, gehört sie noch nicht ins Friedensgebet, sagte ich mir; ihr werdet sehen, ob sie sich in irgendeinem Punkt vergleichen lässt mit der vom Propheten Jona.

Das Buch Jona unter den kleinen Propheten umfasst 4 kurze Kapitel, stellenweise von liebenswerter Kuriosität und gut lesbar .

Das Leben und Treiben in der Stadt Ninive im Zweistromland missfällt Gott. Er schickt Jona in die Stadt; er soll gegen ihre Bosheit predigen. Aber Jona macht sich in die entgegengesetzte Richtung auf den Weg. Per Schiff versucht er, das westliche Ende des Mittelmeers zu erreichen. Sturm und Wellen bringen das Boot in Seenot, und als es sich – durch das Los – zeigt, dass der Sturm um Jonas willen aufgekommen ist, wirft man ihn über Bord. Jona gerät in den Bauch eines großen Fisches und wird, nachdem er sich besonnen hat, nach drei Tagen wieder an Land gespien. Noch einmal beauftragt ihn Gott, und Jona geht nach Ninive, geht in die Stadt hinein und predigt: „Noch 40 Tage und Ninive ist zerstört!" Seine Zuhörer erschrecken, glauben ihm, und, um das Unheil abzuwehren, beginnen sie zu fasten. Der König selbst ordnet das Fasten an, Mensch und Vieh sollen nicht essen und nicht trinken. Gott sieht ihre Abkehr von ihrem bösen Wandel und lässt seinen Plan der Vernichtung fallen.

Jona ist „total frustriert", findet seine Mühe, Flucht und Predigt, sinnlos. Das Leben ist ihm verleidet. Er baut sich eine Hütte außerhalb der Stadt und hofft, die Zerstörung Ninives doch noch zu sehen. Er streitet sich mit Gott: der Tod wäre besser als diese Vergeblichkeit; aber du, Gott, bist ja immer so gnädig. Da hatte ich ja Recht, als ich davon gesegelt bin. So Jona. Gott lässt in einer Nacht einen Schattenbaum neben seiner Hütte wachsen und ihn in einer Nacht wieder absterben. Wütend fordert Jona Gott daraufhin auf, seine Seele von ihm zu nehmen. Das Buch endet mit Gottes Frage: Du trauerst um dein Bäumchen, und ich sollte nicht mit den 120000 Bewohnern Ninives Mitleid haben?

Was ist das für ein Prophet, der zwar seinen Auftrag ausführt, den der Erfolg seiner Botschaft aber gar nicht freut? Ein Exempel soll statuiert werden, ein Spektakel soll sich abspielen.

Wir malen Transparente, gehen auf Demonstrationen, sammeln Unterschriften. Nehmen wir den Sinneswandel der so Angesprochenen eigentlich war? **Wollen** wir ihn wahrnehmen? Oder sind wir dann auch frustriert, weil der Sinneswandel der *anderen* meine Rolle als Besserwisserin und Friedensstifterin in Frage stellt?

- Stille –

Gedanken:

Micha 4, 3f: ... und sie werden ihre Schwerter zu Pflugscharen schmieden und ihre Spieße zu Rebmessern ... und sie werden den Krieg nicht mehr lernen. Sie werden ein jeder unter seinem Weinstock und unter seinem Feigenbaum sitzen, ohne dass einer sie aufschreckt.

Eine solche luftige, schattige Weinblattlaube steht auf manchen Höfen unserer Freunde in Lusitania, und bei unserm Gastgeber Lawrence steht auch ein Feigenbaum. In der Zeit der Apartheid haben weiße Farmer sich viel Land der Gemeinschaft von Lusitania angeeignet, wussten auch den Fluss über ihr Gebiet laufen zu lassen, haben ihn aufgestaut, beregnen mit seinem Wasser ihre Kartoffelfelder und tränken ihre Rinder. Aber man spricht schon miteinander. Vor zwei Jahren bat uns Lawrence, mit ihm und zwei jungen Männern aus dem Dorf die weißen Farmer zu besuchen. Einer der Farmer musste zuerst seine Hunde einschließen, weil die sonst unsere schwarzen Begleiter nicht ins Haus gelassen hätten. Bewirtung mit Tee, Kaffee, Saft. Freundliche Gespräche. Unserer Einladung zum Gottesdienst sind zwei gefolgt ... Nur Farmer Andersen ließ nicht mit sich reden.

Einmal war ein Dorfbewohner bei Dunkelheit in der Nähe seines Hauses erschossen worden. Farmer Andersen untersagte die Benutzung seiner Straße. Von Lawrence's Hof aus sieht man über das flache Tal das Andersen'sche Anwesen, am Abend elektrisches Licht in den Fenstern. Umgekehrt konnte er vor zwei Jahren, während unseres Besuchs, allerhand bei Lawrence sehen: der Kinderchor kam jeden Tag, junge und alte Dorfbewohner besuchten uns, da stand ein kleiner weißer Toyota-Bus. So fuhr er eines Nachmittags mit seinem Sohn in seinem Jeep an 'unserm' Zaun entlang und ließ seinen Sohn aus dem Auto heraus fragen, was denn hier los sei. Aha, Besuch aus Deutschland ...

Kurze Zeit nach unserm Besuch in Lusitania kam Bauer Andersen zu Lawrence. Sohn oder Vater – das weiß ich jetzt nicht. Sie saßen unter dem Weinstock; die Lusitanier wurden eingeladen, ihren Weg quer über die Felder zu nehmen; und Andersen verabschiedete sich **mit Handschlag!** Dieser Tage wird Sohn Andersen mit seinem schmalen Traktor zu Lawrence kommen: und einen Streifen Land umpflügen.

Das ist ein Wunder vor unsern Augen. Das Wunder des Jona. Ein Sinneswandel, über den im Himmel mehr Freude herrscht als über 99 Gerechte. Aber anders als Jona freut sich Lawrence an der Veränderung. Er war klug genug, einer Versöhnung nicht durch gehässige Betonung seiner Rechtsansprüche oder Häme im Weg zu stehen.

So Gott will und wir leben, kommt Lawrence im kommenden Jahr nach Hamburg und Halstenbek.

Gebet:

Wo, wenn nicht vor dir, Ewiger, können wir uns prüfen? So gern haben wir Recht und möchten das auch bestätigt haben. Nehmen wir Sinneswandel war? Freuen wir uns daran? Verhindern wir Aussöhnung, weil wir an unserer Rolle festhalten und nicht sehen, wo wir es andern schwer machen? Vergib uns unsere Schuld, wie auch wir vergeben unsern Schuldigern. Segne Farmer Andersen, Farmer Steyn und Farmer Bell und ihre Familien, segne ihre Felder und Tiere; segne Lawrence und lass ihn Frieden und Wohlergehen in seinem Dorf sehen.

AMEN

Segen:

Segne uns, Ewiger, wir bitten dich.

Lass uns Anteil haben an deinem Geist und an deiner Kraft zum Dienst untereinander und zum Dienst an der Welt.

Shabbat Shalom

20. 4. 2007 Eingang:

Friede sei mit uns!

Friede werde unter uns und mit uns!

Als ich gestern das heutige Datum an den Kopf meines Entwurfs schrieb, 20. April, dachte ich OH! Denn ich gehöre zu der Generation, die in der Grundschule zu diesem Datum etwas von Braunau am Inn hörte. Und wir sangen: 'Wir lieben A.H. sehr und seine ... noch viel mehr. Und sind wir auch noch jung und klein, wir wollen immer gute Deutsche sein.' Ich sang diese letzten zwei Zeilen mit Inbrunst, denn ja, immer eine gute Deutsche sein, das wollte ich. Und heute?

Heute versuche ich eine kritische Deutsche zu sein; und – so weit es mir halt gelingt – ein guter Mensch. Andere Daten haben sich uns inzwischen eingeprägt: das Datum des Kriegsendes in Deutschland, das Datum des Mauerfalls, die Daten großer Demonstrationen. Vielleicht auch der 9. März 2007, der Tag, an dem in Berlin beschlossen wurde, Tornados nach Afghanistan zu entsenden, und der 15. April 2007, der Tag, an dem diese Tornados zum ersten Mal zum Einsatz kamen. Es gehen befremdende Veränderungen in unserm Staat vor sich – und ich weiß nicht: wird mir mein Staat fremd oder werde ich meinem Staat fremd?

Ich möchte nachher von einem Mann erzählen, dem es noch viel weniger als uns möglich war, sich in seinem Staat zuhause zu fühlen. Aber lasst uns zuerst zur Besinnung kommen in unserem Schweigen:

Ich bin, Ewiger, zu dir gekommen,
komme du nun auch zu mir.
Wo du Wohnung hast genommen,
da ist lauter Himmel hier.
Zieh in meinem Herzen ein,
lass es deinen Tempel sein.

Gedanken:

Schon lang habe ich mir gewünscht, mit euch an Wolfram Kistner zu denken. Zwei Todesanzeigen gab es in der Frankfurter Rundschau, und unter den Anzeigenden fand ich *mehrere* vertraute Namen aus Kreisen der Ökumene und auch meiner Freunde.

Wolfram Kistner war weißer Südafrikaner, lutherischer Theologe; Studium in den Niederlanden und in Deutschland. Er wurde sich der schreienden Ungerechtigkeit der Apartheid bewusst und kehrte nach Südafrika zurück. Im Südafrikanischen Kirchenrat arbeitete er für Versöhnung und Gerechtigkeit. Eindeutig bezog er Stellung gegen die Ideologie und Praxis der Apartheid. Wie andere aufrechte Menschen verbrachte er eine Zeit im Gefängnis und wurde gebannt.

Wenn, so seine Überzeugung, wenn jeder Mensch nach Gottes Bild geschaffen ist, so ist jedem Aufmerksamkeit zuzuwenden, so hat jeder Anspruch auf Gerechtigkeit, der Schwarze, der ins Gefängnis gebracht werden soll so gut wie der Polizist, der vor dem Haus des Schwarzen herumgrölt. Es wird berichtet, wie Kistner in einer solchen Situation ruhig mit den Polizisten sprach, sich nicht provozieren ließ und so lange eine ruhige Stimmlage beibehielt, bis die Polizisten merkten: ach, den braucht man ja gar nicht anzubrüllen, und selbst in zivilisierter Weise antworteten. Erfolg im Sinne des angeblichen Delinquenten hatte er bei dieser einen Szene allerdings nicht, es sei denn, der eine oder andere Polizist hat über sein Verhalten nachgedacht; aber das ist nicht nachprüfbar.

Er hatte die Gabe, einen Konflikt auf seinen wesentlichen Punkt zu bringen, und er hatte den Mut, seine Erkenntnisse hören und lesen zu lassen. Und dennoch hat es ihn bis an sein Lebensende gereut, dass er so spät angefangen hatte, gegen die Apartheid Stellung zu beziehen.

Im Dezember des vergangenen Jahres ist er 83jährig in Johannesburg gestorben. Ich war nicht die einzige, die beim Lesen der Todesanzeige weinte. Auch bei der Trauerfeier, die Margot Käßmann in Hannover ausrichtete, gab es viele Tränen.

Warum habe ich so spontan und heftig um diesen freundlichen Mann getrauert? Nicht, weil ich einmal in seinem Wohnzimmer gesessen habe. Weil ich ein Vorbild verloren hatte? Ja, ich ertappte mich bei dem Wunsch, mein Vorbild möge nicht aufhören zu sein, was ich nicht sein kann. Mein Vorbild sollte für mich erkennen und klar formulieren, was ich in chaotischen Zweifeln nur ahne. Aber mir wurde klar, dass kein Vorbild es mir abnehmen kann, ich selbst zu sein. Meine Bewunderung für das Vorbild kann das Vorbild nicht veranlassen, auch nur ein bissell Christiane Höfmann zu sein. Die muss ich schon selber sein. Auch wenn es Mühe und Fleiß kostet. Die Anzeige für Kistner nennt ihn nicht unersetzlich. Sie spricht von seinem furchtlosen Widerstand. Es heißt: „Er hat ... die Kirchen ... zur leidensbereiten Nachfolge Jesu aufgerufen."

Zum Abschluss lese ich einen Abschnitt aus der Apg, den Anfang des 3. Kapitels mit kleinen Kürzungen. Hier wird geschildert, wie zwei Jünger Jesu den Verlust ihres Meisters überwinden:

Petrus und Johannes gingen zur Stunde des Gebets in den Tempel hinauf. Und ein Mann, der von Mutterleib an lahm war, wurde herbeigetragen; den setzte man täglich an die Türe des Tempels, die die schöne heißt, um von denen, die in den Tempel hineingingen, ein Almosen zu erbitten. Und als dieser Petrus und Johannes sah, bat er sie um ein Almosen. Petrus aber blickte ihn an mit Johannes und sprach: Sieh uns an! Er aber heftete den Blick auf sie in der Erwartung, etwas von ihnen zu empfangen. Da sprach Petrus: Silber und Gold besitze ich nicht; was ich aber habe, das gebe ich dir: Im Namen Jesu Christi – geh umher! Und er ergriff ihn bei der rechten Hand und richtete ihn auf. Sofort aber wurden seine Füße und Knöchel fest, und er sprang auf, stellte sich hin und ging umher; und er trat mit ihnen in den Tempel ein, indem er umherging und sprang und Gott pries.

Gebet:

Wer bist du und wer sind wir?

Du willst unter uns Menschen sein und du bist unter uns, jetzt und hier, wo wir Gemeinschaft erfahren. Wir danken dir.

Ja, sei in uns als unser Friede, wenn wir ängstlich und unruhig sind. Sei in uns als unser Licht, wenn wir nicht erkennen, was unsere Aufgabe ist in deiner Welt. Sei in uns als unser Beleber, wenn wir glauben, Vorbilder könnten unsere Aufgaben wahrnehmen. Was wird von uns gefordert werden? Leidensbereitschaft – forderst du die von uns? Oder ist sie einfach ein Ausdruck unseres Vertrauens? Lass dich spüren, damit unser Vertrauen wächst. Du lässt dich spüren in den Menschen, die uns ein Segen sind.

Ich denke vor dir an Wolfgang Schäuble. Mir scheint, er verwandelt die Bitterkeit über das Attentat, an dessen Folgen er leidet, er verwandelt die Bitterkeit in Verantwortung für unseren Schutz. Aber er macht uns Angst mit seinen Plänen. Wie wir jetzt mit unseren Gedanken zu dir drängen, so kannst du in seine Gedanken dringen und ihn von seiner Bitterkeit heilen. Darum bitten wir dich.

AMEN

Segen:

Die Freude am Ewigen sei unsere Stärke.

SHALOM

11. 5. 2007 Eingang:

Friede sei mit uns – Shalom – Salaam

Dieses Friedensgebet hätte gut an den Anfang des Jahres gepasst. Nun also im Mai. Passt auch. Nachdem wir das Jahr 2000 zum Erlass- und Jubeljahr erklärt hatten, ist 2007 natürlich wieder als Erlassjahr zu betrachten. Denn Dtn 15,1 heißt es: Alle sieben Jahre sollst du Erlass gewähren. Unsere NGO *erlassjahr.de* erinnert uns daran und wird sich auch an der Demonstration in Rostock beteiligen.

Von Verschuldung und dem, was damit einhergeht, ist im AT und NT wiederholt die Rede. Ich lese euch jetzt eine Geschichte aus 2.Kön 4 vor: „Und eine von den Frauen der Prophetenjünger flehte Elisa an und sprach: Dein Knecht, mein Mann, ist gestorben, und du weißt selbst, dass dein Knecht gottesfürchtig war. Nun kommt der Gläubiger und will sich meine beiden Knaben als Sklaven holen. Elisa sprach zu ihr: Was soll ich für dich tun? Sage mir, was hast du im Hause? Sie erwiderte: Deine Magd hat rein nichts im Hause als einen Krug voll Öl. Da sprach er: Geh und erbitte dir draußen Geschirre von allen deinen Nachbarn, leere Geschirre, aber nicht zu wenig! Dann geh heim, verschließe die Türe hinter dir und deinen Söhnen und gieße in alle diese Geschirre; und was voll ist, stelle beiseite. Da ging sie von ihm weg und tat danach: sie verschloss die Türe hinter sich und ihren Söhnen, und während diese ihr die Gefäße reichten, goss sie ein. Als alle Geschirre voll waren, sprach sie zu ihrem Sohn: Reiche mir noch sein Geschirr! Aber er antwortete ihr: Es ist kein Geschirr mehr vorhanden. Da hielt das Öl inne. Nun ging sie hin und sagte es dem Gottesmann. Der aber sprach: Geh, verkaufe das Öl und bezahle deine Schuld; du aber und deine Söhne, ihr mögt von dem übrigen leben."

Ja, wenn wir den Armen und Verschuldeten auf so märchenhafte Weise helfen könnten! Ich weise euch aber auf meine Lieblingsstelle in dieser Geschichte hin. Der Prophet fragt die verzweifelte Frau, fragt sich selbst: 'Was soll ich für dich tun?' und bevor sie antwortet, fragt er weiter: 'Sage mir, was hast du im Hause?' Er weiß Hilfe, die aber sie selbst herbeiführen darf, soll, muss.

Sage mir, was hast du im Hause?

Gedanken:

Ja, wer seine Schulden nicht bezahlen konnte, musste sie abarbeiten - oder in der Lehre vom Fegefeuer 'ableiden'. Schuldsklaverei war in der Antike durchaus üblich, auch wenn der Gläubiger nicht mehr als den Preis für ein Paar Schuhe zurückforderte. Den Propheten Amos hat das schon aufgeregt.

Und heute? Heute werden Kredite von Staat zu Staat vergeben, Gelder, von denen sich die Staatslenker erheblich mehr als ein Paar Schuhe kaufen können, etwa gepanzerte Fahrzeuge für die Polizei, U-Boote für die Bewachung der Küsten ... Es fließen Gelder in Länder, in denen man von einem 'Staat' kaum reden kann, auch Entwicklungshilfe, die eben *nicht* der jeweiligen Bevölkerung dient. Wenn Kredite jedoch zurückgezahlt werden müssen, ist die Bevölkerung, die nicht gefördert wurde, jedoch sehr wohl gefordert. Sie muss erwirtschaften, womit die Kredite abgezahlt werden sollen. Da muss dann schon mal eine Schule und ein kleines Gesundheitszentrum geschlossen werden.

Es gibt also Fälle, in denen die Aufnahme und die Verwendung von Krediten an den Parlamenten vorbei beschlossen wird, Fälle, in denen die Kredite gegen das Interesse der Bevölkerung eingesetzt werden – und Fälle, in denen den Kreditgebern diese beiden Tatsachen bekannt sind. In solchen Fällen sprechen wir von verabscheuungswürdigen und illegitimen Schulden, 'odious debts'. Ich wiederhole diese Definition.

Ich füge jetzt gern hinzu, dass im deutschen Recht der Schutz der Schuldner bereits verankert ist.

Und doch bleibt schreiende Ungerechtigkeit „und ich begehre, nicht schuld daran zu sein" (Claudius). Alles, alles wird zur Ware, der Boden, das Wasser und die verpestete Luft, selbst das Geld ist zur Ware geworden, mit der man mehr Geld verdient. Wird der Lauf der Dinge nicht für immer mehr Menschen tödliche Folgen haben? Wie kann der Lauf der Dinge aufgehalten werden? Können wir uns daran beteiligen, ihn umzulenken? Wir möchten Mitbürgern und Politikern die Augen öffnen. Aber verstehe ich das Geflecht von Armut, Fluchtbewegungen, Ausbeutung und Gewalt, verstehe ich das alles gut genug, um Politikern mit Argumenten entgegenzutreten?

'Was hast du denn im Hause?' Zeitung, Zeitschriften, Radio, Fernsehen, die Unterschriftenlisten von NGOs, verwirrend viel. Vor allem aber habe ich Freunde und ihre Telefonnummern. Und wir sagen nicht: Wenn ich wüsste, dass unsere Einwände gehört und unsere Unterschriften beachtet werden, dann würde ich mitmachen. Das sagen wir nicht, so weit ich euch verstehe.

Wirkung und Erfolg dürfen nicht die erste Bedingung unseres Handelns sein. Natürlich versuchen wir, klug zu planen und zu handeln. Aber ob wir verstanden werden und ob uns die Zeit Recht geben wird, das steht nicht allein bei uns. Erwartet ihr jetzt, dass ich sage: Das steht bei Gott? Ja, aber ich sage damit gleichzeitig: das steht bei den Menschen, die uns hören und entscheiden, ob sie uns recht geben. Sagen wir aber nichts, so sind wir das Salz, das dumm geworden ist und das Licht unter dem Scheffel. So wenig wie Jesus haben wir Anspruch darauf, dass uns die Menschen lieben. Aber umgekehrt?

Gebet:

Aber umgekehrt, Ewiger, haben deine Menschen einen Anspruch auf unsere Liebe. Nicht wahr, so wünschst du dir deine Menschen. Vor dir frage ich mich, warum es uns so gut geht, so unverdient gut, wenn nicht, damit wir deine Welt und deine Menschen wahrnehmen und ihnen gerecht werden, so gut wir es können. Lass unser Bemühen als unseren Dank und unser Lob gelten. Lass dich loben, lass dir danken mit unserer Freude an Leben und Lebendigkeit! Unsere Welt – deine Welt: wo bist du in dem, was wir Welt nennen, in dieser widersprüchlichen, empörenden, reichen Welt? Dass du dich in unserer Mitte erfahren lässt, das wollen wir weitersagen.

AMEN

Segen:

(von der ökumenischen Versammlung in Canberra)

Die Gnade Gottes umgebe uns,
die Liebe Christi trage uns,
und
der Geist der Wahrheit mache uns frei.
Geht hin im Glauben,
und verwandelt die Ketten,
die die Welt binden,
zu einer Kette,
die uns alle miteinander verbindet.

SHALOM

erlassjahr.de wird sich auf der Demonstration in Rostock zu Wort melden mit Stellungnahmen gegen 'odious debts'.

Die Organisation wird riesige rote Ballons aufsteigen lassen, die in diesen Tagen schon beschriftet werden. Ihr seid eingeladen, mit diesem speziellen Stift euren Namen auf unser Exemplar zu setzen.

18. 5. 2007 Eingang:

Friede sei mit uns. Der Ewige segne unser Denken, Reden und Tun!

Immer haben unsere Friedensgebete zwei Richtungen: innen und außen, Evangelium und Klugheit der Welt, Reich Gottes und 'Globus'. Weil wir um Frieden bitten, versuchen wir zu verstehen, warum es so viel Betrug, Brutalität Feindschaft gibt. Aber unser Verständnis – wenn wir denn so weit kämen – schafft noch lange keinen Frieden.

Markus erzählt die Geschichte von dem verzweifelten Vater eines kranken Sohnes: „Ich habe mich an deine Mitarbeiter gewandt und sie gebeten, sie möchten ihn doch von dem dunklen Geist befreien, **aber sie konnten es nicht.**" „O diese ungläubige Menschheit!" rief Jesus aus. „Wie lange soll ich bei euch sein, bis ihr anfangt zu glauben? Wie lange soll ich euch tragen, bis ihr selber gehen könnt?" Der Vater schildert Jesus die Krankheit und sagt: „Wenn du aber etwas tun kannst, nimm dich unserer Not an und hilf uns!" „Wenn du etwas tun kannst!, sagst du", erwiderte Jesus. „Alles ist dem möglich, der glaubt." Da rief der Vater unter Tränen: „Ich glaube! Hilf meinem Unglauben!"

Alles – ALLES – ist dem möglich, der glaubt? Ich glaube. Hilf meinem Unglauben!

Gedanken und Texte:

Auch wenn ich mich wiederhole, erzähle ich euch noch einmal von dem Baum an unserm Parkplatz in Tel Aviv. Unser Reiseleiter setzte eine gewisse Bibelfestigkeit bei uns voraus; darum zeigte er auf diesen Baum, auf dem er als Kind wohl selbst herum geklettert war: ein Maulbeerfeigenbaum mit kräftigem Stamm, der in niedriger Höhe Äste ausstreckte, ideal für einen Zehnjährigen auf der Suche nach Maulbeeren oder auch für einen würdigen, reichen Zöllner wie Zachäus.

Jetzt gebe ich euch zwei Texte zu lesen.

Von einem Zen-Mönch wird berichtet:

Von der Erleuchtung selbst sagte der Mönch, man fühle sich eins mit dem All, und er illustrierte das mit den Worten: »Wenn ich der Zikade dort« – die wir gerade zirpen hörten – »sagte, sie solle schweigen, würde sie sofort still sein.«

Und Lukas schreibt, Lk 17, 5f:

Und die Apostel sagten zum Herrn: Mehre uns den Glauben! Der Herr aber sprach: Wenn ihr Glauben hättet wie ein Senfkorn, so würdet ihr zu diesem Maulbeerfeigenbaum sagen: Entwurzele dich und pflanze dich ins Meer, und er würde euch gehorchen.

Wir lesen die Texte noch einmal.

Was der eine Einssein und Erleuchtung nennt, heißt bei Jesus Glauben. Wir wissen aus der buddhistischen Literatur, dass es große Übung erfordert, zur Erleuchtung zu kommen. Üben wir eigentlich zu glauben? Eins zu werden, zu gewinnen, derweil und indem wir loslassen? Ich verstehe unser Schweigen als eine solche Übung.

Ruhig atmen – Beine, Schultern, Hände, Gesicht loslassen – atmen – Gedanken kommen und gehen lassen – atmen – nichts in meinen Gedanken leisten – mich öffnen – atmen –

Manchmal möchte ich ganze Wälder von Maulbeerfeigenbäumen sich ins Meer pflanzen sehen. Dann brauchte ich aber kiloweise Senfkörner. Also, das wird Jesus nicht gemeint haben, als er seine Zuhörer auf ihre Möglichkeiten und die Kraft des Gebets hinwies. Andererseits habe ich mich nicht hierher gestellt um euch zu sagen, was genau Jesus gemeint hat. Ich weiß nur, dass ich nicht schnell beten kann, so im 5-Sekunden-Rhythmus für alle Kranken, für alle Trauernden, für alle Opfer von Gewalt. Für einzelne Menschen, deren Schwierigkeit ich sehe, von deren Belastung oder Kummer ich weiß, für die will ich beten.

Gebet:

Ewiger, du machst uns Mut, für einander zu beten. Sieh unsere Senfkörner an Glauben.

Wir denken vor dir an unseren kleinen Kreis. Stärke die Liebe unter uns und den Mut zu Offenheit.

Wir denken vor dir an unsere Pastoren. Stärke ihre Zuversicht und nimm ihnen die Angst vor irgendwelchem Ungenügen. Mit ihnen wollen wir den kostbaren Schatz deines Wortes hüten und austeilen.

Wir denken vor dir an die Mitarbeiter des Komitees für Grundrechte und Demokratie und ihren Plan, jüdische und arabische Israelis zusammenzuführen.

Ich denke an die Freunde von *erlassjahr.de*, an Jürgen, Peter, Sabine, Eberhard; gib ihnen das rechte Wort, um zum friedlichen Ablauf der Demo beizutragen.

Wir denken an Angela Merkel, auch wenn ich mir nicht vorstellen kann, wie ihr zumute ist. Ein bisschen stolz? Riesige Erwartungen. Riesige Verantwortung. Bei aller Sicherheit, mit der sie ihr Amt wahrnimmt – öffne ein Fensterchen in ihrem Geist, durch das sie deine Stimme hören kann, bewusst oder unbewusst.

Wie könnten wir das alles bitten, ohne dir gleichzeitig zu danken für die Möglichkeit, in deiner Welt zu wirken.

AMEN

Segen:

(Aus dem Abendgebet für den Sabbat)

Führe uns zur Ruhe, Ewiger, unser Gott, in Frieden

und lass uns aufstehen zum Leben,

breite über uns das Zelt deines Friedens aus.

Shabbat Shalom

22. 6. 2007 Eingang:

Friede sei mit uns! Friede sei mit den Menschen, die um ihre simpelsten Rechte kämpfen müssen; Friede sei mit den Zornigen, die zornig sind, weil sie gedemütigt werden; Friede sei mit uns, die wir, ohne es zu wollen, zu Demütigungen beitragen! Ohne es zu wollen, aber nicht unschuldig.

Es gibt ein neues Wort in den Medien, 'Prekariat'. Wenn ich es richtig verstehe, bezeichnet es die Menschengruppe, die 'prekär' lebt. Dies immerhin ein Wort, das im Duden vorkommt und mit 'misslich, schwierig, bedenklich' definiert wird. Als englisches 'precarious' gehört das Wort durchaus zu meinem Wortschatz.

Die Lexika umschreiben es mit 'unsicher, gefährlich' und mit 'ungewiss, unplanbar, vom Zufall abhängig'. Schon bevor das Wort Prekariat Mode wurde, sagte ich 'precarious' zu mir selbst, wenn mir unbehaglich wurde oder wird. Unbehaglich, weil afrikanische Kinder mit Kleinwaffen ausgestattet werden, die aus westlichen Waffenschmieden kommen. Unbehaglich, weil Menschen bei ihrer Arbeit vergiftet werden, ich aber ihre Textilien und ihre Blumen kaufe. Weil Konsum zur ersten Bürgerpflicht geworden ist. Weil auch sogenannte demokratische Staaten Folter zulassen. Weil die deutsche Polizei um Pfingsten etwas eröffnete, was ich als Bürgerkrieg bezeichne. Satirisch übertrieben? Hoffentlich!

„Freu' dich, dass es dir so gut geht! Genieß es!" sagt mir ein Freund, einer, der durchaus nicht tralala in den Tag hineinlebt.

Ja, Klagen hat seine Zeit, und Tanzen hat seine Zeit. Vielleicht könnten wir besser tanzen, wenn wir besser klagten.

Jetzt aber soll nicht kluges Denken und Reden seine Zeit haben, sondern Stille sein vor dem Ewigen.

Gedanken:

Tischgebete sind Dankgebete, und im Haus meiner Großeltern gab es an Sonntagen zwei Verse aus Psalm 145 als Tischgebet: „Aller Augen warten auf dich, und du gibst ihnen ihre Speise zu seiner Zeit. Du tust deine Hand auf und sättigst alles, was da lebt, mit Wohlgefallen." Nicht nur der Schütz'schen Vertonung wegen liebe ich diese Verse. Aber oft denke ich auch: Gott wird hier übermäßig gelobt. Denn manche Augen warten umsonst, nicht alles Leben wird mit Wohlgefallen gesättigt.

Aber dann erinnere ich mich an ein Dankgebet, das mein Vater in den Hungerjahren vor einem ungeöffneten Paket sprach. Die treuen Freundinnen meiner Mutter schickten Speck und Schmalz und Mehl und Honig, oder Tee oder Zucker und Seife. So wurden sie uns 'Gott', der uns unsere Speise gab zu unsrer Zeit. Ich denke, ich darf das Tischgebet meiner Großeltern nur sprechen, wenn ich 'Gott' helfe, das Psalmwort wahr zu machen.

Kein neuer Gedanke für euch.

Geht es euch wie mir und möchtet auch ihr euch unseres guten Lebens immer bewusster werden? Ja, jetzt predige ich euch wirklich an. Verzeiht, aber ich nehme mich ja nicht aus. Wenn wir unsern Glauben und unsere Verbundenheit mit Christen und Nicht-Christen auf der ganzen Welt ernst nehmen, wenn wir unser Wissen über die zerstörerischen Kräfte der Konzerne damit verbinden, dann kommt mir unser Leben wie eine märchenhafte Ausnahme vor, wie zufällig.

Ich höre Leute manchmal sagen: 'Wir sind sehr dankbar.' Sie sind dankbar für eine gute Arbeit, für die Überwindung einer Krankheit, für die Geburt eines Kindes, für eine gute Wohnung und 'gute Freunde und getreue Nachbarn'. Früher habe ich bei dieser Wendung oft gedacht: Wem seid ihr denn dankbar, wo ihr doch ganz weltliche Mitbürger seid?! Heute höre ich diese Wendung gern. Ich höre, dass Menschen das Gute in ihrem Leben als Geschenk verstehen; sie wissen, dass wir nicht alles 'machen' können, dass uns die besten Dinge widerfahren. So ein Bewusstsein kann uns helfen, das Gute mit andern zu teilen.

Ohne es zu wollen, sind wir in Ungerechtigkeiten verstrickt, ohne es zu wollen, aber nicht unschuldig. Vielleicht könnten wir besser tanzen, wenn wir genauer klagten. Beides ist uns geschenkt: Verantwortung und Freude.

Ist es deutlich geworden, dass ich heute im Wesentlichen über Dankbarkeit sprechen wollte? Annehmende und fruchtbare Dankbarkeit.

Hier ist ein Ausdruck von Dankbarkeit, den ein Freund für mich und uns gefunden hat:

EMPFÄNGERUNBEKANNT
RETOUR À L'EXPÉDITEUR

Vielen Dank für die Wolken
Vielen Dank für das Wohltemperierte Klavier
Und, warum nicht, für die warmen Winterstiefel.
Vielen Dank für mein sonderbares Gehirn
Und für allerhand andre verborgene Organe.
Für die Luft, und natürlich für den Bordeaux.
Herzlichen Dank dafür,
dass mir das Feuerzeug nicht ausgeht
Und die Begierde, und das Bedauern,
das inständige Bedauern.
Vielen Dank für die Jahreszeiten,
Für die Zahlen und für das Koffein,
Und natürlich für die Erdbeeren auf dem Teller,
Gemalt von Chardin, sowie für den Schlaf,
Für den Schlaf ganz besonders,
Und, damit ich es nicht vergesse,
Für den Anfang und das Ende
Und die paar Minuten dazwischen
Inständigen Dank,
Meinetwegen für die Wühlmäuse
draußen im Garten auch.

Hans Magnus Enzensberger

So weit Hans Magnus Enzensberger. Und wir?

Wir vertrauen uns dir an, Ewiger, mit unserer Unvollkommenheit und mit unserer Freude.

AMEN

Was fehlt? Das Singen. Ein neues Lied: Cantai ao Senhor um cantico novo

Zum Schluss ein Wort von Elie Wiesel:

Um Gott zu loben, muss man leben,

und um zu leben, muss man das Leben lieben –

trotz allem.

SHALOM

Über die Verfasserin

Christiane Höfmann wurde 1935 in Lübeck geboren. Schon im Elternhaus erlebte sie, dass es Christen nicht nur in der heimischen Kirche des norddeutschen Luthertums gab. Der eine Großvater gehörte am Anfang des 20. Jahrhunderts zu den ersten Predigern der Pfingstbewegung in Mülheim-Ruhr; der andere – reformierter Theologe und verbunden mit vielen jüdischen Freunden – war einer der führenden Protestanten Österreichs. Der Vater hielt während des Dritten Reiches mit einigen Freunden durch regelmäßige Bibelstunden einen winzigen Kern des CVJM am Leben; eine Freundin der Mutter, Halbjüdin, überlebte als Mitarbeiterin des YWCA in London. Zum Freundeskreis der Eltern gehörten ein reformierter und ein methodistischer Pastor.

Christiane Höfmann hatte von ihrem Vater die Liebe zur Kunstgeschichte geerbt und hätte dieses Fach auch gerne studiert; doch ihr Vater sorgte sich wegen seiner schlechten Gesundheit um ihre berufliche Zukunft. So wählte sie Englisch und Theologie für das Lehrfach. Und tatsächlich starb ihr Vater vor dem Ende ihres Studiums. Schon während ihrer Schulzeit sang sie in einem bekannten Lübecker Chor; ihre schöne Singstimme hatte sie von ihrer Mutter mitbekommen.

Den größten Teil ihres Lebens verbrachte Christiane Höfmann in Pinneberg; dort war sie Lehrerin für Englisch und Religion am Johannes-Brahms-Gymnasium und auch eine Zeit lang im Kirchenvorstand der Christuskirche. Darüber hinaus engagierte sie sich ehrenamtlich für Amnesty International, für Attac und die Erlassjahrkampagne und für die Aktion Bundesschluss.

Ihre religiöse Prägung und kritische Sensibilität für die Fragen der weltweiten Christenheit und weit darüber hinaus für die Probleme kleiner und großer Politik hatte sie zuerst in ihrer Studienzeit entwickelt. Sie lernte in diesen Jahren Taizé kennen und begegnete in einer Londoner Studentengemeinde Menschen aus aller Welt.

Nach dem Tod von Christiane Höfmann 2007 haben zwei liebevolle englische Briefe ihre Schwester besonders berührt. Der eine kam aus dem Umfeld ihrer früheren Mitstudenten in London; der andere war ein von ungeübter Hand beschriebener Zettel aus dem Kreis jener Menschen, die sie durch ihre zwei Südafrika-Reisen mit der Aktion Bundesschluss in den letzten Jahren ihres Lebens kennen gelernt hatte.

Eva Popp, geb. Höfmann

Über den Fotografen

Jochen Hilbert, geb. 1952 in Pinneberg, Abitur in Pinneberg, hat Geographie, Physik und Erziehungswissenschaften in Hamburg studiert. Seit 1980 ist er an Hamburger Schulen als Lehrer in seinen Fächern überwiegend in der Oberstufe tätig.

Christiane Höfmann war in seinem Leben zunächst von ihm geschätzte Lehrerin in Englisch und Religion, später Freundin, ab 1985 auch Trauzeugin und Freundin der zunehmend größer werdenden Familie.

Über den Herausgeber

Jost W. Kramer, geb. 1960 in Pinneberg, Abitur in Pinneberg, hat Volkswirtschaft und Politikwissenschaft in Marburg und Lincoln/Nebraska studiert. Seit 2001 ist er Professor für Allgemeine Betriebswirtschaftslehre an der Hochschule Wismar und Mitglied des Instituts für Genossenschaftswesen an der Humboldt-Universität zu Berlin. Seit 2008 ist er zudem Adjunct Professor (Dosentti) for Social Economy, in particular Co-operative Studies an der University of Eastern Finland.

Neben zahlreichen wissenschaftlichen Veröffentlichungen, insbesondere zu Unternehmenssteuerung, Risikomanagement und Genossenschaften, hat er während der letzten Jahre in großem Umfang Buchbesprechungen verfasst, u. a. für die in Österreich erscheinende „Bücherschau".

Christiane Höfmann war mehrere Jahre lang seine Lehrerin in Englisch bzw. Religion; hinzu kommen gemeinsame Aktivitäten für amnesty international und im Rahmen der Friedensbewegung.

Ein Strang in meiner Biographie:

Das Kreuz auf der Weltkugel - christlicher Triumphalismus?
Muss nicht sein.

Das Schiff der Oekumene - schon besser!

Überwindung der Apartheid, immer wieder, hier und dort.

Nicht alle NGOs, die mir lieb sind, führen das Kreuz im Logo.
Was eine NGO ist? Wer mich gut kennt, hört mich diese Abkürzung
für <u>NON-GOVERNMENT-ORGANIZATION</u> oft nennen.

Im Bündnis erlassjahr.de sind sie fast alle versammelt:
Brot für die Welt, Misereor, terre des hommes, medico international,
IPPNW, Kirchliche Arbeitsstelle Südliches Afrika, Attac, Ohne
Rüstung Leben ... und der Kirchenkreis Pinneberg.

Eine Anspielung auf meine Besuche in Israel, auch in Neve Shalom.
Und eine Erinnerung an den Zusammenhang von
<u>Versöhnung, Gerechtigkeit, Frieden und Bewahrung der Schöpfung.</u>

"<u>Eine andere Welt ist möglich.</u>" sagt <u>Attac</u>.
Eine Behauptung? Eine Hoffnung? Auch unsere Aussage?

6. August 1945
6. August: Hiroshima-Tag

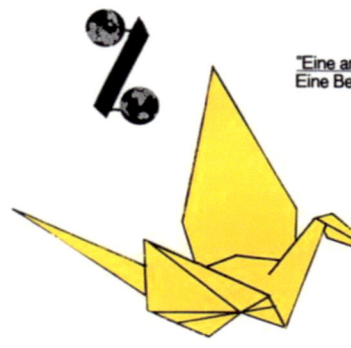

cristiane